# 地名文化建设创新的浙江探索

浙江省民政厅
浙江大学跨文化与区域研究所 编著

中国社会出版社
国家一级出版社 · 全国百佳图书出版单位

图书在版编目（CIP）数据

地名文化建设创新的浙江探索 / 浙江省民政厅，浙江大学跨文化与区域研究所编著.
—北京：中国社会出版社，2016.12
ISBN 978 – 7 – 5087 – 5550 – 2

Ⅰ.①地…　Ⅱ.①浙… ②浙…　Ⅲ.①地名—文化—建设—研究—浙江
Ⅳ.①K925.5

中国版本图书馆 CIP 数据核字（2017）第014915号

书　　名：地名文化建设创新的浙江探索
编　　著：浙江省民政厅　浙江大学跨文化与区域研究所

出 版 人：浦善新
终 审 人：李　浩
责任编辑：张国洪
策划编辑：张耀文　　　　责任校对：赵建华

出版发行：中国社会出版社　邮政编码：100032
通联方法：北京市西城区二龙路甲 33 号
电　　话：编辑室：（010）58124822
　　　　　邮购部：（010）58124848
　　　　　销售部：（010）58124850
　　　　　传　真：（010）58124856
网　　址：www. shcbs. com. cn
　　　　　shcbs. mca. gov. cn
经　　销：各地新华书店

中国社会出版社天猫旗舰店

印刷装订：中国电影出版社印刷厂
开　　本：170mm × 240mm　1 / 16
印　　张：16.75
字　　数：250千字
版　　次：2017年5月第1版
印　　次：2017年5月第1次印刷
定　　价：36.00元

中国社会出版社微信公众号

# 地名的传说

——20集大型地名文化纪录片《大地有名》主题曲

罗卫红 词
尚 清 曲

1=♭E $\frac{4}{4}$ 空灵、甜美

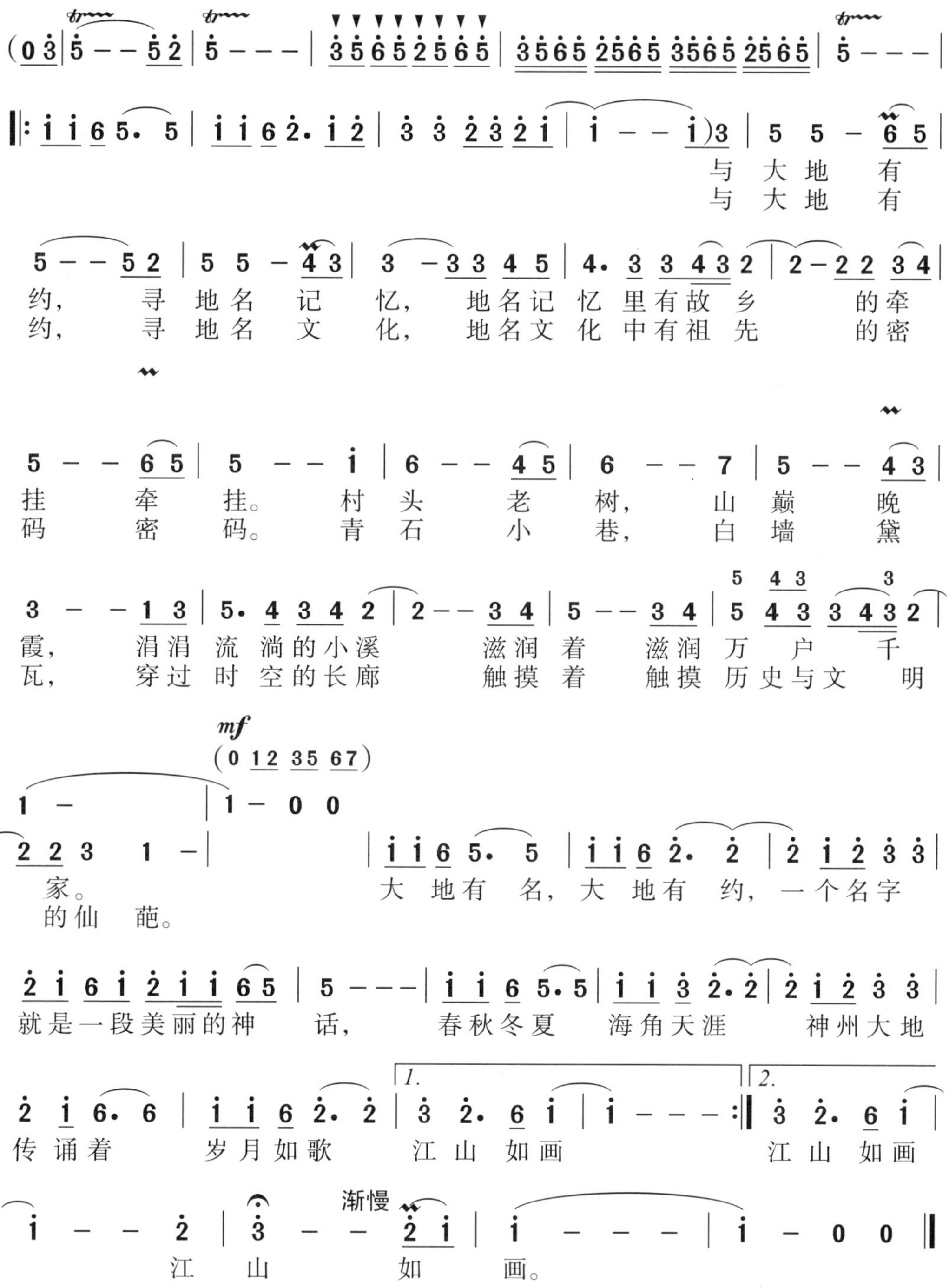

本书根据民政部2016年民政政策理论研究委托课题的研究成果
“地名文化建设创新的浙江探索”撰写

# 课题组成员


**组　长：** 尚　清　浙江省民政厅厅长

**副组长：** 罗卫红　浙江省民政厅副厅长

吴宗杰　浙江大学跨文化与区域研究所所长

**成　员：** 余　刚　浙江省民政厅宣传处处长

汪勇飞　浙江省民政厅区划地名处处长

沈佩玲　浙江省民政研究中心主任

徐志清　浙江省区划地名学会副会长

张晶晶　浙江省民政研究中心工作人员

钦白兰　浙江大学博士研究生

姚源源　浙江大学博士研究生

**执　笔：** 吴宗杰　钦白兰　姚源源

# 出版说明

地名文化是一项崭新的课题，但它本身却是历久弥新的社会现象。在全球化与城市化进程中，如何开展中国地名文化建设急需一套能融汇古今、跨越东西界限的理论描述以及目标、方略、价值取向和思维方式方面的实践定位。本书是以浙江地区地名为切入点，综合各种史地文献，结合近年来浙江省地名文化建设方面的创新经验，所展开的古今文脉会通的研究。在充分吸收华夏地名文化思想的基础上，结合国际上文化与地方转向的后现代理论，尤其是人文地理学方面的前沿问题，来展开跨学科并融汇东西学术探讨的文化报告。文化与法规、政策研究不同，它重在展示意义、提供实践启迪，而不只是提出具体准则、纲领建议。《易经》曰："风行地上，观。先王以省方观民设教。"《尚书》曰："旌别淑慝，表厥宅里，彰善瘅恶，树之风声。"这说的是，地名文化是审察地方文化民俗，旌别善恶，以土地风俗立声教的方法。因此，地名乃树立为善者之风声，使显于当时而传于后世。这就是本书"大地风声"的立意所在。为此报告涉及的政策建议，主要融汇在具体的案例分析与解读中。最重要的是，本书提出以道义为大地立心，以礼义为地名立规范，以往圣先贤为地名治理立根基的文化建设使命。

全书由三块内容构成：一是学理篇，地名文化建设的理论与实践模式；二是实务篇，地名文化建设的方向和内涵；三是案例篇，地名文化与社会治理以及各行各业的跨界实践案例。学理篇为地名文化的理论模式探讨，对认识地名文化与地名文化实践具有基础理论意义；实务篇为地名文化工作方略，也就是从地名管理部门角度出发，理解地名文化涉及的方方面面，以及与一般地名管理的区别。案例篇立足社会层面，探索地名文化与各行各业之间的互动实践内涵。

本书有三个目标读者群：一是各级政府，尤其是民政系统内的地名管理与文化建设工作者；二是与地名相关的各行各业人士，包括城乡规划、城市管理、遗产管理、旅游与文化产业、教育等人员；三是从事人文地理学、遗产学和地方志研究的学者和学生。

# 前 言

党的十八大以来，习近平总书记多次强调要传承和弘扬中华优秀传统文化，他指出："中华文明源远流长，孕育了中华民族的宝贵精神品格，培育了中国人民的崇高价值追求。自强不息、厚德载物的思想，支撑着中华民族生生不息、薪火相传。"[①] 2012年12月，习总书记在广东考察时指出："我们决不可抛弃中华民族的优秀文化传统，恰恰相反，我们要很好传承和弘扬，因为这是我们民族的'根'和'魂'，丢了这个'根'和'魂'，就没有根基了。"[②]

在中央城镇化会议上，习近平总书记进一步强调了地名工作的重要性，他说："要规范地名管理，传承、保护和弘扬优秀的传统地名文化。"[③]李克强总理要求："搞好地名普查，加强地名管理。"[④]那么，为什么在这个时候提出地名文化的保护问题呢？地名是书写在大地上的历史、藏之于生活里的文化。百姓日用而不知，故以前很少会去注意它。但近年来，由于大规模城

① 优秀传统文化是中华民族伟大复兴的坚强基石，人民网：http://theory.gmw.cn/2014-09/22/content_13318562.htm。

② 中华民族的"根"和"魂"——传承和弘扬中华民族优秀文化传统，人民网—中国共产党新闻网：http://theory.people.com.cn/n/2014/1125/c390916-26091741.html。

③ 习近平在中央城镇化工作会议上发表重要讲话，新华网：http://news.xinhuanet.com/politics/2013-12/14/c_125859827.htm。

④ 国务院第二次全国地名普查领导小组办公室，中华人民共和国民政部网站：http://www.mca.gov.cn/article/zwgk/tzl/201405/20140500643193.shtml。

市建设和地名的变更，我国有6万多个乡镇名称、40多万个村名被废弃①。地名被当作一种标签，一种商业品牌，任意改动，任意起名，由此，伤及了其背后传承下来的根与魂。为此，保护地名文化就成为当下继承和弘扬中华民族精神文化的重要内容。由于地名是日用而不知的历史文化，如何理解地名的文化含义，如何把握地名背后的根与魂，如何在日常工作中开展地名文化实践等问题，都是亟待探索的课题。

任何治理，包括民政，都是通过地方命名和区划落实到具体的区域管理中。《周礼·地官》“惟王建国，辨方正位，体国经野，设官分职，以为民极。”这是说，考察四方国境，辨正方向和位置，建立民政体制，一切都以民为本。“以天下土地之图，周知九州之地域广轮之数。辨其山、林、川、泽、丘、陵、坟、衍、原、隰之名物。”大司徒借助地图，知九州地域广阔样貌，并辨别其中山、林、川、泽、丘、陵、坟、衍和湿地，通过命名教育老百姓利用好土地。用沟和树标识边界后，在其地设立社稷、后土及田正之神，以表达对土地的感恩。这些涉及区划、地名、标志、阜民的地名文化蕴含着“敬土安民”的地名文化精神，今天当薪火相传。

## 研究背景

地名文化是一项新的地名工作内容，其概念、目标、范式等都在探索之中。近年来，浙江省民政厅按照民政部统一部署，开展了一系列地名文化探索，并在此基础上形成地名文化的新型实践方式。这为总结地名文化建设的浙江模式提供了坚实基础。成果主要体现在以下方面。

1. **健全地名文化保护的政策法规**。浙江省修订了地名管理办法，明确了保护和传承优秀地名文化的原则，确立了地名文化保护的法律地位。《浙江省地名管理办法》规定县级以上人民政府及其民政部门应当组织地名文化遗

① 1986年来中国6万多乡镇名和40多万建制村名被废弃，中国新闻网：http://www.chinanews.com/gn/2014/04-15/6067645.shtml。

产调查，将地名文化遗产保护纳入地名规划，建立地名文化遗产保护名录，并采取有效措施予以保护。地名文化遗产保护名录中，在用地名的更名应当从严控制；不再使用但有历史价值的地名，应当采取就近移用、优先启用、挂牌立碑等措施加以保护；有关地理实体拆除重建或迁移后重新命名的，应当优先使用原地名。

2. **地名文化遗产认定**。首次由浙江省民政厅牵头，联合住建、文化、旅游、文物四部门开展了第一批浙江省千年古镇（古村落）地名文化遗产评审认定工作。通过这项工作，建立地名文化遗产认定标准和保护政策，并初步形成地名文化遗产的保护机制。通过地名文化实践，激发地方乡贤参事投入地名文化的挖掘工作，建立了省、市、县三级地名专家委员会或专家智库，整合部门资源，发掘民间力量，对接专家智库，由此形成智慧众筹的地名文化创新力量。

3. **积极探索地名文化传播方式**。建立立体式的地名文化传播机制，省民政厅组织了两次“寻梦乡愁——浙江地名文化之旅”记者采风活动，通过中央和地方媒体，广泛宣传地名文化成果。拍摄了《恋恋西塘》《云在树上》《德清若水》地名文化公益微电影；对接乡愁文化，与长城影视集团合作，拍摄大型地名文化纪录片《大地有名》。探索地名文化传播和宣传方面的新载体、新方法。与各级政府以及不同行业，协作召开地名文化现场会、讨论会，微电影受到社会各界广泛关注，并被用于中学教育，形成风行地上的地名文化传播效果。

4. **地名资源整合与全国地名地址库试点建设**。响应《民政部关于开展全国地名地址库试点示范创建活动的通知》，确定杭州、宁波、嘉兴和台州四市为全国地名地址库试点示范创建地区，尤其重视地名文化信息的模型建立，推进地名文化和地名地址管理融合发展。结合第二次全国地名普查，全面普查各类地名及其属性信息，摸清地名文化资源和不规范地名具体情况，深入挖掘地名文化资源；建立健全省地名文化遗产保护分级分类机制。

5. **提升地名文化服务工作**。与德清县人民政府共同筹建全国首家集地名文化研究、服务和展示为一体的地名文化博物馆。与各地政府协作，将地名文化成果转化为地方文化建设。采用“互联网+地名”的方式，设置具有丰富IM文化信息的新型地名标志，推进地名公共服务创新体系。

6. **给大地正名，替历史发声**。严格地名命名、更名、销名程序；及时纠正在公共场合使用不规范地名的行为；清理整治地名标志；处理好地名文化保护与地名命名更名的关系。杭州紧扣G20，优化、净化、创新地名环境；发动市民开展“啄木鸟”行动，举报地名乱象。结合编写《浙江通志》，全面梳理浙江地名的文化源流，将历史文脉融入新地名中，更好地体现地域特色。

民政部对浙江地名文化建设取得的成果予以了充分肯定，发函鼓励浙江省作为“全国地名文化建设创新示范项目、示范区”①。浙江省民政厅对此高度重视，尚清厅长批示：“我省地名文化建设初见成效，得到民政部的高度评价和下一步创新工作的重点支持。请各地抓好落实，争取成为全国地名工作建设的示范区。”

以上这些创新实践既为摸索浙江地名文化建设模式提供了丰富的经验，同时又给地名文化建设提出了一系列新挑战和新课题。浙江省委书记夏宝龙针对全面提升城市发展质量的讲话中指出：“要坚定文化自信。注重传承优秀历史文化，加强历史文化名城名镇名村街区，鼓励历史文化遗产活化利用，推动文化保护与城市建设、产业提升有机结合。注重挖掘民族文化、地域文化的丰富宝藏，把文化意象体现在城市建设风格中，塑造独一无二的城市辨识度。”②浙江地名文化建设重在如何提升地方文化自信，把地名文化背后的“根”与“魂”转化为城乡建设的文化意象，为浙江大地每一座城市、每一个乡村注入独一无二的文化特色。省民政厅将通过地名语词和地名实体相互

① 民政部办公厅关于支持浙江省民政厅加快地名文化建设创新的函，民办函〔2016〕264号。

② 夏宝龙，全面提升城市发展质量，加快建设浙江特色现代化城市——在省委城市工作会议上的讲话（2016年5月18日）。

转化的创新战略，为城市发展的历史精神激发、地域文化挖掘，以及城市历史景观打造提供地名文化的战略资源。

## 研究问题、内容和目的

为了给浙江地名文化实践提供一个理论框架和工作方略，受民政部委托，浙江省民政厅启动了“地名文化建设创新的浙江探索”的课题。本报告是这一研究成果的体现之一，同时也是地名文化实践与创新的学理智慧呈现。本研究是基于以下两个方面的内容展开的：①针对浙江省地域范围内的地名体系及其历史文献，解读浙江地名文化根基，阐述可以启迪当下的文化实践理念；②以浙江省近年来在地名文化建设方面的创新实践及所做的总结和提炼作为研究对象，在总结现有探索的前提下，吸收中华5000多年的地名文化智慧，以引领今后地名文化建设。报告内容包括如下六个方面。

1. **地名文化的理论体系与文化价值观研究**。重点挖掘基于中华源流的“地”与“名”文化理念，同时结合国际学术前沿理论，探讨地名文化在重塑社会主义核心价值观以及全球共识的文化价值观，如文化多样性、区域性、地方性和特质性等方面的意义，突出中国传统学理与国际学术思潮之间的对接和平等对话。

2. **地名文化与地方治理**。地名文化如何激发地方精神，促进地方文化传承与复兴，培育乡愁、乡情、乡风和建设美丽乡村；地名文化如何推动地方治理，实现“敦教化、厉士风”，以敬其民、以善其俗的华夏政通理念和社会主义核心价值观。

3. **地名文化的传播理念和传播机制**。探讨地名文化传播如何体现“风行地上，教以化之”的“风吹草偃”传播理念。重点结合现代文化传播机制，如微电影、新媒体、博物馆、文化节等，形成“地”与“名”联动的“在地”文化传播机制。

4. **地名文化与民政事业的互动关系**。探讨地名文化不同实践方式如何促进民政价值观重塑，如何与具体民政事务联系起来，推动民政文化的发展和转向，如地名文化与婚丧礼仪、社区自治、养老敬老、救灾慈善以及地名服务等民政事务。

5. **地名文化服务**。地名文化如何影响和服务各行各业，如何形成地名文化建设与社会发展的互动机制。如人文与自然景观再造与优化、在地文化遗产保护与展示、城乡空间治理、教育空间打造、旅游与文化产业开发等。

6. **地名文化资源挖掘与激活**。系统挖掘和梳理地名语词与地名实体承载的历史智慧，并根据当代社会发展需要进行重新解读、书写和激发，以实现古今对接的地名文化再创新。

## 报告研究目的

研究目的有三方面：①为地名文化实践提供一个基于浙江语境的理论框架和概念定位；②提炼出地名文化的实践模式和工作方略；③以浙江案例的形式，展现地名文化与民政事业、地方文化传播、城乡空间治理、地方精神提升、教育与文化复兴、乡村文化建设以及文化产业等方面结合的创新实践。

就民政部门地名工作本身来说，地名普查、地名管理、地名服务和地名文化是地名工作的四个主要方面。全国人大常委会委员姒健敏说，“文化是地名工作的灵魂”[①]。国务院第二次全国地名普查《关于进一步加强地名文化属性信息采集工作的通知》中强调：“地名是文化的载体，文化是地名的灵魂。”地名普查是基于科学思维，地名管理是基于法规治理，而地名文化是基于一种思维方式和价值观。这种超越科学和法规之上的文化研究，无疑对推动地名文化建设提出重要挑战和难题。那么，怎么认识地名文化？文化为何成为地名工作的灵魂？地名文化实践又触及哪些具体工作，应该有什么

① 姒健敏代表建议修订地名管理条例，“大洋古怪重”地名不应再出现，法治网：http://www.legaldaily.com.cn/bm/content/2015-03/28/content_6018245.htm?node=20731。

样的工作目标？文化实践到底是建立在什么样一种思维方式上，它与地名管理、服务和普查有什么不同？地名文化实践的成果是怎么体现的？同时，民政部门如何从地名与区划管理，延伸到地名文化建设，通过地名文化带动：①区域文化发展，②教育空间打造，③场所文化传承，④地方精神和特色凝练，⑤地方文化产业发展。这些议题对民政部门有效地开展地名文化工作，具有现实意义，因此也是本项目的研究内容。

习近平总书记最近指出："中国有坚定的道路自信、理论自信、制度自信，其本质是建立在5000多年文明传承基础上的文化自信。"中国的地名文化源远流长，精神内涵深邃通达，文献资料浩瀚如云。地名语词是纲，地名文化是网，纲举目张。地名如同一个"锚"，能带出极为丰富的书写在大地上和古籍里的文化遗产。地与名的转化将是展现和夯实、培育与弘扬地方文化自信的重要机制。

# 目录 Contents

—— 学理篇 ——

## 地名文化建设理论与实践模式

## —— 实务篇 ——
## 地名文化建设方略

## —— 案例篇 ——
## 地名文化跨界实践

# 学理篇

# 地名文化建设理论与实践模式

地名文化的理论和实践框架目前还不系统、明确。本篇是根据浙江地名特点与历史渊源，以及当下浙江地名创新实践所做的总结、概括和提升。厘清了当今地名文化实践涉及的概念、问题、误区和地与名的关系。这是本报告的基础理论与精神内核，旨在引领浙江地名文化建设。

# 1 地名文化研究概述

本章是在近年来浙江省地名文化实践的基础上所做的理论研究。其目的是为浙江地名文化创新提供一个思维方式、价值引领和实践框架。这一理论模式研究，首先，是基于对浙江大地的地名探究，尤其是传承文献的解读，由此得到能启迪当下的历史智慧；其次，本章研究还吸纳西方人文地理学、语言学、文化学、后现代哲学方面的地名、地文和地史理论。

本章由五个部分组成。第一，地名文化的理解，需要将“地”与“名”分开来认识，重点把握两者的互动、互唤和互相转换关系。第二，厘清地名文化、地名历史与地名遗产三个不同但容易混淆的概念。地名文化是一种历史文化实践，是过去与当下的交融，是大地与语言的互唤；地名历史是一套知识体系；地名遗产是物质与非物质的结合，即实体文化与语词文化的互动。第三，地名之“地”，集聚了十分深刻的文化内涵与能动力。地名之“名”是不同历史时期的纽带，名不仅反映地之特征，还建构地作为实体的存在感。“名”具有道义和教化力量。地方意义并非科学或标准可以概括和管理。地名文化建设有三个功能：将文化变成生活、词语变成物质、过去对接未来，让大地成为文化。第四，地名作为词语不仅本身具备文化语义价值，它更是具有作为牵动地方文脉的打捞功能。第五，地与名的互动是在各行各业的具体文化实践里展开，并为社会文化发展带来资源和创新灵感。

我们在梳理地名文化时，突出了“地”本身的解读，旨在：

（1）文化建设要落地，从现实生活出发，不是仅停留在概念和理论里。

（2）地名文化建设要从地名知识（故事）体系中走出来，要变成一种在地文化实践活动。

（3）要将过去、当下与未来更好地对接起来，形成一个地方历史方位。

不要把地名的历史仅仅看作过去，也不要把过去看作一种历史事实，而是要把历史（遗产、过去）看作是当下的一部分，打破现代史学观带来的时空割裂。考镜源流，要突出过去作为“镜”的意义，也就是反观当下，启迪今人的价值。

## 1.1 近代地名文化研究回顾

在中国历史上，与地名相关的研究文献极为丰富，如《春秋地名考略》《诗地理考》《尚书地理今释》《郡县释名》等。这些文献主要是为了传承文化，尤其是体现华夏的文化精髓。而从现代地理学眼光探讨地名的研究则是“五四”以后，在西方地理学思维影响下形成的。在《史记地名考》一书中，国学大师钱穆认为“地名文化”有三大类型：

第一，通名相关的地名如山、水等，都有意义可释。比如说“彭蠡”（古鄱阳湖名字）乃水流湍急，成旋涡，故称“大螺”。彭蠡即“大螺也”。不过，当我们考证《周礼》一书的通名时，其中还包含着更加深刻的大地治理内涵。

第二，地名迁徙背后有民族迁徙踪迹可推究。比如说“临安”（古杭州）作为南宋古都是从开封迁徙过来，其城内地名沿袭很多开封故地名。不过，从地名文化建设角度，我们需了解这种迁徙变化的意义所在。

第三，地名沿革因人事多被改变，旧名被湮没。而人文未启的边荒之地，带着原来故事还保留原地名。比如，“湘水”之名原起于湖南洞庭湖流域，后少有改变。而大江以北水地为湘者，反多湮没不彰[①]。不过，这种

① 钱穆：《史记地名考》，北京：商务印书馆，2001年版。.

结论主要是利用历史史料所做的地理科学考证，那么，文化考证有什么不同呢？

在《春秋地名考》[①]一书中，著名历史学家顾颉刚认为“地名文化”有两种研究途径：

其一，搜集古人所说的“前代”某个地方的地名且照时代顺序编排，寻出一个文化脉络来。比如说辑录《尚书禹贡》《周礼职方》《逸周书·王会》《山海经》《淮南地形训》等文，看它们对于浙江所在范围的“分野”“分州”“四至”“五岳”“四裔”“五服”等主张是怎样的，如何从不同而变为同，如何从想象而变为事实。从地名文化建设角度来看，这种文脉梳理和寻找是极为重要的，但其目的并非为了说明事实和想象的差异，而是这种文脉是如何落到地方，成为其地方精神的。

其二，搜集古人所说的“当时”某个地方的地名并参考当时其他地名编排，理出古代实际地名布局的大概情形。比如说，从甲骨文中看商代地域；从金文、《诗》《书》中看西周地域；从《春秋》《国语》《左传》中看东周地域；从《战国策》、先秦诸子中看战国地域；从《史记》《汉书》中看秦、汉地域，把这些材料和甲骨相比较而推求甲骨文篇的著作年代[②]。这种考证对当下地名文化建设是非常重要的，但这不是为了还原一个历史地理图景，而是如何影响地方的文化建设，换句话说，远古的文意将如何转变为现实的资源。

上述观点是我们认识“地名文化”的开始，但不能停留在这里。钱穆、顾颉刚等受“五四”思潮影响的学者构造的地名文化研究思路，多少打上了西方科学的影子，欠缺中国本土文化思维。真正对地名文化研究有重要参考意义的还是几千年传承下来的中国地名典籍，以及正在进行实践探索的各项地名工作，这是一个尚待开发的宝库。

---

① 顾颉刚：《春秋地名考》（未刊本），北京图书馆。

② 顾颉刚：《春秋地名考》，北京：国家图书馆出版社，2006年版。

## 1.2 “文化”再认识

“文化”乃是“人文化成”一语的缩写。此语出自《易经》贲卦彖辞：“刚柔交错，天文也；文明以止，人文也。观乎天文，以察时变，观乎人文，以化成天下。”受西方的影响，今天我们对文化的理解主要是指支撑或影响人们日常行为的意义系统，也就是一举一动、一景一画里有什么意思。显然，古人关注的不仅是这个意思，还提升到怎么得来才能“化成天下”这一层面。中华地名文化也许就在这一点上体现其独特性和高度。也因此中国地名文化建设必须走与西方不同的路，并担当起更加重要的使命。中文“文”，从纹理之义演化而来。日月往来交错文饰于天地，即“天文”，如君臣、父子、夫妇、兄弟、朋友，形成的和谐关系，即“人文”。地名由来须观察天文地理，以明了自然时序之变化；又须观察人文，使天下之人能遵从文明礼仪，行为举止得当。这里“文化”即“以文教化”。地名文化也不例外。

“地名文化”作为一个概念是由“地”和“名”两方面构成，由此才衍生出“文化”内涵。考察地名文化，不能只看见“语词”的“名”而没有看见作为“实体”的“地”，当然也不能因实体区划的“地”而忽视文化语词的“名”。民政部颁布的《地名文化遗产鉴定》标准中把“地名文化”定义为“地名语词文化和地名实体文化的总和”[①]。但这两者之间到底是一种什么样的关系？尤其是语词和实体在什么意义上互动才成为文化？这是一个需要深入探究的重要问题。本报告提出，“地”因“名”而成为一

① 《地名文化遗产鉴定》行业标准通过审查，http://dms.mca.gov.cn/article/gzdt/201205/20120500314106.shtml。

种文化实体而不仅是物理的存在，“名”因“地”才把语言文化落到实际生活中去，地名才有其真正的意义。这两者的结合与互动才产生能影响社会的文化。

《说文解字》载“地”：“元气初分，轻清阳为天，重浊阴为地。万物所陈列也。”这里的“地”突出的是“万物陈列之所在”的意义。可见地名之实体体现的是地名文化依托的地理空间及人与物。但是仅仅停留在物理意义上的“地”还不构成一种文化，“名”才是确立地名实体的区域、方位、价值、历史、风俗等属于文化现象的来源。《说文解字》载“名”：“自命也。从口从夕。夕者，冥也。冥不相见，故以口自名。”这里的“名”也就是自称。字形采用“口、夕”会意。夕，天黑。那些看不见事物的所以用嘴向别人说，就是名了。可见地名之“名”体现其所指代实体的“能用口说出来”的地理、历史和乡土等的地方文化意义。总的来说，名是一种完全由人构造的意义系统，也就是语言。地名实体和地名语词是互相依存、相互转换、密不可分的关系，但两者又需要从不同的角度去理解。由此，就有我们今天所谓的“地名语词文化”和“地名实体文化”的认识。对此，中南大学中国村落文化研究中心教授胡彬彬解释“地名文化”时说：

> “地名文化”作为一个概念，实际上包括了地名语词文化和地名实体文化两个层面。地名语词揭示了地名的语源文化内涵，地名实体文化体现了其所指代实体的地理、历史和乡土等。地名语词文化和地名实体文化互相依存，密不可分，二者共同构成了地名文化的全貌。地名文化记录着人类社会发展的历程、民族的变迁与融合、人们生活环境的发展变化，是重要的民族文化遗产。①

① 胡彬彬:《重视地名文化，就是重视我们的历史》，《光明日报》2015年4月15日第2版。

## 1.3 地名文化、地名历史和地名遗产的区别

“地名，或指向一座城市、一个村庄、一条街巷，或代表一条河流、一片海洋、一座高山。它们看似平凡无奇，却又意义深重。”[①]现在的问题是，我们对于地作为实体，以及名作为语言的理解还相当有限。在地名文化建设中，人们常常以孤立的方式来处理这两个方面的具体问题，从而形成一系列地名文化认识的误区。在此，有必要区分地名历史、地名文化和地名遗产三个概念。特别需要明确地名文化与另外两者的关系和区别。

在地名文化建设过程中，地名历史、地名文化和地名遗产都是经常碰到的概念。很多情况下，三者经常混淆使用，导致许多问题不清晰。“地名历史”是对地名语词以及其指向的地理实体所作出的历史演变或者发展的分析，由此形成一种系统性关于地名的历史知识。“地名文化”虽然也涉及历史，但它是将历史传承下来的文本作为展示和解读的对象，历史文献在这里不是关于过去的知识，而是与当下问题紧密联系起来的深度解读对象。具体来说，地名文化是把“文、献”作为文化，特别强调文献当中的口述史、文化记忆，而不是把文献当作史料佐证来认定历史事实。简单而言，“地名文化”把过去当作一种文化意象，或者说当作生活图片来展示。对当下来说，地名历史是“告知”，地名文化是“展陈”。

“地名历史”与“地名文化”的区别恰恰反映了现代历史学与传统“史”的区别，更凸显了地名实体与语词文化是密不可分的一个整体。《说文解字》定义“史”是“记录事者也。从又持中。中，正也”。也就是说史官是对当下事件的记述，所以需要秉持公正地记事，这种历史是当下文化史。因为，史官不仅记录历史，还起到类似今天媒体的舆论监督作用。《礼记·玉藻》中有：“动则左史书之，言则右史书之。”天子之侧、诸侯之旁、

① 《地名，文化与故乡的名片》，新华网：http://news.xinhuanet.com/local/2015-09/29/c_128276604.htm。

盟会之时、燕私之际，皆有史官在旁记录。只是史官不是借助大众监督，而是借助后代评说，是一种自我监督。然而，现代历史与中国传统史书不一样之处是，现代史学主要不是为了展示文化，而是记载与解释历史事实。在中国，二十四史被认为是政治文化史，或者说是一部传承的文化[①]。当代国际及现代历史（包括地名历史）则是客观解释历史事实的知识史。实际上，历史不是凝固在过去的事实，而是作为文化资源展现给当下人使用，以史为鉴或激发地方精神。如《资治通鉴》序言所曰："《诗》《书》《春秋》，皆所以明乎得失之迹，存王道之正，垂鉴于后世者也。" "地名文化"的思考方式更趋近于古代文献和传统历史脉络，它的历史不是作为知识，而是作为故事来讲述。地理在中国是属于史的一部分，记载地名的"文、献"体现出很强的地域文化性。对这些地名文献的原始文本展陈与再叙述（不是解释）就必然具有"地名文化"特征而不是"地名历史"的特点。

第九届联合国地名标准化会议上，确认了地名属于非物质文化遗产。这对像中国这样拥有古老地名文化的大国来说具有重要意义。但是"地名文化遗产"不能只看作是非物质。"地名文化遗产"是非物质和物质两种形态的结合体，不可以将两者分割开来，也没有明确的界限。任何地名必然有现实存在的地方、地点或地域。同时地名文化遗产的物质性与文物也不同，其标准不是历史原真性，而是对特定地理实体的记忆。地名文化遗产的物质性，具有时间的永恒性。不是以地点是否有古老的建筑为标准，而是以所指地理实体的记忆清晰性为标准。

简单地说，从遗产的类别定位来看，是物质性与非物质性的互动造就了地名文化遗产。"地名文化遗产"同时也具有其非物质性，即作为意义的存在。即便是地名实体，如山川、城池、廨宇、井邑、第宅、古迹也可以看作传达"文、献"的意义，而不是作为一种"物质"来使用。从遗产的历时性来看，"地名文化遗产"必然与过去相关，但它与"地名历史"不同的是，

① 吴宗杰、张崇：《从〈史记〉的文化书写探讨"中国故事"的讲述》，载《新闻与传播研究》2014年第5期。

“地名文化遗产”的过去总是以现代形式存在，不管是作为一种生活方式还是文物。此外，从遗产的文化意义来看，遗产与历史的另一个不同点是，历史是以“知识”方式表述，可以与现实无关，但遗产是以一种文化资源形式而存在，可以被现代人使用，也可为文化产业或者治国理政服务。因此，我们对“地名文化遗产”的关注，需要超越原有的遗产分类、知识体系和定义方式，务必紧紧把实体（区域、场所）与地名语词牵连的文意结合为一体。近些年，我国把“地名遗产”分类为：“千年古城（都），千年古镇，千年古村落，甲骨文、金文地名，少数民族语地名，著名山川，以及近现代重要地名文化遗产。”[①]这是一种科学思维下的遗产分类。虽然，这种分类注意到将地名实体与语词都纳入地名文化遗产范畴，但是，这种分类依旧把甲骨文、金文、少数民族地名、著名山川等分割成不同的地名文化元素，作为不同的遗产来处理。需要指出的是，它们之间在文化体系下都是可相互交融的整体遗产。古村、古城、山川必然要通过语词的“文、献”来确立其古老性或者遗产性，同样，甲骨文地名也是依附于某种地名实体才有其存在的意义，即便是其具体区域已经难以考辨。

总而言之，“地名文化”是一种实践形式，“地名历史”是一套知识体系，“地名遗产”不是一种看得见或看不见的“东西”，而是物质与非物质文化相互交融的遗产。特别需指出的是，“地名文化”的研究能把地名历史和地名遗产激活为一种现实，一种在地风尚。因此，地名文化建设具有重要的现实意义。

① 中华人民共和国民政部：《地名文化遗产鉴定标准》（2012）。

# 2 地名之“地”

地即地名实体，是地名文化建设的起点。要全面把握地名文化，首先要从地名实体出发，对“地”有一个充分的认识。今天我们对地的认识，仍然局限在地理科学层面，它影响了对“地”的文化认识，也限制了“地”在挖掘和建设文化上的重要作用，一定程度上也削弱了地名管理工作的文化性。地名实体探讨，应该超越地理科学范畴，进入文化层面，从而续借史地文脉、弘扬经义道统。我国的地名管理所依据的地理实体主要是根据联合国文件统一建构的。联合国《地名国家标准化手册》对地理实体形式作如下区分：

1. 居民区（如城市、镇和村庄）
2. 行政区域（如国家、州、县、自治市镇）
3. 自然地理实体（如河流、山脉、海角、湖泊、海洋）
4. 建筑地理实体（如大坝、机场、公路）
5. 具有特定地方（往往是宗教）含义但没有具体边界的地方或地区（如牧场、渔区、圣地）①

很明显，这种区分其实已经加入了人为的分类判断，而这一判断的基

① 联合国地名专家组：《地名国家标准化手册》，2007年，纽约。

础是物理意义上的归类思维，也就是说，城市、国家、河流、大坝或牧场都是具有地理科学性质的判断。其中，最重要的分类就是人文或自然实体的区别。但是，不管作为自然地还是人文地，都是基于科学思维的分类、判断。这种判断会把自然的人文性和人文的自然性割裂开来，比如山、河流，以及山川的人文属性，只通过技术指标的标准化判断给简单化了。这些地名实体的分类，其命名词语被称为通名。那么，如果是在不同的文化思维下，归类的出发点又是什么呢？《周礼》对大地就有如下的分类：

周知九州之地域，广轮之数。辨其山、林、川、泽、丘、陵、坟、衍、原、隰之名物。

这句话大意是，在了解九州地域及面积以后，就可以以十种不同通名加以辨别，并予以命名。这十种地域类型并没有自然与人文的分类，然而却蕴含着丰厚的文化内涵与礼义传统。以“山”“林”两类为例，在这里山、林是区别开来的两个词，郑玄注云：“积石曰山，竹木曰林。”并且都具备自身的文化意义。关于“积石”，《周礼注疏》进一步解释说：“云‘积石曰山’者，按：《诗》云：‘节彼南山，维石岩岩。’郑云：‘岩岩，积石貌。’”这是说，“积石”两字是用《诗经·节南山》一诗首句，加以解释：“节，高峻貌；岩岩，积石貌。”而这首句诗“节彼南山，维石岩岩”本身又是比喻“三公之位，人所尊严”。古人注疏说，该诗本是斥责执政者尹氏，控诉尹氏的暴虐。尹氏处在三公之位，天下之民都看着他而忧心忡忡，畏惧其威严状而不敢言。这里通过人文样貌解读地理形态“积石”的含义，使得地名地貌充满自然和人文双重意义。《周礼注疏》还进一步解释了山、石、土之间的关系。“按：《尔雅》：山丘别释，则丘是纯土，其山皆石，亦有兼土者，故曰：‘石戴土，谓之崔嵬。’又《周语》云：‘夫山，土之聚。是其山有土也。’”这里的通名既表达了山的自然特征，又将其特征与各种典籍里的人文意义对接起来，使得地名的含义极为丰富。

很明显，这种地理通名的命名背后不仅仅是自然或地理科学的意义，《周礼》有这些细致的“通名”区分，所以《周礼》提到区划与命名，其根本目的是为了治民之需要，就是把土地分为五等，了解其物产特点、民情风俗，并以此来施行礼教、贡赋等。比如，山林等是“其动物宜毛物，其植物宜皂鳞，其民毛而方”。意思是，这方土地上有些什么物产，而这里的水土养育怎样秉性与特征的当地人。毛物就是貂、狐、貒、貉之属，皂鳞柞、栗之属。居民的禀性是“毛而方”，“毛者也，方劲正貌”，“方者盖一曲一直相杂而成势”。可见在中国，地名是从古代开始就包含着十分深刻的文化内涵与历史意义，而且扎扎实实落到每一个语词的细微深处，不能简单等同于标准化与科学化的名称。

那么，科学地名思维与文化地名思维有什么区别呢？举个例子来说，今天基于地理科学的流量等标准，我们确立长江的源头是“在青藏高原腹地昆仑山脉和唐古拉山脉之间”，但地名学最重要经典的《禹贡》记载“岷山导江”，原因是，它以文化思维把岷江而非“金沙江”看作长江主流。这不能说《禹贡》缺乏长江的流量等科学认识，因为《禹贡》确立长江源头的标准不是科学，而是基于华夷治理区划以及江的人文意义考虑，即九州划分与治理的需要。“江，公也。小水流入其中，公共也。”（见《释名》）岷江流域无论从文化、人口和水流量都构成了“公共”的意义，对古人来说，金沙江只是一股汇入岷江的文化支流而已。所以，水系构成的人文意义才是地名划分的标准。长江的源头不是看其流量，而是看其构成的成都平原等区划特征。《禹贡》的地名更多反映的是文化生态，而不是科学标准。这是一本地名文化而不是地名科学的书，即便到了清代，人们对长江流量等早有认识，但许多重要学者仍然坚持“岷山导江”的说法。对他们来说，这一说法带来的是长江的文化意义（经义）。

大地本来是一个整体，也就是“万物陈列之所在”（见《说文解字》）。《禹贡》记载了中国古人最初试图对整体进行区划的开始。“禹别九州”就是古圣贤对地理实体进行的文化区划，或者说是基于大民政需要的地名与区划实践。这不是新大陆的发现，而是基于天文、地文、人文所作的“王天下”之安排。《禹贡》第一句话：“禹别九州，随山浚川，任土作贡。禹敷土，随山刊木，奠高山大川。”是说大禹划分土地的疆界为“九州”，他行走高山砍削树木作为路标，以高山大河奠定界域。大禹用山水系实体的经脉去划分大地之封域，并加以命名，从而形成以贡赋表述的治理空间[①]。《禹贡说断》解释说：“随其地脉而究其终始也。何谓地脉？曰：地之有山，犹人之有脉也，有近而不相连者，有远而相属者。”大意是，《禹贡》以山川将大地划分原因好比以人体脉络来区分人体结构，有的看似相近但实际不相连，有的看似远实际很近。这种“区划”文化思维与现代人对国家、区划、地方感知很不一样，也难以理解。虽然《禹贡》内九州留下的古地名，还有很多今天依旧沿用。但是，正如清代地方史学家章学诚理解这种划分意义说：“黄帝画天下为九州，至禹而名天下以九州。虽时有变更，皆此地也。”[②]这是说天下划分为九州，而天下也命名为九州。虽然时间推移，名字会变化，但这个界线划分的基本格局是不变的。换句话说，原来大禹所划分的九州不仅有自然界线也有人文意义，就形成一种对“地”永恒的文化划分。最初形成“浙江”区划与地名概念也是从《禹贡》开始的，即“三江既入，震泽底定。篠簜既敷，厥草惟夭，厥木惟乔”。《尚书注疏》解释三江为吴淞江、钱塘江、浦阳江[③]。震泽为太湖。这些水系构成浙江经脉，自为一体。秦代的会稽郡，宋朝以来的两浙路都是以此为依据。总的来说，今天区划概念主要是一种理性思维。大概将“地”分为“面状”（如国家、自然区、城市聚落）、“线状”（如山系、水系、道路）、“点状”（如古迹、山峰、居所等）。这些区划概念，又衍生出一系列的边界问题。因此，今天民政部区划地名司就有三项工作任务：区划工作、边界管理工作和地名管理工

① 吴宗杰、姚源源：《周道对大运河的启示：本土遗产话语的道统源流》，载《浙江大学学报》2014年第5期，第50—62页。

② ［清］章学诚：《文史通义》，上海古籍出版社，2009年版，第607页。

③ ［清］张仲清：《越绝书译注》，北京：国家图书馆出版社，2009年版，第176页。

作。前两方面都涉及“地”的实体问题。但从文化角度来看，区域与边界既是行政管理和地理科学关注的对象，也是文化理解、文化建设、文化传承的关键。以前对地名文化的理解，往往忽视了地名实体本身的文化意义，尤其是对地名文化建设的重要作用。那么“地”的文化认识，对地名文化建设有什么作用呢？

对地的认识要跳出区划和地理科学意义的认识，要回到“地”的本初，即万物陈列之所在。这种认识，让地名文化建设可接地气，借地发挥其文化气质。《释名》曰：“地，底也，言其底下载万物也，亦言谛也。五土所生莫不审谛也，亦谓之坤。”这里特别强调了“地”上所载的万物。今天我们理解的地名文化往往局限在语词背后的文化，而忽视了“地”才是地名文化建设的真正主体。这个主体是地面上的万物。西方人文地理学者也关心“地”（place）的价值，认为：“他们把地方看作是文化载体，也就是说，它不受任何阶级或群体的掌控。每个地方都是独特的，经验、情感和记忆这些特征‘组成了意义的世界’。”[①]简言之，地承载万事万物。这陈列的万物首先是人，这里不仅指概念上的人，更指有喜怒哀乐的具体的人。其次是地上排列的自然，山、水、植物、动物。最后是人构造的物体，如建筑、道路等。这些可说是习近平总书记所指的“陈列在大地上的遗产”，它们不仅仅是地名文化的接受者，更重要的是地名文化的实践主体和出发点。《太平御览》引《易经》对“地”的阐释还突出了“君子以厚德载物”，也就是说，一个地方是否能昌盛载物，取决于这块土地的德行。《太平御览》引用孔子言，进一步阐发地德是“无私以劳天下”。所谓无私，孔子说“天无私覆，地无私载，日月无私照”，故“德参于天地”。可见地承载并能生万物，是无私具有功德的。因此，中国土地上所传承的地名，大都与古时某种德行有关，即便是一个普通地名，所能传承的也必有大义。今天进行地名文化建设，要因地制宜激发每一个区域地德，并促进该地万物的德化。最终，以地之厚德来

① David Conradson, “Emotion, Place and Culture,” *Social & Cultural Geography*, 13（7）, 845–846.

载物，促进地方各个方面的繁荣与和谐。

总之，地名文化建设的核心是要提升“在地”意识。这是保证地名文化变成生活，使地名促进城市和地方物质建设，最重要的是使历史、文献、遗产变成能影响当下的治国理政、经济文化发展和社会生活的宝贵资源。

## 2.1　地，是将语词文化变成现实的落脚点

俗语云：“一方水土养育一方人。”我们要意识到，历史上孕育出来的地名文化也会反哺这方水土。在全球化影响下，人们的生活方式趋同化，越来越失去地方的特色。而且这种地方特色的缺失，给地名管理等民政工作带来了挑战。地名文化建设，就是要重新从人地关系出发，使每一个地方都能重新找到符合这一地方的生活方式。对地名语词的关心，并非因为它是命名了一个地方，而是因为这种命名方式会实质性地影响该区域的生活方式，包括经济、社会、文化以及民政工作等。这是因为地名背后承载了大量古籍文字，要激活这些文字，需要依靠地名实体上的人与物，并使文化成为一方民众的生活。

比如，浙江德清县孟郊祠边上的民间养老院——莫干山老年乐园，就受到这一地名承载的孟郊诗的影响：“慈母手中线，游子身上衣。临行密密缝，意恐迟迟归。谁言寸草心，报得三春晖！”院长马福建因此首创“孝敬父母奖”，把地名中的慈孝植入养老院的宗旨，形成具有地方特质的民间敬老院。因此这个养老院才是地名文化的真正践行者。如果没有抓住这个实体，孝亲文化就成了虚幻的概念；或者说如果没有从孟郊的《游子吟》出发去谈论地名文化，谈论养老院名字的来源，地名文化的精神就无法落地。地名文化建设必须从“地”及其承载的万物入手。语词召唤大地，大地万物回应语词，这就是地名文化的本质。至于孟郊祠语词文化涉及的区域边界在哪里，显然不是指行政区划的范围，而是一股文化“风”。意思是孟郊文化所能吹到的地方，都是孟郊祠语词文化波及的文化圈。在这个意义上，地名文化建

设就要求把文化区划和行政区划区别开来。总之，要充分认识到地名实体对于激活地名语词文化的重要作用。

## 2.2 地，是将词语转化为物质存在的能动体

地名文化虽然是一种词语文化，但它可以转化为一种物质的存在，如形成一种城市的景观、建筑的风格、道路的走向等。马克思一直关注意识和物质的关系，但很长时间以来，人们忽视了这一关系的核心是语言落到生活。马克思说："从思想世界降到现实世界的问题，变成了从语言降到生活的问题。"[①]"'精神'一开始就受到语言这物质的'纠缠'。"因此地名语词落到生活就是文化意识转化为物质生产的过程。语言和文化属于思想世界，而地及其承载的万物既是物质存在，同时又具有将意识转化为物质的能动力。只有地名实体才有能力将语词文化落到生活。因此，地名文化建设不能仅仅停留在语词内，必须重视它在文化建设上的能动性和物质性。

杭州市五柳巷公园的景观改造，就是地名文化如何影响城市物质景观的典型案例。五柳巷公园地处现代都市与传统街区的过渡带，政府依据现代园林文化以及目前这一区域的现代建筑环境，梳理出地名的变迁。上城区政府据此定位了景观特色，并做了大幅度的景观修改，以反映本地的地名文化。因此，五柳巷这一街区，是地名文化建设的物化过程，也是地名文化建设的能动主体。离开了"地"，地名文化就成为无根之木、无源之水。物化是一个因地制宜的过程，物化的形式千差万别，没有一个固定的模式。物化的主体是地名实体上的人。所以地名文化建设，要牢牢把握其所指区域的物质存在。

---

① 马克思、恩格斯：《马克思恩格斯全集》第三卷，北京：人民出版社，1960年版，第525页。

## 2.3 地，是将过去变成当下传于后世的节点

地名文化本质是不同历史时期在特定区域积淀下来的文化，通常以文献记载和口述传承形式存在。如果这种文化仅仅被看作是过去的“东西”，一种博物馆里的收藏，那么地名文化建设也就失去了现实意义，也就起不到实质性的文化传承的作用。将过去变成一种当下的文化资源，强调过去并非刻板复古，过去能借助地名实体这个永恒不变的当下节点自古流传。地名语词不管有多遥远，变化有多么复杂，地名实体上的人与建筑体不管如何更新，消失或彻底变样，但地名所指的地方却是永恒不变，永远存在。

衢州是南孔故里，又称“东南阙里”，南宋以来，历代衍圣公在此弘扬儒家文化，留下了许多非物质文化遗产。但今天如何激活这一遗产，使其成为城市发展的现实资源，一直是一个困境。衢州市政府在改造和修复旧城时，充分挖掘这里的地名文化，一点点植入古城街巷里。比如，周宣灵王庙始建于衢州水亭门，后来成为钱塘江流域的江神，各地都有很多周王庙。在考证周王庙的地点和地名变迁中，研究者发现南宋时，该庙一度被列为淫祠打算取缔。后来衍圣公出面，既考虑了老百姓的民间江神护佑的需要，又植入了周宣王作为孝子的儒家大义，因此不可取缔。衢州市政府在开发这一古迹时，就将其开辟为孝文化教育基地。由此，南孔历史就成为一种现实的存在。

# 3 地名之“名”

“地”是地名文化建设的物质前提和能动体，而“名”则是文化的本体或者说就是文化本身。因此，对“名”本质的理解是对地名文化内涵的把握。但是，地名作为一个词语，又是如何承载丰富文化内涵的呢？“名”既然属于语言范畴，对其价值的考辨，也必须基于与语言相关的各种文化载体。最重要的载体是记载这一地名的各种书面和口述文与献，地名不能仅仅从词语表面的语义来判断。今天对地名文化的关注，很大程度受制于词语自身的含义、出处，或者词语背后的故事。比如，我们会关注某一地名词语意义里包含的特定地貌、家族、信仰、历史遗存等的联系，并把地名文化建设置于这种语词意义的探究上。但是，需要指出的是，地名语词不仅是语义，更体现在对接无数文脉的牵动功能上。

对于地方历史文脉来说，地名只是一个入口，因为它能引入一方土地上千百年的历史及文化内涵。地方文脉是以古籍和记忆的方式存在着，需要通过地名来追溯并揭开，最后转化为能被今天所用的文化资源。在认识地名语词的语义和功能的不同作用时，我们有必要首先澄清对这两种地名语词的理解，即①地名作为词语本身的语义价值；②地名作为地方文脉的牵动功能。后者对地名文化建设有更加重要的意义，但也是今天经常被忽视并造成地名任意改动的根本原因。为了说明对两种地名语词的不同认识，我们有必要先从今天的语词意义产生方式——共时与历时的语义去考察。

## 3.1 名的共时与历时语义

地名属于语词，也就是语言，其含义是词语本身及其衍生意义。今天对这种语词的认识主要受结构主义语言学的影响，也就是把语词放在共时（synchronic relations）语义场里产生的意义或意思。所谓“共时”，就是在整个语言符号的差别中把握一个词的意思。比如，“土八路”“牛郎路”“1号大街”“加州阳光”，都是因为与另外一些词产生某种联系，形成一种“追风”的语义效果。今天地名取名，以及地名更名都受这种语言思维影响。而中国历史上，语词或者说取名，更重要的是放在历时（diachronic）语义场，也就是这一词语在不同历史时期、不同的历史典故中有不同的含义。词语在这里充当一个节点、一个切入口的功能。

比如，德清县今天的“余不”语词构成的地名，有余不溪、余不坊、余不弄。这些地名在共时语义上看起来是没有任何意义的，但是通过古籍查阅，我们看到该词语背后的文脉线索。它可追溯到大禹时代，《吴越春秋·越王无余外传》载：“禹以下六世而得帝少康。少康恐禹祭之绝祀，乃封其庶子于越，号曰无余。”①可见，这一地名首先与大禹时代的一系列文献对接起来。当时，少康封禹后人为无余，无余成为越国的始祖，封国在下渚湖一带（见《浙西最古的史事》）。“无余”作为一个人名衍生出“余不”地名。这个名字在《吴越春秋》里又包含了大越的文化。到了晋代，孔子后裔孔愉因为被封“余不亭侯”，这一地名随后就附着了大量与他有关的忠孝典故，以及后人在此基础上形成的传说，也就逐渐出现很多以“余不”命名的地方。到了唐代这里设立临溪县，这一地名也有临“余不溪”的意思。一直到天宝元年（742），又依据这条溪“人有德行，如水至清”②的意义改名

① 张觉：《吴越春秋校证注疏》，北京：知识产权出版社，2014年版，第194页。

② 以宋人葛应龙所说：“县以溪尚其清，溪亦因人而增其美，故曰德清。”见“人有德行，如水至清——德，清归来之一”，http://blog.sina.com.cn/s/blog_56967ae101009t4p.html。

为德清县。这一地名的演变过程《元和郡县志》中记载：“天授二年，析武康乡，置武原县。景云二年，改为临溪县，以临余不溪也。天宝元年，改为德清县。”[①]由此来看，“余不”这个在今天共时语义场里看似没有什么意义的词语，放置到历史文脉里，就有重大历史文化意义，一定意义上体现了浙江地名的根与魂。由此，一个今天字面上看来没有实际含义的词语牵动着一层层历史文脉和典故，对接这个地名实体的根与魂。

除了一个地名演变背后的历时语境外，在取新地名时，古人也会把握一个词在不同历史典故中的意义，尤其是该词在经典文献里的意义变迁。《说文解字》梳理出语词的最初（古老）的语义，称之为“文”以别于字。历代对特定词语的认识，都需要回到这个词语的“文”意原点。段玉裁《说文解字注》还追加了其后不同时代某个词语的语义变化。《康熙字典》也从不同时代的可靠文本中用历史语义定义词语的意思。在现代性产生之前，欧洲也有非常丰富的历时思维，但由于没有中国那样的地方志、古籍文献保护与传承传统，其历时意义没有那么丰富，这也是西方后来在用词方面越来越脱离历史语境的原因。但在中国这种历史语义有很好的保护，直到“五四”才被主流文化隔断。这个非常专业化的语言学问题，会根本地影响社会对地名语义的文化价值判断。不懂得中国地名具备的历时语义特征，就很容易造成追风式的命名现象。

所谓“共时”，是地名判断时以不同领域对词语的价值。比如，某个语词（如曼哈顿、巴黎等）在中产阶级阶层具有很高的认同性，为了经济发展或为了追求某种文化效应，我们就会舍去其他选择这类词语。今天地名文化中“大”“洋”“古”“怪”“重”都是源于共时语词判断。值得一提的是，这里所谓的“古”并非基于地方根基的古，而是一种现代人感觉上的古味而已，并没有地方文脉的依据。这样一种语词的使用方式，是“五四”以后，经学解构以及传统地方志编写体例转型后导致的。它与整个社会的现代性思维有关，使得历史和当下分离。欧洲后现代学者在反思现代性问题时，都是

① ［清］嵇曾筠：《雍正浙江通志》卷六，清文渊阁《四库全书》本。

从这一“语义”源头切入，形成了今天所谓的社会科学哲学的语言学转向。这些现代语词的认识方式割断了语词使用时与历史语境的联系。德里达更是直接从中文语言的特质上，说明这种共时思维的问题[①]。他认为，中文语言通过其象形肌理，一直与远古的文脉联系着，而西方语言却失去了历史的根基。对地名语词的文化价值判断，有必要重新回到中国几千年传承的历时语境，通俗一点说，就是要通过“训诂”，来把握语词的历史含义。这里的训诂，不只是借助训诂词典之类笼统的语词考证，最重要的是，要基于不同时期积累下来的地方“文、献”来领悟古人传递的文意，得以开启思想[②]。所谓“文、献”是指基于古籍记载的“文”和老百姓记忆和行为里的“献”。那么，地名的文化取向，要基于地方文脉的走向，并能充分把握语词与沉淀的地方文脉的对接。

对保护和接续这一历史文脉语境方面，我国有着世界其他国家所不可比拟的优势。几千年来，中国各地都有丰富的地方文献记载传统。地方文脉及文化传承一直未断。浙江省在这方面的传统尤为突出。省志、府志、县志、地区志、区志、考古志、专业志等文史资料极为丰富，被誉为“方志之乡”。以修志方式记载地方文脉是浙江省悠久的历史文化传统。据统计，浙江省是全国保存旧志最多的省份之一。清乾隆年间朝廷编修《四库全书》，广为采录全国各地方志，无论是数量还是卷数，浙江都居各省之首。中华书局1985年出版的《中国地方志联合目录》，在所列8200多种方志中，浙江省有641种，约占全国总数的十三分之一[③]。所有这些地方文献，为新时期建构地名文化提供了丰富的历时语境，是地名文化对接地方根与魂的基础。除了文字资料，口述传承的历时语境（即乡贤口述）也非常重要。浙江方言多

① Derrida，J.,“Of Grammatology,” *Philosophy & Rhetoric*, pp. x–xxxii.

② Wu，Z.J.,“Making Person through Confucian Exegesis.” In Guoping Zhao & Zongyi Deng（eds）*Re-envisioning Chinese Education: The Meaning of Person-Making in a New Age.* NewYork: Routledge.

③ 潘捷军：《记载历史　传承文明——文化大省建设视野中的浙江地方志编纂》，载《今日浙江》2010年第13期，第50—62页。

样、丰富，以方言传承的地方文意是把握地名含义的另一个重要方面。2012年以来，浙江省推动了以方言为基础的“浙江记忆工程”。通过对浙江方言传承的说唱、故事、民间歌谣、戏曲等的整理建档，建立了内容完备、体系健全的浙江方言档案资料库。所有这些都是取名时，摆脱“大洋怪重”的基础。因此，浙江省地名文化建设就突出地体现在如何保护地名文化历时文化语境，也就是各种地方文献资料的整理、保护和活化上。

## 3.2 名，是地方文脉的锚

现在我们从各地传承下来的古地名入手，从地方文脉的角度说明地名的文化价值。地名承载的历史文化，不只是基于“共时”而产生的语词语义直觉，而是这一语词牵连在一起的多样性、多层次的文意源流。好比一个人物名字，比如岳飞。我们并不是主要关心“岳”是高大的山，“飞”是鸟在空中运动；我们关心的是岳飞这个词语承载的各种古代和现代文献、祠堂、纪念场所等。这种对“岳飞”语词的认识，应用到地方，就是地名文化。名字可以牵动“文、献”及各种符号载体，或统称为文脉。地名是编制地方文脉的节点，也是“打捞”地方文化的锚。许多失落了的、被遗忘的文化都要靠地名重新找到线索。

民政部副部长宫蒲光曾从历时角度指出地名语词的重要意义：

> 地名记录着人类的历史、民族的融合、环境的变化、社会的发展。地名文化内涵丰富，源远流长，既是国家的重要历史遗产，也是五千年中华文脉不可或缺的组成部分，在社会主义文化建设中具有重要地位和作用。地名不仅具有标志、记忆等功能，还具有文明、教育、文化传承功能。①

① “大洋古怪重”等地名乱象需整治　有地方叫“土八路”，人民网：http://culture.people.com.cn/n/2015/0529/c172318-27077802.html。

**地名是地方文脉的聚集点**

宫蒲光强调，地名是五千年中华文脉的重要组成部分。落到每一个地方，地名体现了这一区域、地点所承载历史、民族融合、环境变化及社会发展的文脉。这一文脉不只是反映在该语词表面的文化含义上，更重要的是该词语连接在一起的，一系列反映特定区域错综复杂、丰富多样的文意线索。因此，他说："地名文化内涵丰富，源远流长。"宫蒲光还进一步强调了地名文化内涵"在社会主义文化建设中具有重要地位和作用"。这说明，一个地区历史积累下来的所有意义系统，或者说文化积淀，都会借助这个地名对接起来，并通过与地方的互动，形成活化的文化。故"地名不仅具有标志、记忆等功能，还具有文明、教育、文化传承的聚集功能"。

被称"南落马营"的地方，位于杭州上城区南，候潮门外，秋石高架旁边，总面积4.5万多平方米。这一带是南宋皇城古墟带与现代钱江新城的古今交会地点，也就是G20峰会举办会场与西湖景区的连接地带。周边还有金都华府、春江花月、金色海岸、金色家园、蓝色钱江、望江府、康都紫轩等地产。除了望江府，其他地名都与杭州本土文脉脱节，是基于共时语境而起的地名。南落马营区域是由以前铁路专线及一些废旧空厂房构成的，中间有一遗存的小花园。政府主要为改善该地环境及打造城市景观，实施了紫阳街道铁路货运场整治改造工程，将其打造为杭城的体育创意园区。针对这一地名，我们对杭州历史资料进行了调查，在周边居民和历史地图的帮助下，确认今天称为“落马营”“落马营桥”等地名在历史上为“椤木营”或“椤木桥”，原地名在民国时仍然保留。“椤木”是一种乔木，该词字面意思并没有什么特别之处。《杭州府志》（卷三十一）记载：“江滨有椤木营，椤木桥。”可能是新中国成立后地名登记时杭州方言的缘故，被讹传为“落马营”。通过对“椤木营”地名考证牵拉出体现杭州城市形成的一系列重大文脉。

《吴越备史》记载了这一地名是吴越国始建杭州城时留下的。钱王修海塘时用椤木固海塘而形成椤木桩景观。当时，为了征服钱塘江，通过“强弩射潮”振奋建城人心。此外，依据这一地名在《古史考》中进一步发现了“椤木日本国所献”，这体现了当时吴越与周边番国的外交关系。《宋史》中有载，在南宋时期，此地为“护圣步军寨”，也就是保护临安皇城的军营。更重要的是，《文献通考 · 礼书》记载，孝宗皇帝为收复中原，在这里举行过一系列重大军礼活动。作为军营场地，元、明、清一直延续。到了清代，康熙、乾隆多次阅兵、观潮。《康熙南巡图》对此场景有刻画，还留下了大量诗文。此外，这里还留下包括白居易等诗人在内的大量诗文、辞赋、人物、逸事。由此，一个被讹传过，看似普通的“椤木营”地名，牵拉着杭州城市无数的文脉。每一个文脉，都联动着地方大义（精神）。这些文脉的带出，为上城区改造落马营地段，带来了全新的思路。这些思路包括城市景观（椤木桩、射潮）、功能定位（原来“少年军培训机构”植入中华军礼培训）、城市记忆修复（杭城奠基）。

上述案例，对地名文化建设的理解至少有如下三个方面的重要意义。一是地名不能从其字面含义（或者背后含义）进行判断，而要从其所在地文脉来考察。“椤木”一词在字面上并没有什么特别之处，但其背后拉动的文脉却极为丰富。二是今天落马营周边的小区地名，如“春江花月”“金色海岸”“蓝色钱江”“康都紫轩”无一不是基于当下共时语境下对名称“大洋古怪”的追求，起名者并不是从一个地方的历史文脉里寻找词语背后的深刻内涵。三是从“椤木”改名为“落马”虽然是方言所误，但它扰乱的是背后无数的历史文化线索。这一地名的消失，联动的是一个地方的根与魂的失落。

## 3.3 名，有一个历史的“谱系”

一个区域里的不同地名以及一个地点里不同时代出现过的地名，放在一起，就可以形成一个类似家谱一样的“谱系”。这一谱系，通过追溯每个地名背后的“文、献”，可以展现一个地方或区域的文脉，还能确立场所的名分。新起名应该在把握这一谱系的前提下，接续与再生谱系。在一个区域的文脉里，能发现其远祖、始祖文化，以及代代相传的文化记忆，因而形成一个地区枝繁叶茂的文化谱系。比如，在德清由大禹庶子封地留下的“无余”人名，因其影响演化为一系列地名。“无余”“余不”“余不溪”“余不亭”“临溪县”“德清县”“下渚湖”，还有“余不镇”“余不弄”等都是同根同源、一脉相承的。几千年来，这些地名在一起就形成了一个“大家族”。这里有嫡系，也有旁亲，有直接继承，也有派生承接。如果对德清整个古地名都做一个谱系考证，还能发现这里的“吴”地名文化源流，如莫干山、吴憾山（吴王夫差憾勾践伤其父足，率兵伐越，筑垒于此）。后来历代接续这一文脉的地名渊源不断，如樊哙的舞阳侯、吴羌山、庾信的武康侯、孟郊保、沈麟士宅，直至晚清的“曲园”。直到今天，这些地名源流在一些路名和风景区当中还有体现。有些地名不仅仅对德清地区有重要意义，还是浙江地名文化的根。古防风氏国留下的封嵎之山地名（《国语》），为今天解读良渚文化提供了历史资料。中国历代地方志编修，无论是国家地理总志，如《元和郡县制》《大明一统志》《大清一统志》，还是省志《浙江通志》，以及德清和武康的地方志，在其选择地名、排列次序、考量轻重先后时，都会以此文脉作为标准。同样在取新地名时，也会把新地名置于这个文脉谱系里去思考。但今天在把握地名文化时，大都对这些历史文脉采取有意或无意的忽视状态。此外，对每一个地名背后可以对接的“文、献”又缺乏足够的重视和开发。历史上，武康侯庾信一篇《哀江南赋》，就足以令人倾慕，但是这样的辞章如何纳入今天的地名文化理解和建设中呢？首先要考虑地方的文脉谱系。站在整个浙江，乃至大东南区域角度来看，同样有着一个地名文化谱系。在浙江省民政厅直接指导下，德清县正在利用其丰富和悠久的地名文化资源，建立中国第一个地名博物馆。博物馆以浙江为对象，展示了从《禹贡》以来形成的浙江各县市地名文化源流，使地方文献重新回归到传统文脉谱系，赋予地名以德化民的教化意义[①]。

总而言之，“慎终追远，民德归厚”，这是中华文化的道义所系。它适用一个家族，同样适用一个地方及其地名文化建设。“国有史，方有志，家有谱” 遵循的都是这样一个追根溯源的思考，收到的都是“民德归厚”风化效果。当一个地方乱改名、乱起名，挑战的不仅是治理，搅乱的不仅是文脉，也是将一方百姓导向数典忘祖、失德忘本的境地，也就是我们所谓的“地方精神”的失落。可喜的是，自2015年始，浙江省民政厅牵头举行了“寻梦乡愁——浙江地名文化之旅”。该旅途从“南孔圣地”衢州开始，“三衢大地，既是钱塘江的源头，也是南方儒家文化的发祥地，之所以把我们的采风活动和纪录片开机仪式都放在这里举行，也就是想要让我们的地名文化之旅从寻根开始”[②]。此外，《大地有名》大型纪录片及《德清若水》《恋恋西塘》和《云在树上》微电影拍摄也都是开始重新追溯一方水土的地名文化根脉，及重新回归历史文化源流当中的地名文化建设活动。

① 罗卫红、徐付群到德清调研民政工作　研究地名文化博物馆建设事项，http://www.zjmz.gov.cn/il.htm?a=si&id=8aaf801555c888d30155e9f55fec0257。

② 地名，文化与故乡的名片，浙江日报：http://news.xinhuanet.com/local/2015-09/29/c_128276604.htm。

## 3.4 名，受制于特定时代话语域

地名文化受制于特定时代的语词话语。所谓“话语”，就是在一定历史时期形成的并受当时价值观驱动的语境，或者说一种说话的风尚[①]。在过去30多年里，在经济全球化影响下，地名话语经历了重大的变化，不管是取名、改名，还是对已有地名的认知，都发生了重大转向。地名文化受制于消费文化的影响极大。其中，“大、洋、怪、重”地名所反映的现象是：一、离开地方；二、离开历史。前者体现为地名脱离地方文化，从流行“非地方”的文化，或外来文化中选择价值取向来命名或标识地方。离开历史，就是离开特定区域的地方“文、献”，割断地名文脉，忘却“不负上，不辱下”的地名谱系。由此，便造成今天同质化的“大洋古怪重”等地名文化现象。这种现象的“话语”来源，就是以消费文化中主体人群——中产阶级为价值取向，体现为讨彩头、赶时髦、图洋气、求名气、为利益，主要体现在：“选择性记忆”和“有意识忘却”。近年来，各地地名不断被重新书写。在浙江许多有深厚历史文化的城市，随着地方记忆不断被改写、抹掉，老地名大量消失，新地名不断增加，群体的在地意识、乡土意识被抹去，取而代之的是体现中产阶级西方消费文化趋向的取名风尚。这些地名通常出现在城市的中心地带，以商业和地产为对象，把城市原有记忆抹去，从国外植入类似“曼哈顿广场”“伊萨卡国际城”“加州1885”“欧洲城”“多蓝水岸”等地名；或者，以中产阶级所谓“文化”人的趣味，取一些“凤凰新天地”“色堤水岸”“香樟湖畔”“郎诗”“江语海”等地名。而在一些产业园区，比如台州路桥金属资源再生产园区的道路命名，采纳“汇金、聚金、涌金、黄金、白金”等拜金主义风尚。有些地方则模仿国外大城市的命名方式，用数字罗

① 吴宗杰：《中西话语权势关系的语言哲学探源：话语学的文化研究视角》，载《浙江大学学报》2006年第2期，第170—177页。

列，如“2号大街”“12号大街”“经一路”“经中路”“纬二路”等[①]。这些语词除了字面追风之外，找不到任何与地方文脉的联系，更不用说能树教化风声，起到文意化人的作用。这在今天浙江大量开发的新区尤为明显，比如杭州下沙新城。在中华传统文化里，街道、坊巷是实施“因地制宜”的教化场所，《尚书》曰：“旌别淑慝，表厥宅里，彰善瘅恶，树之风声。”因此街巷的命名也紧紧与此联系起来。通过词语连接本地的教育典故，树立地名文化标识，立教化之风声。

中国的地名话语，传统上是“经史话语”的一部分，也就是取名、考名，都是出于“通古今之变”的经世济用之需要。所谓经学，一般是指基于儒学十三经，即《周易》《尚书》《诗经》《周礼》《仪礼》《礼记》《春秋左传》《春秋公羊传》《春秋穀梁传》《论语》《孝经》《尔雅》《孟子》的阐发与学问，而史又从属于经学话语。把“经史话语”纳入地名文化建设的思考中，也就是在判断地名价值的时候，首先看其在经学典籍中的意义联系，其次是史学古籍里的行事意义。浙江地区虽不在中华文化发源地的中心地带，在经典中记载的地名不多，但在取名方面却极为注重接续经义。因此，那些能够触及经学的地名，各地都会置于极重要的地位。比如《尚书禹贡》涉及的“三江既入，震泽底定”，就是确立浙江地名的最重要根基。《尚书注疏》韦昭云：谓吴松江、钱塘江、浦阳江为三江。震泽为太湖。唐代《元和郡县制》、宋代《太平御览》、明清时期的《一统志》等，都以此作为浙江地名的开端。同样各地方志也对涉及的各种历史遗迹或地名予以极大的关注，比如绍兴的“会稽”、杭州的“余杭”“上虞”。所谓“余杭”，《郡国志》称：“夏禹东去，舍舟船登陆于此，乃以为名。”《史记》记载：“或言夏禹会诸侯江南。”尽管人们对夏禹是否到过江南仍有疑义，其实这个历史事实不重要。重要的是，以“夏禹到江南”形成的一系列地名，已经沉淀为浙江最重要的地名文化，代代相传，深深地扎根在浙江大地上。

① 邓永新：《城市地名管理研究——以浙江台州市为例》，华东理工大学硕士学位论文，2013年。

即便像东阳横店这样的小地方，其标志性火山锥也被命名为禹山或夏山，山之侧有夏禹祠。明代毛宪《夏山记》以为山乃承接孔孟道学，曰："缘山怀古，则精一执中之旨，实万世道学之源。"

浙江地名词语具有以下话语域的特点：先秦稽经，吴越以降纪史，民国纪实。浙江历代文人在取名时着力与经文联系。在史学意义上，浙江地区的地名文化就比较丰富。其中最为突出的是：先秦的吴、越之争，五代的吴越国；其中对浙江地名影响最广泛的当属宋代，现在杭州市内的地名主要是宋代留下来的。一些小地方家族的兴衰，往往成为地方史的重要方面，地名也会受其影响。如安吉尚书圩村，600多年前因为出了一个礼部尚书，小山村出现了"尚书街""尚书阁""尚书台"等地名。不管杨尚书为官如何，但这些地名弘扬的总归会回到经史要义，比如这个山村留下"格物、致知、诚意、正心、修身、齐家、治国、平天下"八个词。今天村落又借助过去遗留的地名文化，把山村打造成浙西闻名遐迩的"止于至善"休闲村。

但到了民国，受西方地理学的影响，原来属于史学部分的地理，变成了独立的学科，当时称之为历史地理学①。对民国时期地名话语的变迁，历史地理学家侯甬坚就有过这样的评述：

> 民国时期，学人习用的"沿革地理"治学方式是受制于历史学的基本"话域"的。到1961年，学界完成从"沿革地理"到"历史地理"的转变，遂进入到地学"话域"的新阶段。在经历了顾颉刚、侯仁之两代人的探索后，历史地理学的学科"话域"终于确定。②

① 《四库全书》，四部分类等均把地理置于历史之下。而传统史学，并非今大理解的有关过去的历史，更应被看作包罗万象的文化。地名学应回归具有文化意义的传统史学。

② 侯甬坚：《历史地理学界"话域"与"话语"的融通》，载《学术月刊》2010年第11期，第123—127页。

地名考证是历史地理学的基础[①]。历史地理学话语对地名文化的影响是使历史从属于地理，这与传统史学中的地理是地名考证为文史（文化）服务的观点不一样。简单来说，就是文化是为地理服务，还是地理为文化服务。

作为现代学科的地理学，给当代地名研究提供了地名规则、地名逻辑、地名历史等地名知识体系。然而，过去地名相关的书籍只是实录和记载各种历史文本，在文本的编排和校正中体现地名的文化意义。在地名知识的构建下，地名学就成为一种解释学。以前在地名之下，实录的是不同时代留下来的文本；现代会运用历史学的线性时间观把这些文本解释成地名的历史。地名承载的不再是积淀下来的文化，通过展示让人自己去解读；而是一套完整的知识体系对地名的言说和确立。现在，地名语词之下，是一个被解释的历史。历史仅仅停留在过去，至多是作为被还原的事实。现代文学在地名学中也起一定的作用，即把历代文本转换成故事。由于远古史料碎片化的特征，这些故事需要现代人掺入文学的想象来讲述。而类似《禹贡》这样的地名典籍，经常以神话的方式被讲述。这类地名故事很容易导致人们以怀疑的眼光看待文化，或者仅仅将地名文化当作一种美感欣赏。总之，现代地理学、历史学、语言学、文学等，改变了地名作为积淀下来的文化，成为牵动文化的纽带，并且把地名变成一种学科知识，尤其参照了国外历史地理学的发展路径。这种地名学产生的话语，主要以科学“知识”出现。人文地理学家段义孚借用颐和园说明了科学知识体系会扭曲人们对一个地方的在地感受。他说：

> 知识如何影响评价自然空间的方式？这是个老生常谈的话题，毫无新意。所以，我试着从个人经历中，提出一些稍不一样的看法，比如，2005年，我参观了北京颐和园。因是我第一次参观，有一名导游陪同，她伶牙俐齿，一直不停地为我讲解园林知识。令我

① 史为乐：《地名考证中应注意的几个问题》，载《中国历史地理论丛》1993年第1期，第173—184页。

惊讶的是，她讲说的信息并非颐和园的美，而是描绘了一幅令人畏惧的技术风景画。在她的画里，每处建筑都是一种专业设计，是用于转移或安抚自然的消极情绪。甚至连最细微的空间改动，也会冒犯自然之美，比如，在不适合的角度开启的一扇门，放错了地方的青铜狮子，调错阴影部分的色彩，多拱桥上消失的拱，等等。但当我看着自己时，我并没有产生焦虑或害怕地方感，此处无任何迹象，顿时我意识到自然可能是充满敌意的。正相反，在颐和园，我看到的男人、女人、孩子，都微笑着，聊着天，乐呵呵的。很明显，他们很开心，他们在这里很享受，因每个自然或人造景观而变得更快乐、更幸福。①

与段义孚一样，在我们今天走进地名空间的时候，或许也看到的是不同的男人、女人、孩子，或许在微笑、聊天，或许匆匆走过。这些普通鲜活的生活场景是地理历史知识所无法涵盖的。换句话说，地名意义在地理历史“知识”当中变得枯燥与冷漠了，段义孚想借此例子说明知识对人文地方感的削弱。所以说，地名文化需要一种文化思维而不是科学思维。地名文化建设的使命是要重建一种具有道义的文化，而不仅仅是一种知识或消费文化语境。

地名的语词意义，是受制于特定时代的话语及其背后认识世界的方式。同样的词语在不同时代具有完全不一样的意义和功能。总的来说，浙江省的地名主要经历了先秦稽经、吴越以降纪史、民国以后纪实，当代为流行风的时期。重提地名的时代语境，不仅可以对当下浙江地名文化的建设提供文化驱动力，更是续借地方传统文脉、重塑地方自信与地方认同、开拓区域发展的国际化格局的重要基石。

---

① Yifu Tuan,“段义孚教授最后的演说：地方，空间与自然”，由浙江大学外国语言文化与国际交流学院肖红娇，张建民翻译。http://www.yifutuan.org/dear_colleague.htm.

# 4 地与名互动：在地文化

我们习惯上有一种认识，以为先有一个地方，然后，语言对此加以命名，才出现了地名。但实际上，谁先谁后是一个鸡与蛋的哲学命题，无法定论。然而，我们需要知道的是，大地与语言确实有一种互动关系，两者甚至是相互建构的对象。地因名而变得有意义并成为地名实体，名因地才使语言对生活与实体产生实际影响。“名”能够带动对“地”的重新理解，甚至名在实质意义上建构了地名实体的存在感知，乃至区域的文化认同。比如，现在吴兴只是一个小县，但是历史上三国《吴兴录》里面记载吴兴包括杭州，这样杭州就成为吴地，而离吴兴更近的德清、余不溪、勾里等地名在历史上又属于越地。语言赋予了一个地方的形成、范围以及地方感（sense of place）。简言之，是语言建构了地方。这种认识是20世纪以来，人文地理学发展的一个重要理论基础。人文地理学家发现，语言有命名、叙述、评论与行动的作用，它推动地域实体意义产生。美国人文地理学奠基人段义孚说：“我们忽视语言在场所构建中最关键的作用，没有人类言说就根本不可能有思想，也不会有争论以及行动。都是语言带来了场所构建。”①

① Yifu Tuan, “Language and the Making of Place: A Narrative-Descriptive Approach,” *Annals of the Association of American Geographers*(April 1991), pp.684–696.

## 4.1 地与名的文化转化

首先，“名”具有创造事物的功能。西方人文地理学者认为，地名的命名是最初构建地方实体的唯一手段。段义孚介绍说，西方人很容易接受词语的创造能力，因为他们习惯了：“上帝说有光，就有了光。”（《圣经》）正是因为上帝，这个世界有了光，动物、天地、山河就产生了。名或说语言，是人类构建地方意义最基本的元素。段义孚举例说，面对一片不熟悉的广阔沙漠，为继续前行，探索者有必要用名字和词语去区分空间，所以会以特征称它们“山”和“河”。段义孚说：“如果称呼一个景观为山，已经区分其地理特征，而再给它起名‘悲鸣山’，也就将这座山独一无二的性质突出来了。”段义孚认为，温暖的词语往往也使得场所变得十分温暖。“悲鸣山”与“希望山”会带来不同的场所感受。可见，命名有能力通过言说而让事物存在，让看不见被看见，让事物有了某种属性。其次，故事是使得地方成为意义场所的有效途径。段义孚说：“语言构建场所也表现在口头与书面故事。‘悲鸣山’会从人们意识中消逝，如没有社会语言支持，如果名字没有通过口述或书面在地图上阶段性地去查阅，就不会得以传承。‘悲鸣山’会持续存在人们脑子中，甚至在时间流逝当中，变得更加真实。”①段义孚对此更提出文学作品对场所意义构建的作用，比如，《红楼梦》一书使得大观园的意义得以传承。

语言，通过命名、叙述，构建地点和地方，由此也就产生“在地”文化。地名文化建设当中要充分意识到语词及其对接的“文、献”，如传说、故事、历史事件记载是让人们理解到地方存在的关键。在没有语言之前，地名实体是没有意义的，人们甚至感觉不到它存在。因此，一个区域地名的密集性以及相关的文、献（各种记载、历史、传说、诗文、口述、记忆等）的

① Yifu Tuan, “Language and the Making of Place: A Narrative-Descriptive Approach,” *Annals of the Association of American Geographers*(April 1991), pp.684-696.

丰富性决定着该区域场所实体的丰富性。语言建构地方的方式，主要有四种类型：①命名；②实录（语迹整理），也就是对这个地方积累下来的各种历史轨迹语言材料的整理；③叙述，人们通过故事、传说等赋予地方以意义；④治理，围绕特定区域开展的决策、规划、设计与改造的语言行为。历代地方志的工作主要集中在第二方面，今天政府主要围绕第四方面开展地方的语言实践。而一方百姓，经常会以第三种形式参与地方的语言构建和再生产。然而无论是政府、百姓、学者，大家都在从不同的角度参与到语言和地方的互动之中，并逐渐影响和改变着地方的命名，也就是第一种方式。地方、场所、空间这些被认为是自然或者物质的存在，从文化角度来看，都是由语言构建的。在这些语言中，从记录地方产生到描述地方过去历史事件的“文、献”最能体现一方水土文化。按照这种思路，我们从语言文化角度考察温州芙蓉村地名，承载地名的地理实体（包括方位、地形地貌、气候物产、景观景物、经济交通等）都成为一种文字表示的语言符号。可以说，语言赋予一处地方意义，而地方也让语言落地成为文化现实。

孔子曰：“名不正，则言不顺；言不顺，则事不成；事不成，则礼乐不兴。”[①]从地名角度来说，这句话可理解为，地方的名字不固定，则言说就会混乱；言说混乱，那么，事情就做不下去；如果事不成，那么，礼乐文化就不能延续。邢氏解释，如果父子关系不厘清，君臣关系也没有确定，那么，就是名不正，“孔子为政，必以正名”。名分必须在观天、察地、观乎人文的基础上产生，犹如父子是天生血脉相承的。那么，什么样的地名语词可以说是名正言顺的？因此地理名分是基于地方文脉的谱系演变，基于稽古追远的道义提出的。除了这个具有重要意义的谱系，还有产生地名的人、事对地方的贡献。这两者就如同孝与忠的关系，这是地名“名义”的来源。如果我们把一个地域所有地名放在一起，老百姓依照“忠”“孝”关系是能够体会出地名背后的含义的，从而自觉生活在具有道义统领的文化空间当中。

那么，地方对于传承语言又意味着什么呢？我们都说，地名传承着一个

① ［宋］蔡节：《论语集说》卷七，清文渊阁《四库全书》本。

地方的文脉，但文脉并非一种思想的存在，它是以“文、献”的形式或者说语言的形式存在。那些代代相传的不朽“文、献”，体现的是孔子、司马迁所说的雅言（正言，传递中华经典的语言）。《论语·述而第七》载：“子所雅言，《诗》、《书》、执礼，皆雅言也。”因此，地方传承的文化，就是如何承载与展示那些来自于本土并“文以载道”的雅言。换句话说，地名实体与地名语词的关系，就是一个地方如何承担起传承不朽“文、献”的功能，使代代相传的文脉在每天的生活中通过地方文化得以“表述”。这一点在《雍正浙江通志》有关浙江山川的表述中得以很好的体现：

> 山川：自九土既敷，而高山大川以奠。周秦而上，吴越介在荒服。然会稽雄镇于南，具区汇流于北，皆为禹辙所经其间。千岩万壑，竞秀争流，乾坤奇伟，清淑之气荟萃于斯。于以降贤哲，出云雨，表畛域，阜财用。凡毂列于浙水东西者，可按籍而稽焉。志山川。（《雍正浙江通志·山川志》）

在这篇关于浙江山川的序言中，起篇引用了《尚书·禹贡》的话。“九土”指九州之土，也就是大禹治水奠定的方舆。在那个远古时代，人们第一次对大地及万物进行了区划与命名。依据的是山川经纬，思考的是裁定大地之道以养民，所谓“高山大川以奠”。《禹贡说断》（卷一）解释说：“观其源委而川可浚，川浚而九土见矣。辩其名物以制地，征作民职而贡赋出。”意思是，开始辨川、流的源头及山川形势，以此分区域并命名。由此，也分辨了地方上的物，土地得以治理，政赋、民职得以通达。这正是今天从区划、地名到民政的治理路线。浙江所在的吴越地区，会稽山镇于南，水流汇于北，“千岩万壑，竞秀争流，乾坤奇伟，清淑之气荟萃于斯”。特别值得指出的是，“自九土既敷”一句在《尚书》中为“篠簜既敷”。“篠簜”指大竹，“敷”是陈列。也就是这一地方长满了竹子，而这种竹子在浙江一带尤盛。今天湖州一带地貌特征也尤为明显。郭璞曰：“竹阔节曰：簜敷布也。”

《尔雅》："东南之美，会稽之竹箭，在禹迹为扬州，故特记篠簜也。"由此看来，这句话背后包含着浙江这块土地及其物产的一些描述与典故。那么，这种地理环境造就了贤哲，云雨，让这个地方有畛域，地方富足。所谓："以降贤哲，出云雨，表畛域，阜财用。凡殽列于浙水东西者，可按籍而稽焉。"先秦之前，浙江（吴越）是在华夏文化圈最外面的一圈，称荒服［古代王畿外围，以五百里为一区划，由近及远分为甸服、侯服、绥服（一曰宾服）、要服、荒服，合称五服］。但尽管远离华夏中心，这一区域却是夏禹履迹之地。会稽山曾是夏禹号令四方诸侯之共计天下大事的地方。今天，杭州地名之源余杭（夏禹舍杭登陆之地）、古防风国武康（被夏禹应召的诸侯）都是千古传承下来的华夏文明。"区汇流于北"描写的是浙江水系走向，出自《尚书》"三江既入"。《序言》叙述了浙江山川之奇伟，清淑之气荟萃。再从民政角度，说明这里人才辈出，雨水丰沛、田地肥美、财富殷实，由此说明浙江山川文化之厚重。

这样的序言，与现代地理学完全不同，它不是根据山川的地貌作科学描述，而是把山川承载的华夏文化源流作为其经纬，体现大地及其地名的文化使命，传承华夏文明的根与魂。而这个"根与魂"不是一种哲理，不是历史故事，也不是仅仅停留在地名语词里的语义味道，而是由我们所说的地名牵动出来，深埋在各种古籍里的本土"雅言"。所谓"雅言"，《论语·述而》曰："子所雅言，《诗》、《书》、执礼，皆雅言也。"孔安国《论语集解》解释："雅言，正言也。"序言文字，字字句句有"经"（《尚书》），可以回归考证，即字字归源。这就是说"雅言"指的是"四书五经"这样的中华文明经典著作，即"选言务雅，树义必坚"。那么，整个浙江山川的表述，就不是基于科学地理学，而是"经、史"文本。故序言最后说，钱塘江东西两边山川的名称，都可以从典籍考证到。由此地方（山川）就成为"雅言"的载体，以传承中国经典为源头的文脉。总之，这样一种叙述浙江山水的方式，是要让山水成为传承经典文本的载体，或者说，地名实体成为承载文化的物质存在，就是让山水充满文化。

《浙江通志》山川卷第一条目记载的是杭州的吴山。吴山并非杭州的大山，只是天目山系沉入钱塘江前的余脉。之所以能被列为第一，是因为这座山承载了春秋时代吴越文化。

> 吴山《名胜志》：在府城内之南。春秋时为吴南界，以别于越，故曰吴山。或曰以伍子胥，讹伍为吴。故郡志又称胥山。凡城南隅诸山蔓衍相属，总曰吴山。（《雍正浙江通志·山川志》）

不管是作为吴越边界之山，还是伍子胥讹传而来，吴山是杭州地区能承载吴地雅言最重要的山。始于春秋，成书于汉代的两本浙江最古老的地方志《越绝书》和《吴越春秋》都与此山有关，这两本书被认为是中国地方志的渊源。此外，吴山与吴泰伯的关联，《春秋》《史记》《论语》等书都记载了吴泰伯奠定吴国以及子贡前往越国游说的典故。泰伯作为古公亶父的长子，他把王位让给周文王，建立了江南第一个诸侯国——句吴。所以，吴山又承载了中华文脉的雅言（古文、献）。因此，“吴山”体现的是杭州城市的精神。吴山上的子胥庙、城隍庙、泰伯庙都表达了杭州人对这座山在传承吴文化方面的敬意。乾隆皇帝六巡江浙，亲临吴山展礼，留下御书“福庇南黎”四字，历代还留下了大量文献。此外《十三经注疏》权威版本奠定者阮元虽然不是杭州人，但阮公祠也安在吴山。因此，把吴山作为杭州第一座山，也是突出这座小山在传承经典雅言上的重要意义。

《浙江通志》对上述两山赋予了极其重要的地位，是因为它们与华夏经典雅言直接相关。但对绝大多数普通地方（地点）而言，不可能都能有这样的联系。不过，这并不影响地方作为传承雅言的重要作用，正所谓忠孝所至，寸土皆香。比如，在杭州富阳受降镇的一个小山沟里，有一座名不见经传的小山“徐家山”，这座山仅仅出现在一本清代的乡志里，即《定乡小识》。其中，有这样一句话刻画该山的样貌及其意义：

扶兴蜿蜒，蟠郁于斯，石领篪峰，枝联干贯，故其面方而体圆，居正之德也。众峭特而互合，此含和而中立，谦尊之光也。至于日月耀其华，云霞被其秀，其文明之象乎。徐之人观其象而效其德，行规步矩，所以居正也。

这句话引用并阐发了《易经》等大量雅言。称"山"的坐向体现"居正之德"，与周边山的关系具有"谦尊之光"，其日月之下秀丽的样貌乃"文明之象"，因此住在边上的徐家人，通过观山象，而效其德。这些描述都是来自《易经》的"观"卦。由此来看，这座山也被"雅言"发挥成承载中华美德之山，乡人将其德化为教育子孙的山。

总之，地名实体不仅仅是被语言命名的对象，它更是传承雅言大义的载体。浙江山川大地，由于历代圣贤的命名，成为传承中华文脉活的载体，是一本写在大地上的书。只要地名不死，这本立体且厚重的书永远在活力展陈文化，而对于地名文化的建设来说，首先要做的就是对"名"的整理与解读，使得整个社会重新回归到雅言的语境之内。

## 4.2 地名文意与地名故事

评论家吴语说："地名不仅仅是一个地理坐标，它可能蕴含了地方的历史故事。"[①]可见地名背后蕴含的是一个故事，故事也书写在地理实体上。但对故事的理解仍然缺乏文脉意义上的认识。今天挖掘地名文化，相当部分等同于挖掘地名背后的故事、传说与神话，并把这些故事直接作为地名文化资源来运用，这种理解只抓住了地名文化的表面部分。不管这些故事是文人的文学创作，还是老百姓口口相传形成的神话故事，它都包含了虚构成分，但其原点必然与地方发生的真实事件背后的文意相关。地方文意是基于历史形成，并通过文意的弘扬传达的具有教化意义的地方精神。《易·观》曰：

① http://news.sina.com.cn/o/2016-03-24/doc-ifxqsxic3082631.shtml.

“圣人以神道设教。”这种体现大义的地方文意变成一种老百姓普遍认同的文化，起教化作用，就会产生围绕这些文意进行神化实践。这些具有大义的历史，进入民间以后，要对普通人产生影响，必然就有一个神佑化、故事化的过程。但对于地名文化的挖掘者来说，有必要进一步认识到神话背后的典故、人物、历史事件与价值取向。通常这是一项历史训诂，而非神话与故事的研究。因此地名文化在历史上，对于严肃的文人来说，是历史和文献的研究，而对于老百姓来说，是神话和故事的讲述。

永康方岩是国家级重点风景名胜区，这里不仅景色秀丽，素有“人间仙境”之称，而更重要的是这里人文荟萃，古迹触目皆是，沉淀着大量文化。而其核心是胡公庙，以及背后有关胡公的种种传说。对当地人来说，去方岩不是为了欣赏风景，更多的是为了“有求无不应，有祷无不签”的胡公大帝。胡公背后有极为丰富的故事、传说和神话。比如胡公出生时被池塘水染红的红面故事，胡公得妻的田鸡化姑娘，以及胡公与玉帝的故事。但这些故事都是从胡则这一历史人物中演化出来的，是官方与文人实践地名文化的结果。

胡则在宋太宗端拱二年登进士，在他浮沉宦海的47年中，逮事三朝，十握州符，六持史节，选曹计省，历践要途，是北宋前期政坛一位中高级官吏。在他任职期间，他宽刑薄赋、清正廉明，颇有政绩。尤其是他请求皇帝免除衢、婺两州百姓身丁钱，百姓感恩，遂于方岩山顶立庙以纪念他。宋高宗又应百姓之请求，用“赫灵”两字作为胡公的庙额。从此，胡公被百姓敬若神灵。毛泽东主席评价胡则“为官一任，造福一方”，今天这八个毛体大字刻在方岩胡公祠前的青石板上。毛泽东主席1959年路过金华时，曾对永康县委书记说：“你们永康不是有块方岩山吗？方岩山上有个胡公大帝，香火长盛不衰，最是出名了。其实胡公不是佛，也不是神，而是人。他是北宋时期一名清官。他为人民办了很多好事，人民纪念他罢了。为官一任，造福一方，很重要啊！”毛泽东主席的话很好体现了地名文意与地名故事的差别。这两者并非是真实与虚构的关系，而是地名文化实践，从冰冷的历史成为百姓喜欢的教育文化。地方文意通常是记载在历史文献里，而由此延伸出来的神话故事是老百姓口口相传的“风”。《周官总义》（卷十三）说：“盖天下之有功者，必有祭，皆所以示不忘本之意。”不管是奉为神灵祭祀，还是形成神话传说广泛传播，都是出于教化天下以不忘本之意。但今天挖掘地名故事经常停留在这些故事本身的文学想象或神话欣赏里，没有深入考镜源流，追根溯源，树立地名背后的文献大义，并由此作为一种文化实践去运用好神话、传说等故事。

对于今天的年轻人来说，过去的地名故事，其虚构成分，已经达不到能触动人心的教化效果。而“电影”“小说”以及各种艺术品，就成为地方文意大众化的传播载体。由浙江省民政厅指导的《恋恋西塘》《云在树上》《德清若水》等微电影，它们以地方文意为基础，吸收流传的传说，再掺入现代人喜欢的文学虚构成分，由此形成现代意义上能被年轻人接受的大众化故事。其作用与过去的神话传说一样，都是为了转达地方文意，形成“风行地上”的教育效果。

处理神话传说与历史的关系，还有一个重要问题就是文化与历史事实的关系。故事传说虽然不一定真实，但也属于文化的一部分。对此，不需要彻底澄清事实后去确认地方文化，而是要把历史疑点也看作是文化的一部分。很多重要的人物或历史事件，经常会在不同地点出现，比如宋朝宰相赵普以半部《论语》治天下的故事被传遍了天下。即便是严肃的学者，穷尽所有文献，也无法得出一个唯一的真实结论。有意思的是，无论事情是真还是假，故事一直流传至今。对于地名文化工作者来说，不是要分出真假，而是要考察这些具有矛盾和疑问的历史，是如何被一个地方所传承并形成影响这个地方生活的文化。由孔子确立、司马迁继承的“信以传信，疑以传疑”，应当作为处理地名文化真实性的原则。地名文化研究不是要纠正这些疑点，而是要用疑点去弘扬文化。德清县有许多围绕“余不”的地名，如“余不溪”“余不镇”“余不弄”“余不亭”。南宋罗泌在《路史》中记载，余不为越王及后人的属地；东汉赵晔在《吴越春秋·越王无余外传》载：“禹以下六世而得帝少康。少康恐禹祭之绝祀，乃封其庶子于越，号曰无余。”后来无余成为越国的始祖，看来“余”与“越”确有关联。

## 4.3　山川城郭因地名而成为陈列在大地上的遗产

习近平总书记说：“让陈列在广阔大地上的遗产、书写在古籍里的文字都活起来。”使其成为实现中国梦的精神驱动力。地名，即地与名的转化，正是激活这份遗产的文化机制。浙江历代文人将华夏文明书写到这块土地上，正是通过命名这一手段来实现。

尧、舜是否到过浙江是一个有历史争议的命题，但其子孙曾经被分封到余姚、上虞并建国确是一个大越文化的历史事实。《万历绍兴府志》卷三十五记载：“受尧之禅，终于文祖，而支庶分封于余姚，又封于上虞，以虞称国，故因曰上虞。以姚称姓，故因曰余姚。”舜的后人以及一代代浙江先贤，就用地名的传承方式，把尧舜文化书写在这块土地上。《绍兴府志》中记载：“而其地有虞山，历山，舜山，舜井，舜田。”《光绪上虞县志》卷十九下还记载有“舜江”，曰：“自曹娥江至龙山曰舜江，北至三江口入海，即旧名浦阳江也。”由于这些地名，上虞大地就成了陈列舜遗产的地方，至今仍然可观、可闻、可视，如上虞市区的舜井、大舜庙。《光绪上虞县志》载：“舜井，在百官市舜庙北，东西各一昔堙为二墩。吴越时，钱王镠复浚得谶记宝物。”《史记·五帝本纪》引《会稽旧记》云：“舜，上虞人。去上虞三十里有姚丘，即舜所生也。”“姚丘”即现在上虞的上浦虹养村。《水经注》引《晋太康三年地纪》云：“舜避丹朱于此，故以名县。百官从之，故县北有百官桥。”又云：“舜与诸侯会事讫，因相虞（‘虞’通‘娱’）乐，故曰上虞。”上虞大地的舜遗迹，正是与这些文字相互印征，才形成传承千年的文化遗产。

舜山、舜江、舜田、舜井、舜庙的命名，构成一个陈列在大地上的舜文化（空间），由此，使得浙江这块曾被列为南蛮之地的所在，后来成为接续华夏文化的核心地带，令舜德流芳。孔子说："无为而治者，其舜也与？夫何为哉，恭己正南面而已矣。"（《论语·卫灵公》）孔子的言论也给这些场所增加了灵韵，并与场所一起深入人心。不管这些场所在古代是否真有其事，但作为一方文化，它已经被代代相传了几千年，成为这块土地的精神渊源。今天，由于缺乏对地名文化的认识，又因为市场经济大潮的冲击，这些地方或被遗忘，或被改名，或被边缘化。通过地名文化建设，为大地正名，就能再现余姚、上虞文脉渊源，也就是实现习近平总书记希望的"让陈列在广阔大地上的遗产、书写在古籍里的文字都活起来"。

历史不仅写在史书上，还写在大地上。山川、城池、井邑、第宅因其传承的地名，而成为书写在大地上的历史。浙江省民政厅基于这一理念与德清县政府一同在大禹庶子，即越之始祖留下的余不溪边，建造了全国第一个地名博物馆。博物馆建设秉承地名召唤大地，大地回应地名的理念。借用高科技GIS技术，通过地（图片展陈）与名（文献展示）的互相应答，穿越古今，激活与地名实体相关的古籍上的文字。此外，浙江省民政厅还筹拍了大型地名文化纪录片，在湖州、金华、衢州、台州等市县实地走访，山水景观的拍摄以及地方文人配合把地名历史、传说及故事的叙述呼应起来，通过"地"与"名"的转化，讲述了我们所说的"乡愁"。对此，浙江省民政厅领导介绍说："我厅联合上市公司'长城影视'开展20集大型地名文化纪录片《大地有名》的拍摄，以地名为载体传承颂扬中华文明、对接乡愁文化。"在德清县的拍摄，摄制组沿着地方文人起草的蓝本，以莫干山溪水流向为脉络，一路拍摄与古地名相关的场所，展现途中古城、古镇、古村的人文景观和历史变迁，将具有历史价值的地名故事串到一起，展现一个看得见山水、记得住乡愁的新德清。

因此，浙江地名文化建设活动是在响应习近平总书记的号召："要系统梳理传统文化资源，让收藏在禁宫里的文物、陈列在广阔大地上的遗产、书写在古籍里的文字都活起来。"地名博物馆打破传统定位，利用世界先进地理信息技术及中国传统地名文献梳理精神，把地名文化展示和教育、地名社会服务、地名历史文献整理、地名学术研究和交流等融为一体，使博物馆成为跨越时空、展现浙江地方精神的文化实践范式。地名纪录片与微电影，借用新媒体传播技术，把中华文化价值观及地名文化遗产保护活化，如同一阵春风吹过大地，不仅唤醒大地山水之“乡愁”，还让人感受到了乡野间的美丽。

山

# 5 地名文化工作的浙江模式

浙江地名文化历史与现状的研究，尤其是浙江省近年来在地名文化建设方面的创新实践，结合当前地名工作的重点，阐述地名文化建设的浙江模式。这一模式既是当下实践的总结，更是指导今后浙江地名文化建设的理论框架。如图勾勒了地名文化建设的整体框架。这三个同心圆，核心部分表达了地名实体与地名语词（文献）之间的关系，这是地名文化的基础内涵。第二个圆是在此基础上形成的地名文化资源。实务篇结合地名工作方略，展现这种资源的存在方式和整理、书写与激活路径。第三个圆是地名文化在各行各业的实践，简单来说就是地名文化如何促进地方治理、地方风尚的道德进化（教育）、地方精神激发，以及地方文化传承（存史）、文化产业发展。

地名文化构成

## 5.1 地与名的转化实践

地名文化是由地和名两个方面构成的一个整体。地名是一个语词，但作为文化，地名并不停留在语词本身的语意结构里，也不只是词语的含义与表达；地名文化触及的是地名所指区域里的实体，旨在挖掘这块土地的根与魂。通过地名文化建设，重新激活或者赋予这块土地文化根基。过去我们过分强调语词的意义，忽略了地方作为地名文化建设的实体、载体、落脚点和能动机制。这是导致地名文化实践离根、离土的原因之一。此外，我们也要认识到，地名语词文化虽然服务于地名实体，但地名实体本质上是由地名语词背后的文献构建的。更重要的是，地名实体同样承载着文化，它是书写在大地上的典籍和遗产，它不仅承受语词文化，还是传承和承载文化的实体。

地名文化实践的核心与工作重点就是要放在地与名、实体与文献的互动、互构与相互转化上。简单来说，语词文化要变成物质实体，落到地上陈列的万物。同样地名实体要成为语词文化（主要是文与献），即让实体成为文化符号。地名工作部门、地方政府和老百姓要紧密配合，在这个转化上下功夫。这种转化既要在地名工作部门的工作规划中体现，但更重要的是要在地方建设，包括政治、文化、经济等方面体现地与名的转化内涵。要确立地名文化不仅仅是地名管理部门的职责，也是地名实体之上所有人的事，这种地与名之间的转化不仅仅是一种地名文脉的传统续借，更应是一种以故为新的创新实践。当我们把地名工作的重点放在地与名的文化转化上去时，它就能带来丰富、深远和富有活力的地方文化资源。

## 5.2 地名拉动地方历史文化资源

地名不仅仅是对一个区域或场所的命名，它是对接积淀在这一区域的历史文化资源。通过地名文化挖掘，对地方文献进行深度解读，促进地方文献的梳理和活化，由此成为一方地域的精神财富。地方文献不仅仅是指文字典籍，也包括老百姓的记忆，以及陈列在大地上的文物、遗产、自然和人文场所。地名文化建设对这些物质和非物质文献的关注与考古、文物、古建筑部门的工作是不一样的。地名文化建设是把这些文献当作活的文化资源，通过激活古籍里的文字，活化陈列在大地上的遗产，形成利用、保护和传承三位一体的文化实践。地名文化工作者，是通过地名把沉寂的、深埋的、遗忘的地方文化资源打捞出来。

地名文化资源的打捞，不是地名知识的构建，也不只是地名故事的讲述；它需要回到中华几千年的治学传统，以扎实的文与献的互征、互证、互唤，让一切历史资源成为一种创新的灵感。地名文献资料的整理目前是地名文化建设的难点，必须下大功夫，协调各个部门、协作整理。但文献的整理仅仅是开始，文献的激活（解读、活用、阐发）才是文献工作的灵魂。这种激活工作需要紧紧与当下地方建设的问题联系在一起。文献资源变成文化资源不只是一项学术工作，也不只是资料整理和保护工作，这是地方政府寻找发展资源的过程，与吸引投资、发现产业机会一样。很长一段时间以来，我们以为地方建设是靠项目投资、资金吸纳、产业开发来实现，还没有意识到地名文化资源也具有同样的资源价值。在经济转型的时代，文化软实力包括地名文化软实力，是一个极有潜力的资源。但更加重要的是，地名文化资源不只是服务于经济发展，它更重要的是为社会全面发展，尤其是为地方理政、教育发挥应有的作用。

## 5.3 服务各行各业的文化实践

地名文化包括地名管理工作，其最终目的是行教化以达到资政的目的。中国传统地方文化建设，尤其是以地名为切入口的地方志建设，其使命是资政、教育、存史。地名文化建设也担负同样的使命，但它与地方志编写不同，地名管理和地名文化建设是落实到地名所在的地理实体上，而不是停留在文字编撰层面。一个地方的具体事务，尤其是民政事务都可以与地名文化建设紧紧联系。地名实践牵动一方文脉资源，激活的是地方精神，获取的是厚德载物。这些资源和精神与养老、社区建设、慈善、婚丧礼仪等结合起来，就能因地制宜地促进民政事业的发展。地名文化还是一项与各行各业紧密联系的实践工作。地方精神和地名文化资源可以促进城市景观和地方特色的形成，可以为城市记忆修复服务，可以培育乡愁、乡韵与乡德。地名文化还可以带动地方特色各种文化产业发展。最重要的是，通过地名传承下来的文化基因，可以激发强大的道德教化力量。地名文化标志塑造以文服人、以德服人的民众教化理念。山川、城市、街巷、民居、古迹在地名文化的孕育下，都可以成为“旌别淑慝，表厥宅里。彰善瘅恶，树之风声”的教育空间。当公民教育以场所、空间形式风行地上时，就起到体国经野的政教作用，因此地名文化建设必然是地方治理的重要内容。

地名文化建设是以地名和地名实体为核心的立体文化实践，触及社会事务和文化生活的各个方面。地名文化建设不只是政府某个部门的工作内容，它需要每一级政府的顶层设计、协调和领导。民政部门的地名工作，应该促成这种顶层设计和统一领导机制的形成。浙江地名文化建设由于其开放性、多元性、前瞻性已经推进到能够形成地名文化实践的愿景框架阶段。德清县政府，由书记、县长领导，调动各个部门，为地名博物馆选址、把地名博物馆建设与地理信息小镇建设融为一体，这些成果会促成浙江地名文化建设模式的形成。这一模式将为我国推进地名文化建设提供探索经验，正如民政部对浙江地名文化建设的批复中指出的，浙江“地名文化建设取得了显著成效，走在了全国前列”，为“全国地名文化建设创新示范项目、示范区”①。

① 民政部办公厅关于支持浙江省民政厅加快地名文化建设创新的函（民办函〔2016〕264号）。

# 实务篇

# 地名文化建设方略

地名文化是支撑政府各项地名工作的灵魂，但它又有自己具体的工作方略和内容。本篇从政府实务角度切入，描述地名文化工作的方略、理念、内涵和思维方式。包括五个方面的内容：地名文化治理、地名文化叙述、地名文化区划、地名文化标识和地名文化传播。

地名文化的工作包括地名文化治理、地名文化区划、地名文化传播、地名文化标识和地名文化叙述共五个方面。地名文化治理是从民政治理角度，阐述地名治理的含义，突出从名义和礼义两个方面确立地名规范和地名管理的工作内涵。地名文化区划是从《禹贡》角度，梳理中国大地上的区域在“九州”中的文化渊源。以文化为本的区划，不是基于行政或经济区分，而是共同文脉与历史的认同。在行政区划基础上，需要有文化认同的模糊区划与边界。地名文化传播借助大地这一载体，联动地方上人、事、物，以故事、诗歌、微电影、纪录片、博物馆等方式进行传播。地名文化传播如同风行大地，春风化雨，旨在对大众进行教育。地名的标识系统是在标准化基础上，发展出能彰显文化内涵及引导大众的社会风气。地名文化标识实际上是承前启后的遗产构建，需要有贤达名人参与并留给后代，其作用在于传承文化的同时实施教化。地名文化叙述是有关地名文化的表达，目的在于会通古今事例，整齐历史杂语，以服务当今地名文化建设。叙述最重要的条件是梳理与分清文化碎片的话语源头。

虽然本篇立足民政地名管理部门，并以事务为指向，但各个篇目中，并没有涉及政府地名管理各个部门具体的工作内容。这是因为，文化工作是基于道义的阐发与领会，是一种思维方式。在具体的工作中，需要这种文化价值观使地名工作者在工作岗位创新地发挥。换句话说，支撑各项工作的思维方式、价值观和意义，落实到实际工作当中，都要因地制宜，需要根据这些文化思维界定和发挥工作内容。

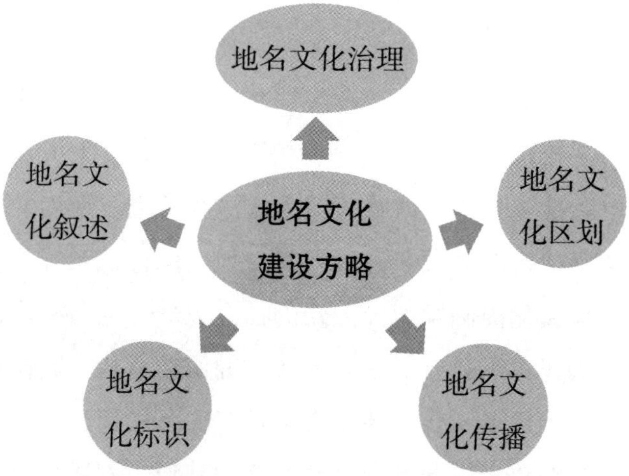


地名文化建设方略

# 1　有名必有义：地名文化治理

地名及命名的规范化是地名管理的重要内容。那么，怎么把握命名与命名规范的文化问题？或者说，地名工作的根与魂是什么？针对地名发展过程中出现的“大、洋、怪、重”等不规范命名现象，我国出台了一系列法规试图规范地名命名。这包括《地名管理条例》《地名标志》《国家通用语言文字法》，以及近年出台的《加强地名文化保护清理整治不规范地名工作实施方案》（国地名普查组发〔2016〕1号）、《第二次全国地名普查实施方案》《关于加强地名文化建设的意见》《全国地名文化遗产保护工作实施方案》和《地名文化遗产鉴定标准》等政策文件。我们应该如何把握这些规范体系的文化内涵呢？地方命名一定意义上要求体现独特性、地域性和多样性，而规范表达则要求统一性和普遍性。两者之间该如何找到契合点？《国务院关于地名命名、更名的暂行规定》中指出，地名的命名需要“反映当地历史、文化和地理特征”。那么，怎么从地名文化角度理解一个地方的历史、文化和地理特征呢？针对上述问题，本篇旨在探讨地名命名及其规范背后的文化基础，并提出了“以名义为大地立心，以礼义为地名立规范，以往圣为地名管理立根基”的地名治理和地名文化建设使命。

## 1.1　“名、义”考

地名作为一种语词，不只是含义的问题，其中还应有道义所系。《郡县释名》是我国古代第一部专门解读政治区划地名的古籍。这本书主要是对明代郡县地名的“文义”解读，谓“其书以郡县地名，一一诠释其文义，交义可通，则略为训诂”[①]。本书开篇“序”中第一句话就是：“物必有名，有名必有义。”这说明中国行政区域（郡县）地名背后必然有其“文义”，需通过训诂把握其作为地名的根与魂。康德说：“这个世界唯有两样东西让我们的心灵感到深深的震撼，一是我们头顶上灿烂的星空，一是我们内心崇高的道德法则。”义是给予语词和大地以心灵震撼的源泉。当然这个义不是来自理性的判断，而是天地本身。那么，地名的“文义”是怎么形成的？今人又如何去把握当今行政区域地名之“文义”？

《郡县释名》的序言说明了地名“命名”对构建地名实体及其万物的实质作用：

> 成汤问夏棘曰：古初有物乎？夏棘曰：古初无物。今乌得物？盖自卑高陈，而物群分矣。苍苍者何物耶？名之曰“天”，于是宊（同定）为三辰，为五经二十八纬，则名。茫茫二者物耶？名之曰“地”，于是别为五岳、四渎，为十二州，为千八百国，则名。狉狉蠢蠢者何物耶？名之曰“人”，于是界为夷夏，系以姓氏类别，则名。此皆智刱（同创）无前，独开混沌。而彼苍者，茫茫者，狉狉者，蠢蠢者，范围其中而不过，曲成而不遗。

这说明最开始世界上是没有物的意识的。人们对苍茫天地，命名它为天地、五岳、四渎、郡县等，世界才有了万物存在的意义。而这一命名瞬间，也同时建立了天地人文的道义秩序。在命名之前，对人来说，一切无非是混沌一片，天苍苍然，地茫茫然，人也蠢蠢然。西方人文地理学也有同样的认识，段义孚认为，语言是构建地方及其空间意义的基本要素。段义孚强调没有“命名”就没有地方，“命名有能力通过言说让事物存在，让看不见的被看

① ［明］郭子章：《郡县释名》二十六卷，浙江鲍士恭家藏本。

见，让事物有了某种属性。”[1]郭子章认为这种远古最初的命名，绝非随意而为之。为此，他在序言中继续道：

> 《易》曰：“后以裁成天地之道，辅相天地之宜，以左右民。”此之谓也。郡县非古也，郡县之名，不自秦始，比物取类，天文地理，人事之纪备焉。是笪名一草木，一鸟兽，斤斤为经生博洽资者哉。礼莫备于周官，姬公用之致太平，而紫阳朱子谓，从广大心中流出，则郡县可推矣。大司马青螺郭公于坟典记垂百家诸说，无不考于天人性命，礼乐经制无不究东西南北。

这是说，地名命名乃是圣人裁定天地之道，以养万物。《大易粹言》解读上文《易经》的话说：“天地之道不能自成，须圣人裁成。”而用命名去裁定天地万物是为了教民顺应自然播种、耕耘、灌溉、收获等。“左右民”指以教化来管理百姓，已达到养民的目的。即“使民用天时，因地利，辅助化育之功成”。结合地名管理来说，命名首先需把握地名实体的自然之道，其次是地名语词要体现教育百姓的天地之道，能顺时而动。这里地名实践体现的是民政治理，即“左右民”，其最终目的是为了“养民”。应该说，上述命名理念就是地名管理或地名规范的根本文化基础，即“文义”。因此，除了科学描述场所外，地名命名及内涵背后是有道义和教化需要的，段义孚也相信，人们总是以道德感指导场所的建造，无论是用行动，还是用语言，都一样[2]。换句话说，地名“文义”就是一种具有道德感召力的教化语言。

浙江作为一个行政省的出现没有很长的历史，各个市县也一样，但散落在浙江大地里的许多重要的地名，则可以追溯到古圣贤裁定天地之道的时

---

① Yifu Tuan, “Language and the Making of Place: A Narrative-Descriptive Approach,” *Annals of the Association of American Geographers*(April 1991), pp.684–696.

② Yifu Tuan, “Language and the Making of Place: A Narrative-Descriptive Approach,” *Annals of the Association of American Geographers*(April 1991), pp.684–696.

代。那是针对浙江大地的“比物取类，天文地理”的过程。“礼莫备于周官，姬公用之致太平。”《周礼》记载的地名之道，表达的是周公以此致太平的地名治理方式。“礼乐经制无不究东西南北”，故给大地命名也是因地制宜的制礼作乐过程。对于此，中国古人认为，大地的名义、文义应该从《尚书》《周礼》《释名》《说文解字》《尔雅》等经典语言当中追寻，其中《尚书·禹贡》是确立地名名义最重要的来源，它是十分重要的参考文献及地名语词“经义”探索的经典书籍。鉴于古籍具有十分重要的“文义”保存作用，如果人们对其文字意义不断考证，地名命名就能对接这些大义，使其意义得以再生。

从文献上看，“义”的本义就说明“地名”的文义是赋予地方威仪的来源，能影响地方文化提升。而有关“义”的说法，《说文解字》有载：“义，己之威义也。”①可见，“义”是表达自我的威仪，其字义“从我，从羊”。所以，“名”背后的“义”并非凭空得到而没有意义的。具有大义的地名还能影响居住在此的人的品格培养。故《郡县释名》载：“意者，地之灵、人之杰，不尽系名称耶？人杰地灵，则以曲阜、验人而生孔、孟；地薄人悍，即以元城、陇西而生莽、卓。”这也就是为何地名承载的意义能够有“人杰地灵”的功能。如此，曲阜（今山东曲阜市）才生孔孟（孔子、孟子）。地方不繁华而贫瘠，人就会凶横强悍。这也就是为何“元城（今河北省大名县一带）、陇西（定西市下辖县，因在陇山以西而得名）而生莽、卓（王莽，篡夺西汉政权；董卓，领兵进洛阳废少帝立献帝的权臣）”。

有关地名“命名”，地名研究专家余荣华提出：《禹贡》得名的地名可以说是奠定地名文化本义的最重要源头②。那么，我们怎么从以《禹贡》为首的古籍当中解读“文义”呢？所谓文义，指的是古人在命名过程中赋予地名实体的地方治理精神，以及通过这个地名的训诂，牵连出来一系列环环相扣的意义脉络。郭子章在对地名意义进行渊源考证或“释义”时，就是依

① ［清］段玉裁：《说文解字注》卷十二篇下，清嘉庆二十年经韵楼刻本。
② 余荣华：《老地名同样是文化遗产》，《人民日报》2015年2月4日第12版。

靠大量的以《禹贡》《周礼》为文脉的文献材料。譬如，对“浙江”地名的解释。“浙江”作为语词是来源于钱塘江，“盖出自潮出海折而倒流也”。而“江”作为通名是基于“江，公也。小水流入其中，公共也”（见《释名》）。也就是说浙江的江，非一条河而已，而是容纳一个区域的共同体。而古人赋予了浙江大潮天地至信的道义。《高丽图经》云：“潮汐往来，应期不爽为天地之至信。”但钱塘江的自然面貌特征并非浙江的文义所在。将“浙江”作为省域的名称是在唐宋，唐肃宗乾元分置浙江两道，宋时以此分为两浙路，由此演变出浙江省。《郡县释名》对此记载：

> 《文献通考》云：晋元帝渡江，扬州遂为王畿，领江东浙江地。宋初以两浙为一路，后分浙东西为两路。明置浙江布政使司曰，两浙云者。杭以东严、金、衢、宁、绍、台、温处为浙东，皆古越地。杭以西，嘉湖为浙西，皆古吴地。考浙江名，始于《山海经》曰：浙江出三天子都在其东。《水经》：浙江水出，三天子都。注云：《山海经》谓之浙江也。《地理志》：浙江出新安黟县南蛮中，东入海。今钱塘浙江是也。《史记》云：水至会稽山阴，为浙江。卢肇曰：浙者，折也。盖取其潮出海，屈折而倒流也。《释名》云：江，公也。小水流入其中，公共也。故曰：浙江，一名浙河。

上文提到的以浙江（钱塘江）为界的东西两块地域，即“浙东西为两路”的形成才是“浙江”地名大义的源流所在，也是裁定浙江大地之道的开始。《郡县释名》曰：

> 夏禹置九州，浙属扬州，末年南巡狩，致群臣于苗山，名曰会稽。少康封庶子无余于会稽，国号于越，遂为越地。周武王封太伯五世孙，勾章于吴，遂为吴地，浙江之名未有也。

《郡县地名》对“浙江”地名的文义追溯不只是基于钱塘江的自然区域。郭子章用《文献通考》《山海经》《释名》《海潮图》《庄周》《论衡》和《水经注》来说明浙江地方精神的两条根本文义线索，即“夏禹置九州，南巡守致群臣于苗山”；“周武王封泰伯五世孙勾章于吴”。

从夏禹、周武王对浙江地名的文义考证，在其后的《元和郡县制》，大明、大清《一统志》，以及各个版本的《浙江通志》，都以此作为浙江大义之所系，以不同时代古籍为其文脉源流展现。《禹贡》及《文献通考》《史记》《山海经》《论衡》《庄子》《释名》等，展现了浙江地名文化源流紧紧相连的地名渊源。换句话说，由《禹贡》延伸或触发的历史事件、古籍文章实际上形成一个个历史节点，并环环相扣，才形成今天能够看到的完整的浙江历史文化图景。由此可见，承接大禹时代的越地和周文王分封的吴地是确立浙江精神的根基。这两条文义记载于中国最重要的典籍，代代相传，深刻地影响这块土地的精神命脉。今天浙江最有分量的地名，以及众多的具有重大历史意义的山川、场所仍然与这两条文脉紧紧相连。大禹舍航登陆，故有“杭州”之名。绍兴会稽山、西湖边的吴山仍然在接续其名义，可见要把握其精神意义，必须回到古籍和经学里面去，只有这样才能重新找回代代相传、持续永恒的浙江精神。《禹贡》奠定的浙江地名文化精神不仅对浙江也对广东甚至今天的越南都有某种意义。

这种追寻地名背后“大义”的做法，用古代文献学大师章学诚的话来说就是“辨章学术，考镜源流”。但今天我们在思考浙江精神时，还能在多大意义上接续这两条根本的文义呢？要重续浙江精神，必须把大禹和泰伯回归到经文中去解读，并在现实中再生，在大地上展陈。

总的来说，地名不是简单词语的展现，而是背后接续的“名义”的文化内涵。历史地理学家华林甫说：“我国传统地名学以考释地名渊源为主要特征。”[①]渊源并非给地名一个历史，而是让历史活在地名里。换句话说，要

① 华林甫：《郭子章及其〈郡县释名〉述论》，载《中国历史地理论丛》1995年第3期，第235—251页。

了解地名命名就需要了解其背后的地名文脉。据浙江省民政厅相关负责人介绍，浙江将结合第二次全国地名普查，全面普查各类地名及其属性信息，深入挖掘地名文化资源；建立健全省地名文化遗产保护分级分类机制，严格地名命名、更名、销名程序。同时，做好“传承”工作，处理好地名文化保护与地名命名更名的关系，在编制地名规划和开展地名命名更名时，充分挖掘人文历史资源，将优秀传统文化融入新地名中，更好地体现地域特色，延续地名“文脉”。民政部评价：“浙江省第二次全国地名普查领导小组日前召开加强地名文化保护暨清理整治不规范地名工作会议，全面启动地名文化保护行动，留住体现地域文化‘根’与‘魂’的地名。”[①]这些地名考察与考证的活动就是在不断寻根溯源，考察与解读地名文义，并且在普查过程中借用命名、更名，延续地名“大义”，即“文脉”或“根”与“魂”。目前，浙江省嘉兴市在梳理街巷地名时，恢复了一些具有文化“大义”的老地名，并在工作报告中说：“（嘉兴市）进一步梳理街路巷弄地名。要对嘉兴城传统街路巷弄地名进行研究梳理，在恢复一些老地名的同时，对一些街路巷弄或区域名称进行必要的调整。”[②]

## 1.2　通名与地域文化治理

地名通名的概念源于西方，即“Geographical General Name”。这个概念是基于地理科学所作的分类，说明地物、地貌本身含义或具有共性特点的通用名称，如山、河、湖、海等。《地名管理条例实施细则》在“地名的标准化处理”中提到：“通名用字应反映所称地理实体的地理属性（类别）。不单独使用通名词组作地名。”[③]地理通名包含着丰富的文化治理内涵。通名不仅体现地理地貌特征，还包含人文风俗和治国理政之思考。“地名”一词最早出

① http://www.mca.gov.cn/article/yw/qhdm/dmpc/201605/20160500000556.shtm.

② http://www.jxsmz.gov.cn/New/MainShow.aspx?id=13486.

③ http://www.moe.edu.cn/s78/A18/yys_left/s3127/moe_800/tnull_8107.html.

现在《周礼》一书，该经典当中包含着周代非常成熟的“通名”界定文化含义。《周礼》展现的是地名治理方略。

《周礼》提出十个地理通名，分成五类：“以天下土地之图，周知九州之地域广轮之数，辨其山、林、川、泽、丘、陵、坟、衍、原、隰之名物。”在知道一方地域大小后，就要对其进行辨别，这通过“丘、陵、坟、衍、原、隰”等通名来实现。这些通名绝非任意出现的地理学词语。“山林、川泽、丘陵、坟衍、原隰”作为通名包含至少五个方面的意义，即地理特征；物产；人文风俗；治理方式（贡赋管理）；教化（文化治理）。其载：

> 以土会之法，辨五地之物生。一曰山林，其动物宜毛物，其植物宜皂鳞，其民毛而方。二曰川泽，其动物宜鳞物，其植物宜膏物，其民黑而津。三曰丘陵，其动物宜羽物，其植物宜核物，其民专而长。四曰坟衍，其动物宜介物，其植物宜荚物，其民皙而瘠。五曰原隰，其动物宜羸物，其植物宜丛物，其民丰肉而庳。因此五物者民之常。

《释名》曰：“地，底也。其体底下载万物也。”[①]整个土地通名的命名采用“土会之法”。《释名》曰：“会，计也，以土地计会，所出贡税之法。贡税出于五地，故须说五地所生不同也。故云以土会之法也。”[②]这里“会”是计算贡税的方法，而贡税出自五种土地类型。《释名》解释说：“五土所生，即五地之物生也。”[③]这说明了确立通名的意义，首先是从民政治理需要出发的，而不只是一种地理性质的描述。对于这些通名包含的物产和文化民俗含义，《周礼》意思是：“一是山林，那里宜于生长毛细密的动物，

① ［汉］刘熙：《释名疏证》卷一，清经训堂丛书本。
② ［汉］郑玄：《周礼疏》附释音周礼注疏卷第十，清嘉庆二十年南昌府学重刊宋本十三经注疏本。
③ ［汉］刘熙：《释名疏证》卷一，清经训堂丛书本。

宜于生长栎树之类可供染色用的植物，那里的人民毛长而体方。二是川泽，那里宜于生长鳞甲类的动物，宜于生长莲芡之类结子多的植物，那里的人民皮肤黑而润泽。三是丘陵，那里宜于生长有羽毛的动物，宜于生长李梅之类有果核的植物，那里的人民身体圆而长。四是坟衍，那里宜于生长有甲壳的动物，宜于生长有荚角的植物，那里的人民肤色白而体瘦。五是原隰，那里宜于生长毛短浅的动物，宜于生长萑苇之类丛生的植物，那里的人民胖而矮。”[①]上述不同的物产，人文风貌都是基于不同的自然地貌分类。对自然地貌的描述，也是通过一系列通名的辨别来实现的。以“川”为例，《周礼》的注是这样描述的：

> “注渎曰川”者，按：《释水》云：注川曰溪，注溪曰谷，注谷曰沟，注沟曰浍，注浍曰渎。彼注云：皆以小注大，大小异名。言注浍曰渎者，谓以浍中水注入渎中，使有所去。

这里通过建立一系列自小到大、描述水的通名来对水的自然面貌加以辨别。“注渎曰川”就是川是由渎的水注入而形成，渎是由浍的水注入形成，浍是由沟的水注入，沟是由谷的水注入，谷是由溪的水注入。由此来看，水的自然特征，是通过通名实现对地理实体的辨别。对“丘”的描述也体现了类似的风格：“大陆曰阜，大阜曰陵，大陵曰阿。”这说明，山与丘的区别是丘没有石头，而陵与丘的区别是高矮不同，此外陵也可以有石头。为了进一步说明两者的区别，引《左传》记载说明：“殽有二陵焉：其南陵，夏后皋之墓也；其北陵，文王之所避风雨也。”这里对自然特征的细腻辨别是通过文化内涵深刻的不同通名来实现。这既不是科学地理考证，也不是关在书房里探讨的名称，而是走进地理实体，以其地名构成的人文考量，综合辨别并命名一方地域。换句话说，命名本身承担着把握地理特征和治理的功能。

《周礼》对山林、川泽、丘陵、坟衍、原隰通名分类背后既有自然特征

① http://www.gushiwen.org/GuShiWen_2f475f6942.aspx.

的细腻区分，又有国家管理及税收考虑，同时还包括丰富的人文风俗特点描述。掌握四方土地之名的目的是为了“辨其物之可以封邑者”，即国家治理之需要。一个通名包含了地貌、物产、人文风貌、治理区别（贡赋）等全面含义。从《周礼》来看，要从事这样复杂和细腻的地名实体的辨别和命名，绝非一般人可以胜任。为此，周王朝设立专门的官员从事这项工作，他们统称为“师”。《周礼》载：“邍师，掌四方之地名，辨其丘、陵、坟、衍、邍、隰之名，物之可以封邑者。”[①]《周礼》管理地名的官员称为“邍师”。由于不同自然地域需要不同的专业辨别能力，因此，《周礼》还有“山师，掌山林之名”和“川师，掌川泽之名”。这些专业掌管地名的官员（邍师、山师、川师）是具有辨别一方土地的自然、人文和政治能力的专家，能细腻把握地理实体及其万物的治理需要并给予命名。一个通名落到一个地方就是确定一方土地的管理方式，谓“封邑者”。那么，这些地名官员为什么称为“师”呢？《说文解字》云：“师，众也。京师者，大众之称。众则必有主之者。周礼师氏注曰：‘师，教人以道者之称也。’”他们在辨别土地和命名的过程，主要目的不是向上级负责，而是为了教育或者指导一方百姓如何因地制宜进行劳作。也就是，地名工作者承担着“裁成天地之道，辅相天地之宜”，指导老百姓顺应自然进行生产的任务。而站在更高的国家治理角度来看，邍师、山师、川师，还会根据各地民情实施各种形式的教化工作，总称为“十二教”：

> 而施十有二教焉：一曰以祀礼教敬，则民不苟。二曰以阳礼教让，则民不争。三曰以阴礼教亲，则民不怨。四曰以乐礼教和，和民不乖。五曰以仪辨等，则民不越。六曰以俗教安，则民不愉。七曰以刑教中，则民不虣。八曰以誓教恤，则民不怠。九曰以度教节，则民知足。十曰以世事教能，则民不失职。十有一曰以贤制

① ［汉］郑玄：《周礼》卷八，四部丛刊明翻宋岳氏本。

爵，则民慎德。十有二曰，以庸制禄，则民兴功。[1]

“十二教”几乎包含了文化治理的所有方面。“根据以上五种地形的生长物所形成的人民的生活习惯，而施行十二个方面的教育。一是用祭祀之礼教民尊敬，人民就不会马虎随便。二是用（乡射礼、乡饮酒礼之类的）阳礼教民谦让，人民就不会相争。三是用（婚礼那样的）阴礼来教民相亲，人民就不会相互怨恨。四是用乐教民和睦，人民就不会乖戾。五是用礼仪来辨别（上下尊卑等级），人民就不会僭越。六是用习俗教民安居，人民就不会苟且。七是用刑法教民遵守礼法，人民就不会暴乱。八是用誓戒教民敬慎，人民就不会懈怠。九是用制度教民节制，人民就会知足。十是用世间技艺之事教民技能，人民就不会失业。十一是根据贤行颁授爵位，人民就会谨慎修养德行。十二是根据功绩制定俸禄，人民就会致力于建立功业。”[2]可以说，命名背后隐含着一方水土的风土人情，依这种特点施行教育也是产生通名的最重要原因。简单来说，地名“命名”是因地制宜，是对大地进行命名并使其产生文化治理与教化的意义。《周礼》奠定的地名治理方略，应该成为挖掘和管理中国地名文化的根基。

## 1.3 以“礼义”立地名规范

“‘大、洋、怪、重’等不规范现象地名大都是在我国消费文化气候中产生的，很可能小区楼盘开发商或者商业用地为吸引人眼球，推动消费市场而取了一些不符合规范与标准的地名。”[3]及“使用御园、宫廷作为小区命名，实际上意义给人感觉是违背礼的”。金华市地名办公室在清理与整治不

---

① 郑玄：《周礼注疏》，上海古籍出版社，1990年版，第339—340页。

② http://www.gushiwen.org/GuShiWen_2f475f6942.aspx.

③ 吴宗杰、钦白兰、姚源源，与金华地名办公室主任谈地名管理工作，2016年5月16日采访。

规范地名工作中发现："实际上，有时候地名管理条例也规范不了，新的地名叫法还会层出不穷。我们的工作有时候很困难，也继续不下去。"由此看来，地名规范管理工作在缺乏文化认识前提下是非常困难的。应该认识到，地名规范与条例无法根本上解决地名乱象。因为规范问题不是属于法，而是属于"礼"的范畴。因此，地名并非一个法治管理的问题，而是一个文化治理的问题。

《礼记·礼运》载："夫礼必本于天，动而之地，列而之事。""礼"是古圣贤相天法地，结合天地之意义而创造的一种人文秩序。用现代话来说，"礼"是一种顺应天地自然规律的人文规范。从"礼"的视角看来，地名标准化本质上反映了一种"礼"的秩序。简言之，标准化背后应该有"礼义"的支撑。有关地名"命名"的规范，不仅可以看到"国务院关于地名命名、更名的暂行规定"，也能在浙江省《杭州城市地名总体规划（2005—2020）》中找到非常细致的地名通名与专名使用规范。据《杭州城市地名总体规划（2005—2020）》第12条（居住区通名），我们可以看到以下"居住区"通名规范要求：

第一，居住区通名按占地面积（20万平方米以上、5万—20万平方米、5万平方米以下）分三个等级，可以选用"住宅区""小区"；"苑""里""园""庄""坊"等；"庐""舍""宅""楼""邸""阁""轩""庭""府""榭""墅""湾""筑""座""公寓""别墅""排屋"等作通名。

第二，根据居住区的环境、景观和设施水平、档次等因素，允许在通名前加一个修饰的字词，丰富通名的意境，如雅园、丽苑、山庄等。

上述规范中居住区的通名是按照面积大小来分等级的。并且，根据居住环境特点地名可添加形容词，不允许重叠使用通名等。这些要求明显都体现了现代地名的科学管理思维。然而，上述对通名命名要求中的“等”字暗示着整个居住区的通名命名还有很多。在具体命名、更名工作上会碰到极为复杂的文化问题，而不只是技术和信息标准的问题。实际上，上述通名规范中像“宅”“邑”“巷”在什么意义上可以成为通名首先应进行文化考虑，它是通过命名者的礼义自觉道德意识来约束的。地名命名要求具有多样性、特殊性与本土性，它们的文化本义和内涵在不同时期、地点都是千差万别的，只能通过“礼义”来把握分寸。那么，在科学管理标准化基础上，还需要考虑地名通名本身有何可“标准化”内涵。这是一个需用“礼”去思考的问题。也就是，命名要考虑治国理政的政治秩序。

关于地名语词的“礼义”内涵，可从《尔雅》《说文解字》《释名》《玉篇》《广韵》等典籍，以及《太平御览》《文献通考》等古籍当中去把握礼义。比如，《尔雅》全书共计三卷，分为19篇。其中，“释地、释丘、释山、释水”的篇章就直接与地名地理通名有关，内涵也都崇尚“礼”。《说文解字》载：“苑，所以养禽兽囿也。”《字林》曰：“有垣曰苑。” 这里的“苑”虽说是居住区，但强调的是有围墙的并且是给禽兽以居养的地方。而这个通名在今天却成为一个十分普遍的小区命名。今天的“坊”也被简单认为是小区的意思。有关“坊”，古籍中有载：

> 《说文解字》载：“坊，堤也。《周礼稻人》曰：以防止水。注云：偃，猪者，畜流水之陂也。防者，猪旁堤也。引申为凡备御之称。《礼记》郑目录云：名曰坊记者，以其记六艺之义，所以坊人之失者，也防之俗，作坊。”《唐元典》曰：“两京及州县之郭内为坊，郊外为村。”①

从文献看，“坊”的通名意义让现代人有耳目一新的感觉。“坊”原本是防水的堤坝，后引申为居住区“坊”。古代的“里坊”制，全城被分割为若

① ［清］段玉裁：《说文解字注》卷十四篇下，清嘉庆二十年经韵楼刻本。

干封闭的“里”作为居住区，商业与手工业则限制在一些定时开闭的“市”中。“里”和“市”都环以高墙，设里门与市门，由吏卒和市令管理，全城实行宵禁，类似今天小区的内部管理。“坊”与“里”不只是具有居住地的简单意义，而是在地理、历史、文化意义上显得有特殊性。《周礼·地官·遂人》：“五家为邻，五邻为里。”其中，白天“市”开门，晚上“坊”门关或许就是一种“礼”。《礼记·曲礼上》：“太上贵德，其次务施报，礼尚往来，往而不来，非礼也；来而不往，亦非礼也。”现在小区的围墙和这种古代“坊”的围墙的意义是不一样的。今天“坊”的通名内涵失落，导致有效资源泛滥。可以说，完全的封闭也是自我封闭，没有“礼”的考虑。过去的居住区的街道白天是畅通的，但是今天的小区却把整个城市交通割断。2016年，中共中央、国务院颁布了关于小区开放的文件。《中共中央国务院关于进一步加强城市规划建设管理工作的若干意见》提出，我国新建住宅要推广街区制，原则上不再建设封闭住宅小区。已建成的住宅小区和单位大院要逐步打开，实现内部道路公共化，解决交通路网布局问题，促进土地节约利用[①]。但完全开放，又怎么解决居民的小区管理的需要呢？古代“坊”小区的防卫围墙和街道，及其开关闭合方式或许能给今天居住区及其相关的“开放式小区”的建设一些启发。

总的来说，今天通名里面有场所性质的认知方式，急需有“礼”的古意植入，有礼的考虑，这对正名、立国及社会治理是有价值的。而今天地名通名意义科学化，有可能导致场所性质的混乱。“小区”失去了“坊”的含义，会导致马路拥挤，甚至人情淡薄。那么，我们该如何站在礼义的角度思考今天的城市空间呢？《文献通考》记录了周代城市一系列通名，它们一环扣一环，如同链条一样，组成城市礼制体系。每一级用通名表达的城市地域结构里，注入了极为深刻的礼义内涵。《文献通考》卷十二载“周制”中以“礼”规划城市：

---

① http://news.ifeng.com/a/20160221/ 47521220_0.shtml.

大司徒：令五家为比，使之相保，五比为闾（闾，二十五家为闾），使之相受，四闾为族（百家），使之相葬；五族为党（五百家），使之相救；五党为州（二千五百家），使之相赒（接济），五州为乡（万二千五百家），使之相宾。

上面的每个通名在家、比、保、闾、党方面都包含有相应的文化治理意义，并且以五为单位层层递进组成一个城市。意思是“令五家组成一比，使他们互相担保。五比组成一闾，使他们［有事］可以互相托付。四闾组成一族，使他们有丧葬事互相帮助。五族组成一党，使他们［有灾荒］互相救助。五党组成一州，使他们互相周济。五州组成一乡，使他们［对乡中的贤者］以宾客之礼相待”①。家、比、闾、族、党、州、乡的通名，大致等同于今天的家、小区、居委会、街道、区、市，但后者缺乏环环相扣的礼义内涵，更没有形成守望相助的人文意义。每一级单位通名里只有注入礼义才能使整个城市充满人情味。《文献通考》是这样评论古代城市的“礼义”的：“欲其出入相友，守望相助，疾病相扶持，是教其相率而为仁厚。”这种地名构架下，人与人之间提供了相互帮助的礼尚往来内涵。“党”相当于今天区一级单位，居民还能拥立贤者、长者作为教育者、领导者，使家家户户能够相互信任、相互供养、相互帮助。柴米油盐相互调剂，功名奖赏共享荣耀。哪家有空房子可以暂时借用，红白事，有百来家都来帮忙祝贺。有了重大事件，整个街道五百户人家都来救援。而在杭州上城区这样规模的城市单位，就会举办乡饮礼，下级向上级举荐贤能之士，在乡学中与之会饮，待以宾礼，使得整个上城区懂得人与人的道义秩序。以杭州现代的地名构架来看，今天类似东平巷居委会、湖滨街道、上城区政府和杭州市的地名都是由通名和专名构成的，而地名通名的构架正是民政对城市社区自治管理的基本格局。那么，这些地名及地名实体之间有没有构成教人向善和守望相助的礼

① http://www.gushiwen.org/Authors.aspx/GuShiWen_2f475f6942.aspx?WebShieldDRSessionVerify=IlFq6WbYjIMpVEAEU67C.

义植入呢？这是我们需要认真思考的问题。

综上所述，通名意义符合“礼”的规范标准。一旦命名出现混乱，地名通名本义及其使用会影响地方政治、经济与文化的建设与发展。这种情况就是孔子所称的：“名不正，则言不顺；言不顺，则事不成；事不成，则礼乐不兴；礼乐不兴，则刑罚不中。”大意是，名分不正，言语就不顺当合理；政令言语不顺当，事情就办不成；事情办不成，礼乐也就不能兴盛；礼乐不能兴盛，刑罚的执行就不会得当。今天，社会上注意到了居住区“坊”通名“礼”文化内涵的缺失，导致通名的随意使用。今天作为城市基本构架的“小区”通名，由于缺失过去“坊厢”的礼义，是名不正的通名。它虽然有坊厢的防卫功能，但四面围墙，内部也无市，更没有令五家为比，使之相保那样的邻里纽带。坊厢没有开放性，由此造成城市道路拥挤（事不成）。中央提出进一步加强城市规划建设管理工作，要求拆墙破院时，便产生物权法相关的种种法律问题，也就是“刑罚不中，则民无所措手足”。我们需要明白，为城市地名尤其是通名正名应成为城市治理的重要内容之一。如果这种居住区地名命名，没有构建这样一种基于家家户户、层层递进的互爱、互敬、互学、互助关系，那么通名就失去了城市构架功能。可以说，今天城市通名急需一种居民区血肉与人情的“礼”的构架。而上述地名管理和社区、居委会等建设都属于民政部门的工作职责，怎么让两者互动起来，是值得进一步研究的。

# 2 文化区划与地名文化共同体

区划是地名办公室的重要工作内容，行政区划是国家依法实施经济和社会行政分级管理的前提。行政区划的依据是国家的法律、法规及其背后的政治、经济、文化方面的利益协调。这种区划概念及其思维方式和文化区划大有不同。首先要说明的是，文化区不仅是一个空间地域概念，而且是一个随着历史演替不断变化，多种、多层文化区相互交接的空间构架。文化区划是一个地区文化根基的共同认同。文化区划建立在历史记忆之上，《禹贡》《越绝书》《吴越春秋》等典籍记载并持续激发浙江的区域文化。由于历史记忆会不断遗忘和苏醒，文化区域感也在不断变化，所以文化区划主要是通过文化记忆实践形成的。总之，文化区划对地方的理解具有历史的多层次、多样性、交叉性，不以当下经济与行政为出发点。

与浙江相关的“扬州”、吴、越、会稽郡、两浙、江南所代表的区划范围，其文化圈的认定及变迁都极为复杂，现有地名及其相关的文献记录仍然记录着这些文化层的远古记忆。比如浙江省的德清县，既有吴文化地名（吴憾山、天目山），也有越文化地名（余不溪、勾垒城、蠡山）。从古籍记载看，两浙的文化范围包括了浙江以东以及苏、锡、常，安徽和福建部分地区。因此，文化区划其实是针对特定地域范围内的历史层积变迁的考证，其目的不是要分出一个物理上的清晰边界，而是要形成一个地区可以追溯的文化之根。落到每一个地点，搞清楚其历史文化，对挖掘和利用地名文化资源是极为重要的。浙江的区域文化身份是由《禹贡》奠定的，夏禹意识深入人心，并留下众多的古地名；随后有周代的姑篾，及其春秋时代的吴、越国。

区分行政区划和文化区划，对把握地名文化是至关重要的。文化边界通常是不清晰的。1996年起，我国用五年的时间完成了省、县两级陆地行政区域界线的勘界工作。2008年，浙江省民政厅发文，开展了浙江省行政区域界线联合检查。通过勘界，明确行政区域界线，实地竖立界桩，形成准确反映实际边界走向的文件、资料和地形图，由此区划区域界线确定下来。但这些行政区划的勘界在很大程度上是基于近现代科学思维下的地理界定，不应该成为确立文化区划的前提。我们需要从历史角度去挖掘其文化源头，并梳理清楚不同时代文化区划与边界的沿革，以共同的文化认同来感召与协同区划文化发展。

## 2.1　文化边界与区域协同

文化区域是有共同文化源头的，《禹贡》的“九州”区划是我国政区协同的文化根源。对《禹贡》文本进行解读，可以看出文化边界具有一定的模糊性。此外，历史上的行政文化边界采取疑以传疑的多样性和包容性。重新定位文化边界对拉动《禹贡》及后来整个历史发展的文脉具有坐标意义。

据《行政区域界线管理条例》规定，行政区域界线是相邻行政区之间的分界线，是国家依法实施经济和社会行政分级管理的依据。我国有近6万公里的省级陆地行政区域界线和41万公里的县级行政区域界线，有史以来从未全面法定过。在全面勘界之前，行政区域界线由大量的历史习惯线、部分法定线和一些争议线组成，地图上采用权宜划法来表示。由于行政区域界线未经依法勘定，特别是由于部分地区界线不清，导致边界争议不断发生，影响了这些地区的社会稳定、民族团结和经济发展[①]。边界管理主要工作是打桩，是法律、经济和政区的边界管理工作。文化区划管理是建立在区域自我认同

① 国家区划管理机关，http://www.hyemap.com/News_View.asp?NewsID=125。

基础之上的。区域文化认同可以弥补行政区划带来的管理问题，同时这种自我认同的凝聚力更会成为一架沟通政府与百姓之间的重要桥梁。浙江省最早（秦代置）的政区会稽郡，今天通常指以绍兴为中心的区域。但历史上，郡治中心是在吴县（苏州一带）。其涵盖的范围包括江苏南部、上海西部、浙江大部以及福建地区，是当时辖境最为广阔的一郡。东汉中期会稽郡分为吴郡和会稽郡，中心移到山阴（绍兴）。其后吴郡、越州、会稽郡又不断变化。这种变化都是基于一个共同的文化根基，即“禹会诸侯江南，计功而崩，因葬焉，命曰会稽”。今天各地在什么意义上认同这一会稽根基，对其追溯文化资源，进而形成一个地方的多元文化精神是有重要意义的。这是一项跨越政区边界，需要协同合作的文化工程。

文化思维下的边界管理，应以历史史料和地名实体为依据，协同多地区合作确立。这种确立要以历史认同和文化为基础，而不是事实。历史的复杂性导致很多问题可能永远没有唯一的答案，信以传信、疑以传疑，取决于各地文化认同和资源开发的需要。

## 2.2　文化区划与地名文化共同体：“扬州”为例

《禹贡半月刊》在“发刊词”说：“历史好比演剧，地理就是舞台；如果找不到舞台，哪里看得到戏剧！”地名文化好比历史剧的剧本，而地名所指的这块土地就是舞台；生活在这块土地上的人的生活、诉求、面临的问题，就是地名文化的剧情。如果不对这个舞台充分了解，不借助这个舞台去演绎地名文化，地名所承载的资源就是无皮之毛、无根之木、无薪之火。

地名的文化界线来自古籍。能反映地名文化之“根”的是划分华夏大地的《禹贡》，而能够反映这个根文化延续的地名之“魂”，就是“大禹”精神。浙江省原属于九州中的“扬州”。“扬州”作为《禹贡》划分的文化依据，一直被历代郡县当作一种文化区划，而不是政治区划。《禹贡》载：“淮海惟扬州。彭蠡既猪，阳鸟攸居。三江既入，震泽厎定。”孔安国注曰：“北据淮，南距海。”韦昭云：“谓吴松江、钱唐江、浦阳江为三江。”《史记索隐》按：地理志有南江、中江、北江，是为三江。《周礼》曰：“东南曰‘扬州’，其山镇曰‘会稽’。”有了这个根，少康封庶子于大越，以奉禹之祀，号曰“无余”；泰伯以天下逊其弟，南奔而作勾吴。及勾践灭吴，浙江越子北渡号令中国，以尊周室。今天浙江大地最令人敬畏的地名，都是出于这样一个文脉的演变。而“三江”和“震泽”就是扬州划分的地理文化标识。“三江”在历史上有不同说法，指的是今天江南范围内的三条水系，有说是太湖附近的松江、钱塘江、浦阳江。“震泽”是太湖的古地名。这个界线并非是行政区划的边界，而是以水系作为一种文化的界线。这个界线并没有分离两个区域，反而成为所有相关区域共同的地理实体与文化基础。故《文献通考·舆地考》载：“州县之设，有时而更，山川之形，千古不易，所以《禹贡》分州，必以山川定经界，使兖州可移，而济、河之兖不能移；使梁州可迁，而华阳黑水之梁州不能迁。是故《禹贡》为万世不易之书。后之为史者，主于州县，故州县移易，而其书遂废矣。”意思是说，州或县的设立会随着时间变化而变化，但是山川的位置却是千古不变的。所以《禹贡》划分九州，都是以山川来定区域。因此，我们看到兖州（兖州为九州之一，明清是兖州府，今为山东一个市）是变化的，但是济水和河水穿过的《禹贡》兖州是不能移动的。如果《禹贡》仅仅被当作一本历史书，与现在地名文化无关的话，那么州县边界的改变也就很可能产生问题。从文化体系来建立一种协同和认可的边界。五代十国时期，浙江省和江苏省实际上都是吴越国，没有边界。

今天，我们在各个省市历代地方志的区划沿革当中都能找到它们认定的“扬州”。而这个“扬州”并非今天意义上的浙江省中部的一个市，而是一个始祖地位区划范围，其边界就是“太湖”和“三江”。从历史经验看，“扬州”文化界线可得到今天很多省份的认可，如①：

---

① 《大清一统志》，清文渊阁《四库全书》本。

## 江苏省

建置沿革，《禹贡》扬州及徐州之域。春秋时，分属吴楚亦兼鲁宋之疆。后越灭吴并其地。战国时为楚地。秦置会稽鄣诸郡。汉初置吴楚二国。

## 安徽省

建置沿革，《禹贡》扬州及徐豫二州之域。春秋时分属吴楚。战国时为楚地。秦置九江泗水颍川三郡。汉初置淮南国。

## 浙江省

建置沿革，《禹贡》扬州东境。春秋时属吴越二国，后并于越。战国属楚。秦为会稽郡及鄣郡闽中郡地。汉为会稽郡，东西南三部都尉及丹阳郡地。

## 江西省

建置沿革，《禹贡》扬州之域。春秋为吴越楚三国之界。战国属楚。秦属九江郡。汉初置豫章郡，属长沙国。

饶州府（今鄱阳县）建置沿革，《禹贡》扬州之域。

广信府（今上饶市）建置沿革，《禹贡》扬州之域，春秋时为吴地。

临江府（今江西省樟树市临江镇）建置沿革，《禹贡》扬州之域，春秋属吴。

## 福建省

建置沿革，《禹贡》扬州南境，周为七闽地。春秋属越。战国属楚。秦并天下置闽中郡，汉高帝五年为闽越国。

福州府建置沿革，《禹贡》扬州之域。周为七闽地，后属越秦，为闽中郡地。汉高帝五年为闽越国。

兴化府（今福建省莆田市）建置沿革，《禹贡》扬州南境，周为七闽地，后属越秦，为闽中郡地，汉为会郡冶县地。

延平府（今福建省南平市延平区）建置沿革，《禹贡》扬州之域，周为七闽地，后属越秦，为闽中郡地。汉为会稽郡冶县地。

## 广东省

韶州府建置沿革，《禹贡》扬州之域。春秋属越。战国属楚。秦为南海郡地。汉初属南越。武帝平南越属桂阳郡。

南雄府建置沿革，《禹贡》扬州之域。战国属楚秦，为海南郡地。汉为豫章郡南埜县地。

## 湖北省[①]

蕲州（今湖北省蕲春县）　《禹贡》扬州之域，春秋战国并属九江郡，在汉为蕲春县地，属江夏郡。

## 浙江省[②]

杭州　杭州余杭郡，今理钱塘县。《禹贡》扬州之域。春秋时为吴越二国之境。

湖州　湖州吴兴郡，今理乌程县。《禹贡》扬州之域，古防风氏之国也。春秋为吴地，后属越。越为楚所灭后属楚。

越州　越州会稽郡，今理会稽山阴两县。《禹贡》扬州之域，春秋时越国之地，《周礼》谓吴越。

① 《元和郡县志》卷二十八，清文渊阁《四库全书》本。
② 同上。

综上可知，无论从唐《元和郡县志》还是清《大清一统志》，然后到民国地方志，我们都可以看到“扬州”作为区划范围的区域至少包含今天北至江苏，西至湖北，南至广东的广大范围。这些地名区划，无论在哪个时代，其范围和边界都在发生变化；但不变的是，它们都认可《禹贡》中扬州为其源头。这也意味着它们都对太湖与三江有共同的文化认同。这些地方志记载说明，“扬州”不是一个城市也不是一个政区，它是中国南方广大区域的地名文化之根与魂，对“扬州”的认同是对夏禹作为中华文化根基的认同。

正是因为这种文化的认同，每个行政区域也都在文脉层次上以修建或重修与大禹相关的纪念场所，用来彰显与接续这一共同的文化源头。简单来说，“扬州”成了一种大禹信仰（魂），一直持续影响到现代。如大禹陵、大禹寺、禹王庙、黄公祠等在上虞、绍兴、宁波等地都有遗迹。

# 3 地名的“在地”文化传播

地名文化传播实践基于的是中华几千年的“风草论”模式。这个传播模式以“风化”教育为宗旨，在《尚书》《论语》《易经》等经典中多有显露，而《诗经》的十五国风，便是其“诗教风化”的集中体现。这个传播模式体现了几千年“在地” 风土之音的传播精神。今天，中国传播学术界也充分认识了这个传播模式的重要性，提出“风吹草偃”这一根植于中国传统文化中的传播理论，并提出三个层面的传播观念:“注重传播过程的风化风行，关注受众主体性的草偃草起，以及‘风吹草偃’的传播效果就是‘风草论’。”[①]而这种模式也恰恰体现在浙江省民政厅近些年做“地名文化”传播创新工作当中，包括地名公益微电影、《大地有名》纪录片、千年古地名记者采风、地名博物馆筹建等。正如浙江省民政厅同志所言:“我们创新传播载体，让地名文化宣传和保护意识植入寻常百姓的心里。”[②]

在浙江省民政厅支持、领导下，一系列地名文化传播实践带动一批传播群体的形成，牵连出一系列地方文化资源，并将一方百姓吸引为地名文化传播的发布与受众主体。换句话说，“地名文化”传播实践通过微电影、纪录片、博物馆的制作与建立，首先调动地方政府通过调研地名、起草剧本等的积极性，梳理地名文化资源的文脉，形成全民参与传播实践文化。同时，由

① 谢清果、陈昱成:《“风草论”:建构中国本土化传播理论的尝试》，载《现代传播：中国传媒大学学报》2015年第9期，第59—64页。

② 2016年2月25日，浙江省民政厅“地名文化”会议。

地方民政部门协调，促发各种地名文化传播活动，成果深入人心。可以说，“地方”不仅仅是整个民政文化传播的实践平台，更是最终文化传播的发布与受众者。在这整个传播过程，“地名”牵动了地方上各种地名文化实践，包括地方政府各个部门工作人员、学者、旅游者、媒体和乡贤。与此同时，省民政厅也联动了这些人，从多方面参与地名文化传播过程中，无形中激活并以地名文化精神协调各种工作。借现代文化传播手段，无论是新媒体还是博物馆，都参与到民政本身的事务当中，展示了地方文化资源。最后，根植于地方的文化传播以其多维度的立体式共鸣收到了一种在地的“风化”教育意义。所谓“风化”，《诗大序》载：“风者，上以风化下，下以风刺上。”①这一传播过程就是“风以动之，教以化之”的教育过程，从民政地名文化自上而下或自下而上的联动传播风行地上。

## 3.1 “风草论”在地传播说

孔子曰：“君子之德风，小人之德草，‘草上之风必偃’。”（《论语·颜渊》）意思是君子的德行如风，小人的作为如草。风吹过草，草必然会动摇。这就是“风草论”传播理念的简单含义。传播理论研究者谢清果和陈昱成认为“风草论”主要有三个特征：一、“强调的是上行德风通过不断吹拂下及行草木从而达到影响受众的过程”②。其中，在地意识的传播特征十分明显，风吹向草，传播必定是基于一定的空间才得以进行的。二、“强调的是一种由君子牵头的文化扩散过程，除了学校这一载体之外，皇帝、官吏、乡绅、师长、家长又构成了‘君子’这一阶层，使‘风化’范围扩展至几乎每一个社会成员”。三、“‘风行而草偃’的比喻不仅仅指的是上行下效的教化作用，也指臣下对君主进行委婉讽喻而达到的效果”。因此可见，“风草

① ［周］卜商：《诗序》卷上，明津逮秘书本。
② 谢清果、陈昱成：《“风草论”：建构中国本土化传播理论的尝试》，载《现代传播：中国传媒大学学报》2015年第9期，第59—64页。

论”的教化不仅仅针对百姓，也针对国君，这种传播本质上是一个双向的互动与共鸣。这三个特征形成一种“风化”过程，而当下最重要的实现教化的途径就是“在地”。

“风草论”教化过程相关理念的提出，可追溯到《诗经》。《诗经》主要由“风”“雅”“颂”三部分组成。其中，“风”是周代基于“地方”的歌谣。《国风》是按生产的地域来分篇的，包括以下十八个区域：周南、召南、邶（bèi）、鄘（yōng）、卫、王、郑、齐、魏、唐、秦、陈、桧（kuài）、曹、豳（bīn）、雅（即“夏”，西周）、鲁、宋[①]。《诗地理考》有载：“《诗》记山川、溪谷、禽兽、草木，故长于风。”这里山川、溪谷、禽兽、草木等事物的地方感，对于“风化”来说是至关重要的因素。南宋王应麟在其开篇“序言”中写道：“夫‘诗’由人心生也。风土之音曰风，朝廷之音曰雅，郊庙之音曰颂，其生于心一也。人之心与天地山川流通，发于声，见于辞，莫不系水土之风，而属三光五岳之气。因‘诗’以求其地之所在，稽风俗之薄厚，见政化之盛衰，感发善心而得性情之正，匪徒辨疆域云尔。世变日降，今非古矣；人之性情，古犹今也，今其不古乎？”可见“诗”的意义于“在地”而言已经不仅仅是山川草木之所在，更是通过“地方”与古心相通，形成政教风俗所化之风。因此，《诗》是借“地”来弘扬教化，传达的是一方风土之声和一抔怀古之情。

《诗经》中的《国风·周南》的第一首歌谣《关雎》被解读为：“后妃之德也，风之始也，所以风天下而正夫妇也。故用之乡人焉，用之邦国焉。风，风也，教也；风以动之，教以化之。”[②]《周南》指周代“南国”的民歌。南国，泛指洛阳以南到江汉一带的区域。所谓“周”“召”，《郑氏谱》曰：“周、召者，《禹贡》雍州岐山之阳地名。今属右扶风美阳县，地形险阻而原田肥美。周、召之地，为周公旦、召公奭之采地，施先公之教于已

① 吴晓峰：《〈周南〉〈召南〉产生时代考》，载《中州学刊》2008年第6期，第215—222页。

② ［周］卜商：《诗序》卷上，明津逮秘书本。

所职之国。”[①]这一根植地方地理特色的诗风，营造出了一种教化风气。因此，《毛诗注疏·毛诗谱》曰：“其得圣人之化者谓之《周南》，得贤人之化者谓之《召南》，言二公之德教自岐，而行于南国也。”这里特别强调了“周”“召”，为的是说明地方之教化，即从岐山向南一带的风教。“南”字突出其风教之地方感和作诗之处。孔颖达进一步解释说：“连言南者，欲见行化之地，且作诗之处，若不言南无以见斯义也。”[②]此外，从《周南》一诗角度来看，我们还可以推断“岐”是风教源头。这一地名构成的影响力，取决于源头之风的道德教化之力量。皇甫谧云：“丰在京兆鄠县东，丰水之西。”吹遍整个南国，也就是文王治理下的“丰邑”。可见文王所治理的地方形成的是波及整个南国的教育风气。关于这首诗风能波及的范围，《骈字类编》解释“南行”为：“文王之国在于岐周，东北近于纣都，西北迫于戎狄，故其风化南行也。从岐周被江汉之域。”[③]所以，只能风及从岐周到江汉的地域，因为其东北受制于纣都，西北迫于戎狄。由此，我们也看到了地名文化的区划特性。

孔子曾说：“不学诗，无以立。”[④]实际上，孔子对儿子进行诗化教育时最重《诗经》“二南”，故他曾经教训儿子伯鱼说：“女为《周南》《召南》矣乎？人而不为《周南》《召南》，其犹正墙面而立也与？”[⑤]马融解释说：“《周南》《召南》国风之始，淑女以配君子，三纲之首，王教之端，故人而不为，如向墙而立。”[⑥]可见《周南》《召南》是国风教化之开端，里面暗含男女、夫妇关系，是王教开端。

---

① ［宋］王应麟：《诗地理考》卷一，明津逮秘书本。

② ［汉］毛亨：《毛诗注疏》诗谱序，清嘉庆二十年南昌府学重刊宋本十三经注疏本。

③ ［清］吴士玉：《骈字类编》卷一百十九方隅门七，清文渊阁《四库全书》本。

④ ［三国］何晏：《论语》卷九，四部丛刊影日本正平本。

⑤ 同上。

⑥ 同上。

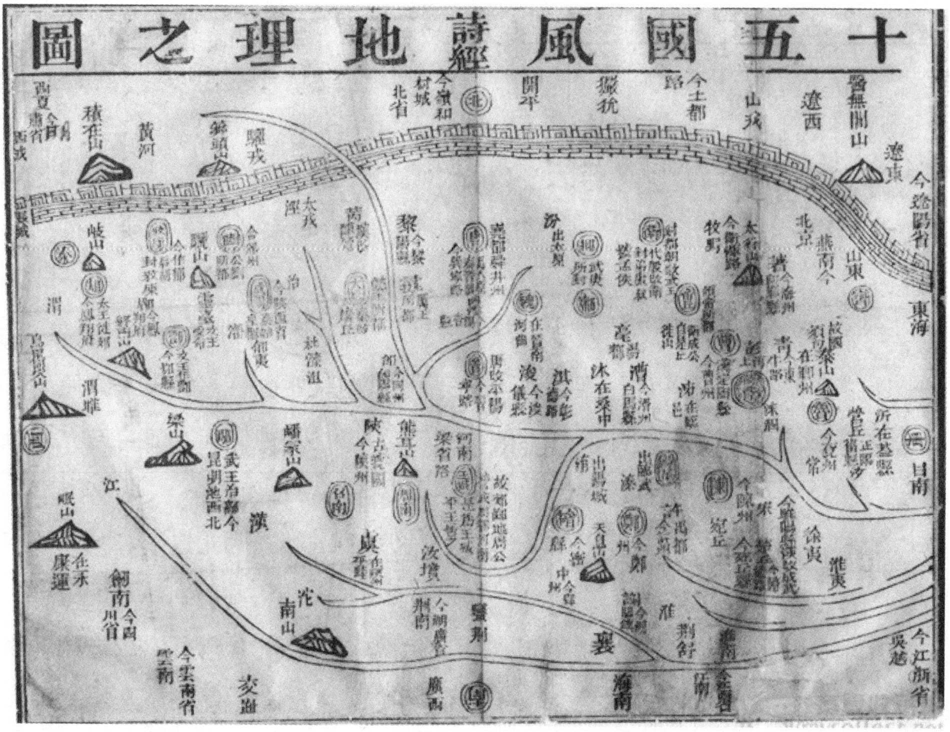


十五国风《诗经》地理图

因此，某一地名构成的文化深度是其能传播影响的在地广度的决定因素。文化内涵越深，传播范围就越广。浙江地名最早源头来自《禹贡》的“会稽”。会稽，即“会计”之意。《史记》记载：“或言禹会诸侯江南，计功而崩，因葬焉，命曰‘会稽’。会稽者，会计也。”①这是说大禹召集诸侯到江南，共谋（计划）治国之道。不幸的是，大禹在“计功”之时去世了，由此起名会稽。《越绝书·外传记地传》写道：“禹始也，忧民救水，到大越，上茅山，大会计，爵有德，封有功，更名茅山曰会稽。”②这是说，“会稽山”更早是叫“茅山”。由于大禹的功德，“会稽”地名的传播影响力一度涵盖整个中国。正是因“会稽”地名文化精神，秦始皇称帝巡游“会稽”，

① ［汉］司马迁：《史记》卷三，清乾隆武英殿刻本。
② 同上。

借这个地方宣德扬威，并初置会稽郡。这个区域大致相当于今江苏长江以南、安徽东南、上海西部以及浙江北部，会稽郡一直从秦延续到唐代，也就是“会稽”地名文化影响了整个江南地区。今天，由于大禹的文化从《禹贡》经学变成了一种传说，“会稽”只是被理解成一座山而已。“会稽”这一地名文化的涵盖范围的缩小，与“会稽”地方精神失落有关，“会稽”地名的文化传播效应已经慢慢消失了。

综上所述，地名文化的传播理论主要体现为一种文化治理形式，如孔子所言：“为政以德，譬如北辰，居其所而众星拱之。”（《论语·为政》）主要有以下几个性质：一是在地性，利用地和地方上的万物来传播文化。二是风草性，体现地名文化的传播区域与影响力。三是道德性，地方精神传播最终目的就是“风教治国”。

## 3.2 风行地上：《恋恋西塘》开启地名文化传播新模式

至今为止，浙江省民政厅围绕嘉善市作了地名文化阐发，并进行了“在地”微电影的试点探索，涵盖了嘉善古代及今天所发生的与民政工作相关的实事（文化资源），将其融入地名故事人物、主题及情节编排[①]，将来自生活及史料艺术化及文学化后，撰稿、策划与拍摄成地名“善”文化传播的微电影。“嘉善”地名文化传播实践特点是，利用“地名”作“在地”文化传播。

从片名看，《恋恋西塘》的片名设置植入的电影故事发生在今天浙江省嘉善市西塘古镇。内容牵动“嘉善”地名蕴含的“善”文化资源和西塘本地“慈善”历史故事资源。有关嘉善县的地名意义，《郡县地名考》载：“嘉善县，明名宣德五年，割嘉兴东北境置邑，犹嘉兴义也。”可见嘉善地名意义来自嘉兴，而又载嘉兴：“《春秋》名桥李。秦名长水县。吴黄龙三年，嘉

① 国家一级演员、省音乐家协会副主席严圣民演唱尚清厅长专门为“善文化”基地创作的《善之歌》主题曲；浙江省政协常委、浙江省青联委员和九三学社中央委员、九三学社浙江省委副主委罗卫红副厅长带领下，多方共同编撰微电影剧本。

禾生育拳，因改元为嘉禾，改县名禾兴。”可见历史上，嘉兴当地有一种嘉禾，所以地名为嘉兴。今天浙江省民政厅结合其慈善工作，将嘉善之“善”解读为慈善之意，为地方注入新的精神内涵。浙江省民政厅副厅长罗卫红说：“善文化，慈善文化，既是民政文化的重要内涵，又对接了社会主义核心价值观。”特别的是该地历史上还出了两位慈善家，陈龙正与袁了凡。《嘉兴府志》载：“……又有名宦乡贤两祠，崇祯中邑人陈龙正新之。后为同善馆失讲学，初制矣。”[①]这是说，嘉兴当地树木茂盛的地方有两个乡贤祠，崇祯年间当地人陈龙正花钱将其新修一番，并作为“同善馆”的讲学处。这里的“同善馆”，就是当年乡绅陈龙正办理的慈善机构，是在废弃的“思贤书院”上建立的。《嘉兴县志》载：“同善会公所。明崇祯十四年，邑绅陈龙正建向无公所，以‘思贤书院’废址改建。”[②]而另一位慈善家袁了凡，写了著名的劝善书《了凡四训》，倡导家族文化，劝人向善。《嘉兴县志》形容袁了凡：“同乡袁了凡以书勉曰：‘十人成虎，三至投杼，火温也。而有寒火，泉寒也。而有温泉权之为贵，其意盖有所指。”[③]意思是，袁了凡写书劝勉别人说：“十个人就可以成为虎，三个人来投放木头，火就会越燃越旺。还有寒火，泉寒的意思。然而，温泉的可贵意义大概就是这样吧。”很明显，袁了凡是在劝人向善。

微电影从制片开始到拍摄过程中，浙江省民政厅做了很多宣传和策划而产生了吹“善”文化风的效果。这包括“微电影”名字内部讨论及公开选举征名；微电影拍摄与征召男女主角；主流媒体、传统媒体、新媒体和自媒体联合立体宣传。浙江省民政厅的同志说：“《恋恋西塘》微电影的名称也是各路专家、历史专家、人文专家一起头脑风暴的结果。”每个重要环节，都穿插着志愿者以及慈善的服务行动。开机仪式上，浙江省民政厅策划了志愿者的体验活动。副厅长罗卫红说：“拍微电影不是目的，目的是营造嘉善的

---

① ［清］许瑶光：《光绪嘉兴府志》卷九，清光绪五年刊本。

② ［清］许瑶光：《光绪嘉兴府志》卷二十四，清光绪五年刊本。

③ ［明］罗炌：《崇祯嘉兴县志》嘉兴县志卷之四，明崇祯十年刻本。

《恋恋西塘》剧照

善文化氛围，弘扬慈善文化、志愿者文化。”电影故事以今天西塘古镇景区内的一副桥联“愿天常生好人，愿人常行好事”为起点。通过讲述一名游客在寻找当地一本古籍的过程中，遇到该古籍编撰者后人正在做慈善事业，最终加入志愿者行列中的故事。正是通过西塘这一地方和地名故事，我们看到了明朝时袁了凡、陈龙正两位慈善家，一位著有经典善书《了凡四训》与其后人延续其家族“慈善”事业；也看到了过去江南最早的民间慈善组织“同善会馆”变成了已经创办20年的省慈善总会。无论是现代游客、古代人物、书店、书或是桥，都是地名文化传播最重要的在地资源。他们在嘉善西塘这个地方共同被激活成一阵“善”风。微电影《恋恋西塘》拍摄过后，这个地方及参与者也就形成不同感受，浙江省民政厅领导回忆说：“拍摄过后接待的导游小姐都非常熟悉，还不断向游客说《恋恋西塘》的故事。”在拍摄过程中，浙江省民政厅调动并激活了地名蕴含的“善”精神并且也嫁接民政事务。特别是，《恋恋西塘》注入浪漫文学色彩增添了地名故事对年轻人的吸引力。电影当中植入的爱情故事，改编自嘉善民间“五姑娘”的传说，讲述了清咸丰年间，贫穷长工徐阿天和富家小姐王姑娘的爱情悲剧。而这个故事也映照了今天一个刚失恋的姑娘杨悠雨到西塘散心，无意间被一本古籍吸引，古籍里记录的正是“五姑娘”的故事。故事的古今意义交织在“西塘”这个地方，换句话说，“地方”成为沟通古今价值观的一种有效传播载体。故《浙江在线》媒体记者报道说本故事“由古、今两条并行线索相互交织，内容感人，是一部融慈善、孝老、亲情、爱情于一体的穿越剧”[①]。故事中，现代人杨悠雨在西塘的书店中看到了古籍的上册，而在寻找古籍下册的过程中，认识了男主角，两人一起参与了“志愿”活动，收获了自己的爱情。这样的结局也体现了地名文化工作当中保护与传承地名文化资源的重要意义。浙江省民政厅领导介绍说：“《恋恋西塘》的拍摄及传播非常成功，获得了民政部、省的微电影大赛奖项，还获得了亚洲微电影节、国际微电影节等五个大奖。百度、优酷等相关网站点击量达几万次。宣传效果非常好，为旅游增添了人文内涵，也可以做延伸产品。所以，微电影《恋恋西塘》反映地名文化、慈善文化，是非常成功的。”可见，嘉善地名中牵涉出的“善”文化与地方慈善精神已经被激活，并正在传播。今天的“风”已经不再是口口相传了，而是一种网络世界。现代网络世界的“点击量”和各种获奖新闻，这些都是风的教化过程。媒体评价《恋恋西塘》时说：“要通过微电影、借助互联网等新载体弘扬慈善文化，推动人人事事时时处处参与慈善。”[②]

总而言之，整个拍摄过程和影片传播的过程实际是一种地名文化创新实践。它以地名为“锚”，拉动地方文化资源；它以“善”为风，吹拂一方水土，并渗透到互联网这一新型传播平台；它以微电影拍摄为方式，培育并

① 公益微电影《恋恋西塘》开拍　穿越剧情诠释“善文化”传承，http://zjnews.zjol.com.cn/system/2015/08/02/020766695.shtml。

② 打响“善文化品牌”——“善文化”微电影基地授牌仪式暨《恋恋西塘》首映式在嘉善举行，http://www.zjmz.gov.cn/special.html。

形成由地方百姓为主体的地名文化实践团队。最后，浙江省民政厅用微电影激发“地方”精神，使其转化为一股教化之风，影响青年恋爱价值观和民政文化建设。因此，《恋恋西塘》开启了“风吹草偃”的地名文化实践创新模式。浙江省民政厅在《恋恋西塘》成功的基础上，正在策划一系列、以不同形式构成的地名文化创新实践，如《大地有名》纪录片激起浙江地名携带的“乡愁”情，引领美丽乡村建设；《德清若水》微电影与德清吴越地名博物馆（暂定）；《云在树上》微电影不仅倡导与宣传民政婚登礼仪，也引导婚礼新风尚。

江南第一家
禮義
廉恥

# 4 地名文化标识系统

地名边界管理和区划中有一项“地名标识”的工作。路标与门牌、打桩定边界、挂牌立碑保护古地名、就近地名移植是其主要工作内容。据《地名标志管理试行办法》、中华人民共和国国家标准GB17733—2008《地名 标志》，地名标志与标写既要实用，又要科学规范及符合国际标准和国家标准。上述地名标识主要出于行政管理（国家文件规定）的需要，体现科学、技术及统一标准化管理思维。那么，地名标识的文化性怎么体现？或者说地名标识的文化基础是什么？民政部地名研究所所长王胜三指出：地名标志要“改变功能单一的状况，实现从传统地名标志向智慧地名标志转变，通过拓展功能，发挥地名标志更大的作用”①。我们认为，需要拓展的就是其文化标识功能；需要智慧创新的就是如何将华夏地名文化标识理念以新的形式表达出来。

地名标识与地名文化标识是两个不同的系统，虽然互有联系，但其目的和形式是不一样的。地名文化标识除了起地名标志的作用，主要以纪念和教化为目的，形式因地制宜，尤以牌坊、勒碑、竖旗、立亭等为常见。浙江省的浦江郑义门就属于地名文化标识的典范。地名文化标识具有辅助地方文化传承与教育的作用。地名文化标识系统，不只是标识，更在于打造地名文化空间。这种空间可以与城市景观打造、生活场所优化一起进行。那么地

① 王胜三：《地名研究当前亟须深化的几个问题》，载《方舆》2016年第1期。

名文化标识工作反映什么思维？什么叫作文化标识系统，它与普通地名标识有什么区别？地名标识遵循国家统一标准，文化标识系统的标准又是什么？文化标识系统又有哪些形式？这些问题都属于地名文化标识要探讨的内容。

## 4.1 地名标志与地名文化标识的区别

《地名 标志》标准定义“地名标志”为：“标示地理实体专有名称及相关信息的设施。”可见“地名标志”是一种具备信息传达意义的“设施”。《地名标志管理试行办法》规定地名标志设置有以下基本原则：

> （一）行政区域名称标志应设在位于主要交通道路的行政区域界线上。
>
> （二）居民地名称标志应设在居民地的主要出、入口处。
>
> （三）街（路、巷）名称标志应设在街（路、巷、胡同、里弄）的起止点、交叉口处。起止点之间设置地名标志的数量要适度、合理。
>
> （四）楼、门编码名称标志应设在该建筑物面向主要交通通道的明显位置。
>
> （五）山、河、湖、岛等自然地理实体名称标志，应设在所处的主要交通道路旁或该自然地理实体显著位置。
>
> （六）具有地名意义的建筑物名称标志，设在该建筑物面向主要交通道路的明显位置。
>
> （七）具有地名意义的台、站、港、场名称标志，设在该台、站、港、场面向主要交通道路的明显位置。
>
> （八）其他具有导向作用的辅助地名标志，要按照方便、实用、清晰的原则设置。

此外，中华人民共和国国家标准GB17733—2008《地名 标志》也对地名标志内容作了规定：

**设置方式**

地名标志一般可采用:立柱式（安装在一根或一根以上的立柱上）、悬臂式、附着式（如钉挂、粘贴、镶嵌等）、碑碣式，以及其他方式设置。

**设置高度**

一般情况下，立柱式、悬臂式和附着式地名标志的下边缘距地面的高度不宜小于2m。小于2m时，地名标志的边角应为圆弧形。

这个标准中，还有“设置密度”“版面内容”“图形符号”“颜色”“尺寸规格”等大量规定。这些对一般地名标志来说都是应该遵守的，但这些规定并没有涉及任何有关“地名标志”“文化性”的问题。地名整治也主要放在地名标志的标准化上，如不规范汉字、非标准地名的内容。公共场所的各种标志（地名、交通、广告）及媒体发布信息，也需要使用标准地名[①]，但这些规定并不能解决由于文化缺失而造成的“大、洋、怪、重”现象。

与此不一样的是，文化标识系统主要针对有文化意义的地名实体进行打造，包括古迹、战场、重大事件所在地、名人居住地或葬地等。其标准不在于统一性，而在于特质性。运用的标识方式也是多种多样，经常是因地制宜借用场所的地理或人文特质，主要形式有碑、坊、亭、井、宅、祠庙，以及自然物如石、树、山、河、土堆等，自然物作为标识系统主要通过语言命名来实现。为了标识德清县曾为越国所在地，就命名蠡山，因为范蠡曾献策扶助越王勾践复国，后隐去，既起到越国的标识，又起到纪念越相范蠡的作用。这些空间标记都是纪念地方具有重大历史意义，反映独特文化价值和地

① 中华人民共和国国家标准GB17733—2008《地名 标志》。

方精神的史实。文化标志所反映的“原则”则有生态性、文化性及历史性等特征。所谓生态性，经常是借助自然物本身，或者通过植树、起土墩等来标记空间。因此，开展地名标志信息标准化与规范化是很有必要的，增加地名文化标识，可以体现地方特质的多样性标识系统。这种地名标识关心标志内容文化性，并考虑文化多样性及地方历史传承双重因素，其目的是营造地名文化空间与场所，同时我们也要思考传统地名标志的文化功能拓展问题。而这些都建立在我们对文化标识的理念、目的和功能的把握上，尤其要把握传统留给我们的启示。

## 4.2 文化标识系统：树之风声

大禹陵庙碑

地名文化标识彰显的是一种文化记忆，产生的是教化风气，标识起到了建构教化空间的效果。中国传统文化当中，地名标识立牌坊以及文化性的石碑、宅、庙等的做法，其目的就是彰显文化与教化。《绍定澉水志》中记载：“石碑，在六里堰西，地名根竹，有二石碑，夹道而立，高一丈五尺，旧传汉戚姬葬碑，岁久磨灭。”[①]这里是说，浙江省海盐县的一个地方有石碑，立在当地“六里堰”西面称作“根竹”的地方。那里有两块碑，“夹道而立，高一丈五尺”。传说石碑是汉代戚夫人下葬立的，时间长了所以字迹模糊了。从一块碑上来看历史及文化，我们知道，戚夫人是刘邦宠爱的妃子，那么，石碑所在地很可能是戚夫人的墓地，而石碑就是其坟墓位置的文化标识，碑刻文字很可能就牵动的是戚夫人一生及刘邦所治理大汉王朝的文化史。大禹陵庙碑位于浙江省绍兴市经济技术开发区（原越城区禹陵乡）禹庙东首窆石亭旁。碑身刻写着“大禹陵”三个字，这就是我们所谓一块用作地名标志的石碑。一碑三字，其字必大，镌刻宽博敦厚、中和劲健，自然就不会像碑首或碑缘的纹饰那样容易“漫灭”，故经长时间风雨剥蚀而“犹可识”。此碑据说是清嘉庆五年（1800）建，并由浙江巡抚阮元撰、书。阮元（1764—1849），江苏仪征人，“字伯元，号云台、雷塘庵主，晚号怡性老人。他于乾隆五十四年中进士，先后任礼部、兵部、户部、工部侍郎，山东、浙江学政，浙江、江西、河南巡抚及漕运总督、湖广总督、两广总督、云贵总督等职”[②]。此外，他也是“著作家、刊刻家、思想家，在经史、数学、天算、舆地、编纂、金石、校勘等方面都有着非常高的造诣，被尊为三朝阁老、九省疆臣，一代文宗”。这说明地名文化标识是需要通过贤达名人来一起构建的。这块碑标记的是大禹陵，大禹陵古称禹穴，即大禹的葬地。“禹的忘我的精神，成为中国人民优秀传统美德的一个重要组成部分。至今，在中国许多地方，都留下了关于禹的遗址。河南开封有‘禹王台’，传说他在治水时曾住过这里，禹县有‘禹王锁蛟井’，相传禹曾在此降伏兴风作浪的蛟龙。浙江绍兴有‘禹庙’和‘大禹陵’，传说他晚年在此大会诸侯，死在这里。”[③]整个地方的文化布局都是为了彰显大禹精神及功绩建立的，背靠会稽山，前临禹池。毫无疑问，像阮元这般的名人手迹和撰文，树立地名文化标识，会

---

① ［宋］罗叔诏：《绍定澉水志》上，清道光十九年刻本。

② 百度词条，阮元，2016/08/01。

③ 百度词条，大禹陵，2016/08/01。

起到传承地名的价值。这就是古语“地以人著，人以地显”的意义。所以碑一旦竖立起来，必然就会有文化内涵、文物价值。这种竖立与重修地名标识的做法在很多时代都有。据《绍兴市志》载：原石系唐宝历二年（826）九月郑昉撰文，元稹铭，韩杼材行书，陆洿篆额。竖于龙瑞宫。南宋嘉泰年间（1201—1204）尚存，后佚。今碑为清康熙五十一年（1712）三月会稽知县昝霦林重立并书。并且，不同时代、不同场所的标志、形式和内涵都是多样性的，是因地制宜的。

庙宇作为地名的标志，将地名文化变成了具有丰富纪念意义与礼仪文明的场所。《宝庆四明志》载：“徐偃王庙，在东地名翁浦，俗呼为城隍头。”①这是说，“徐偃王庙”坐落在一个称作“翁浦”的地方，老百姓称其为“城隍头”。又载：“《十道四蕃志》云：徐偃王城翁洲以居，其址今存。按史载，偃王之败北，走彭城武原东山下，以死疑非此。海中而韩文公为‘衢州庙碑’乃记，或者之言曰：偃王之逃战不之彭城，之越城之隅，弃玉几研于会稽之水，则十道四蕃志，或可信矣。”这段文字介绍了徐偃王在方志中的记载，他曾兵败逃到过很多地方，最后到“会稽之水”。因此，很可能当地人为其立庙，而成为“翁浦”（俗称“城隍头”）地方的重要文化标志。作为祠庙，必然会吸引当地人去朝拜祈福或举办一些礼仪活动。反过来，“城隍头”也因“徐偃王庙”成为一个有建筑标志的地名。

有关宅的地名标志，《道光武康县志》载：“孟郊故宅，在县西一里，地名孟宅保。”②可见“孟郊故宅”是“孟宅保”这一地名的文化标志。很明显，“孟宅保”这个地名的传承或许影响了孟郊故宅的维护与再建立，也影响了宅内古迹的维护。故《湖州府志》载：“唐孟郊故宅，在武康县西一里。宅傍有井，旧有孟井亭。”③一个称为“孟郊亭”的旧景，显然是受“孟郊”

① ［宋］胡榘：《宝庆四明志》四明志卷第二十，宋刻本。
② ［清］疏筤：《道光武康县志》武康县志卷二十一，清道光九年刊本。
③ ［明］张渊：《成化湖州府志》湖州府志卷第七，乐集，明成化十一年刊本弘治补刊本。

地名影响。而“孟郊故宅”也成为这一地名的地名文化标志。这里需要说明的是，宅、井也有可能不是旧时留下来的真实遗存，尤其是那些久远的地名实体。古人经常会针对特定场所的文化意义，创造性地建造某种具有生活意义的标志作为标志物。比如孟母三迁的断机堂是元代建造，后来根据故事，明清时又在边上起了一口井，命名为孟子洗砚池。这些标志都没有真实意义可寻，但却起到了很好的文化标识作用。与今天标准化地名标志相比，地名标志树立的是科学化的统一管理模式，而文化地名标识的建立是为了彰显文化。戚夫人石碑可能是为了提醒后世“人彘之祸”的悲剧①；孟郊故宅则很可能是彰显“报得三春晖”的慈爱精神；孟子洗砚池背后乃是继往圣、开来学的道统节点；徐偃王庙为赞美王“好行仁义”“仁而无权，不忍斗其人”“视物如伤”的遗风遗俗②。这些地名场所需要具有文化特质的标志物去标，包括碑、石、树、亭、牌坊、庙、宅、井等。具体采取什么形式还需要因地制宜，尽量利用所在地可能存在的地理特征和物质遗存命名。

中国传统文化当中，最突出的地名文化标志方式是“牌坊”。其文化彰显方式在《尚书》中称“树之风声”。《尚书·毕命》有载：“旌别淑慝，表厥宅里。彰善瘅恶，树之风声。”③这句话体现了一种树立文化标志，以教化民众，分清善恶的含义。其中，“文化标志”就是旌表。“旌”的本意为用羽毛或牦牛尾装饰的旗子，引申为旗帜，又引申为表彰。“旌别淑慝，表厥宅里”大意是说，用标志区别一种善恶，让人们居住的地方营造善的空间气氛。因此，孔传在解读这句话时说：“言当识别顽民之善恶，表异其居里，明其为善，病其为恶，立其善风，扬其善声。”这个竖立旌表的方式，就是为昭彰善恶，以恶为耻、以善为荣，“立其善风，扬其善声”。宋代政治家王钦

① 陈亮：《“人彘之祸”悲剧的审美考察——以司马迁〈史记〉中戚夫人形象为例》，载《中国美学研究》2015年第2期。

② 孔令远：《徐偃王的传说及相关问题》，载《重庆师范大学学报（哲学社会科学版）》2009年第1期，第85—88页。

③ ［汉］孔安国：《尚书注疏》卷第十九，清嘉庆二十年南昌府学重刊宋本十三经注疏本。

若解读“旌表”的渊源来历时说：

《周书》云：表厥宅里，树之风声，盖所以彰德而扬善也。自古令王率行兹道，若乃雄视区宇裂，疆鼎峙余，分应历希，古崇教何尝不旌别懿行？敦厉风俗？其有先贤余俗，拱木斯存。忠臣英烈，碎首不屈，孝感发乎诚，性义让兴于闾里。固守俭行，高避世纷，博施以周急，居身以挺操者，莫不严其祠祀，申之传礼临，吊加谥禀，给赐爵优锡异等。给复累世。故虽匹夫之特其敢忽诸。[①]

首先，“表厥宅里，树之风声”树立一种“地名”的文化意义，特别是人们居住的地方，其目的是“彰德而扬善”。《说文解字》解释“宅”是：“宅，所讬居之。”这个名字背后的意义是：“宅，择也。拣择吉处而营之。”“表厥宅里”可能就是很好的居住的场所，受到了表彰。浙江省大量的地名起因，都是因为表彰贤人、家族而留下的。比如，杭州湖滨街道的百岁里（原积善坊巷）之名就是为了表彰黄机家族。《钱塘县志》载：“积善坊，俗称上百戏巷，今名百岁里。冢宰黄机，祖蔡民百，岁有五因，易名西通，施水坊桥，内有幢子巷。”[②]其次，这种文化标志的做法可以划分标记居住区域，不管是街巷还是宅邸，都可以形成一个教化的空间，使人沐浴到德风，内心得到激励。自古以来，帝王率领民众的大道散布在各个区域，古人崇尚以宣扬懿行来行教化，这样自然会感化风俗。这也是为何《正德姑苏志》在“坊巷”（也就是人们居住的街巷）篇目中介绍：“坊巷，表厥宅里，自周有之，所以贤其人也。后世乃以表科第，近又以表其官，此有司崇，重激励之意，其亦甚矣。吴中古坊甚多，其巷名亦多，沿于古今并列焉。然其义则或有不可考者矣。”[③]所以，有很多前辈先贤立的拱木牌坊，还有标识

① ［宋］王钦若：《册府元龟》卷二百一十，明刻初印本。
② ［清］魏嵲：《康熙钱塘县志》卷三，清康熙刊本。
③ ［明］王鏊：《正德姑苏志》卷十七，清文渊阁《四库全书》本。

孝与义的忠诚英烈，《正德姑苏志》则强调了吴中当地“古坊”很多，名巷也很多，都是表彰科第进士、贤人，激励人的一些“文化标志”。最后，文化标志最终还可转化成为一方土地上的祠庙等纪念（祭祀）场所。地名被放置在建筑及当地人信仰的祭拜文化中去保护与延续。其中，美好的道理得以“申之传礼临”，并且不断营造一种文化氛围。所以，老百姓都不敢不尊重与遵从这样的风俗。此外，还有用土墩来标志重要场所的方式，比如曲阜的望父台、舞雩台，都是历代通过加土而筑成的土墩。

三皇五帝时期，《玉海》记录“尧表门闾”是“表厥宅里”，意思是“帝尧王天下，民有孝慈者，爱敬之。尽力农桑者，慰勉之。旌别淑德，表共门闾”[①]。这里是说，帝尧管理天下，慈孝的人就非常敬爱他们。并且尽力去做农桑的人，也去劝勉他们。并且，还在他们所居住的地方表彰其“门闾”，以弘扬这些行为。大舜是我国上古时期的一位部落首领，他以至孝和聪颖闻名，被列入“五帝”之中，奉为华夏至圣。“舜宅，戴延之《西征记》：蒲坂城外有舜宅，采永初山。用记蒲坂城中，有舜庙，城外有舜宅及二妃坛。”[②]意思是，大舜所居住的地方，被戴延之《西征记》中记载为：“蒲坂城外有舜宅，采永初山。”这是定位了舜居住地方的位置和地名，然后说“蒲坂城中，有舜庙”。可见这个城里建了一个城中庙，为纪念大舜的德行也修建了“舜宅”和他两位妻子的“二妃坛”。换句话说，城内的“舜庙”以及城外的“舜宅及二妃坛”的建筑和古迹，都成为重要的并能延续的一种文化，“树之风声”的舜文化标志体系。上虞县还有历代留存下来的标志舜的地名文化标志，如舜江。此外文化标志还可以借用自然物体，通过命名起到标志的作用，如绍兴的舜河、德清的蠡山等。古人还会以命名树的方式标志，《石柱记笺释》（卷五）记载，孔愉墓边有古木数株，坚如铁石。相传孔愉葬后，乌龟衔窠木种于此，于是称之为“龟衔树”。这也是标志孔愉放龟的美德。

① ［宋］王应麟：《玉海》玉海卷第一百七十五宫室，清文渊阁《四库全书》本。
② 同上。

## 4.3 浦江郑义门：表厥宅里

浦江郑宅的郑义门

浦江有很多家族聚居的区域，命名都源自家族姓氏。《浦江县志》有“郑宅”“黄宅”“傅宅”“朱宅”“潘宅”等，载“其以义居闻者三家”[①]。《浦江县志》还记录了明代开国文臣宋濂专门题刻的“黄氏义门碑”“郑氏义门碑”等[②]。其中，“义居”是遗留很多牌坊与碑刻文化标志的地方，是在浦江县城东10多公里的郑宅镇。当地人称之为“郑义门”。在这里，群山及小溪流淌过的地方不仅有古建筑群、古水井，还有很多郑氏家族后裔居住的新房小区。有意思的是，这一片区域不仅被国家认定为国家级文物保护单位及“江南第一家廉政教育基地”，还是一处保留“彰善瘅恶，

① ［清］善广：《光绪浦江县志》卷三，民国五年黄志璠再增补铅印本。

② ［清］善广：《光绪浦江县志》卷十四，民国五年黄志璠再增补铅印本。

树之风声”的“郑宅”地名文化的郑氏家族居住群。今天，郑义门的入口广场处连绵而立、威严显耀的牌坊群，牌匾上分别写着“江南第一家”“恩德”“凤麟”“取义成仁”“礼部尚书”等褒扬字样[①]。

郑氏一族于明洪武十八年（1385）被朱元璋赐封为“江南第一家”。“江南第一家”只是一个历史上模糊的地名符号。然而，在浦江人眼里，在“郑义门”后代心灵深处那却是块永久的圣地。“代代出清官，朝朝皆良民，只有佳话连篇，从无丑行记录。”[②]缘何这个地方会滋养并延续了这样“清廉”“重义气”的文化气氛？除了师承、山水生活文明之外，《纯白斋类稿》解读浦江“郑义门”地名及其“文化标志”是延续文脉的重要因素：

> 郑氏义门，旌表久矣，迩者余佥，宪行部经，过大书东浙第一家。五篆文以褒之，此观风职也。助尝造义门，获拜期颐之老于床下，见其长幼有序，衣冠济济。一家三代之风也。呜呼，盛哉。辄赋近律一章以纪云。
>
> 相国鸿书，护碧纱凤，林渊薮网，烟霞南方，礼义无多族东浙衣冠第一家。天上经筵资检讨里，中文学被光华，观风善俗加褒表，厚德清芬岂有涯。[③]

郑氏义门一代代竖立地名文化标志，形成了地方“文以褒之，此观风职”的教育空间。这是一篇儒学教授胡助“题郑义门并序”中的一段话。他表达了郑氏义门这个地方，被竖立旌表以表彰已经很久了。不断地褒扬与宣扬这种风气，形成了“东浙第一家”的文化氛围。并且，胡助也曾在这里看

① 2016年6月16日与民政厅走访浦江郑义门。

② “江南第一家”暗藏多少中华民族道德密码？http://blog.sina.com.cn/s/blog_722919460102vten.html。

③ ［元］胡助：《纯白斋类稿》卷九七言律诗，清文渊阁《四库全书》补配清文津阁《四库全书》本。

到“长幼有序，衣冠济济”的景象，“一家三代之风也”。对于此，胡助感慨“表厥宅里，树之风声”所塑造的文化景象。其言曰：“观风善俗加褒表，厚德清芬岂有涯。”①明代学者胡翰明确指出了牌坊的文化功能：“国朝旌表孝义，着为甲令，以风示海内，婺之浦江于是列上郑氏之行义，中书报下如故事，贤大夫士莫不闻而美之，郑氏之以义称者，盖延于天下矣。”②当时整个朝廷都在宣扬一种孝义文化，“以风示海内”，也就是借用教化风气来传播与影响社会氛围，到了今天浦江推举的就是郑氏家族的“行义”之举。他们的故事无不让贤大夫动容并称赞，郑氏家族的人讲义气，就这样被传播开了。实际上，居住在此的郑氏家族，从始居祖郑绮开始，全族内部以孝义治家，自南宋至明代中叶，长达360余年。浦江郑氏家庭如此义居，在很多朝代屡受朝廷旌表，在明代曾被太祖朱元璋赐封为“江南第一家”。《胡仲子集》称其为：“隋唐以来，孝友之家，如张公艺，宋兴王丕，李自伦之流，庶几三代之民，故世咸义之。所以，彰善瘅恶，树之风声者至矣。”这是说，隋唐以来，以孝友为顺的家庭像张公艺、宋兴王丕、李自伦这些人，一连三代都保持一种为人义气的风范。这就是“彰善瘅恶，树之风声者至矣”。从这些记载中，我们也不难推断今天许多以姓氏命名的地方，背后也必然有某种值得表彰的家族文化在，只是传承过程中，人们忘掉了其大义。

幸运的是，浦江郑家在几百年的传承过程中，这些大义以家风、家规的形式得以保留至今。郑氏家族的人在这种地方风化教育中，还制定出一套礼仪。郑氏家庭第五世郑文融，在父辈治家实践的基础上，制定了《家规》58条，后与明代开国文臣宋濂为“郑义门”参酌审定的《郑氏家范》168条，构成了郑氏二十世同居的家庭法典。《郑氏家范》融入了“和为贵”“善施与”“己所不欲，勿施于人”等内容。其精华有三：“一是厚人伦，崇尚孝顺父母，兄弟恭让，勤劳俭朴的持家原则；二是美教化，开办东明精舍，注

① ［元］胡助：《纯白斋类稿》卷九七言律诗，清文渊阁《四库全书》补配清文津阁《四库全书》本。

② ［明］胡翰：《胡仲子集》卷四，清文渊阁《四库全书》本。

重教育，且教子有方；三是讲廉政，从家庭角度制约为官者‘奉公勤政，毋蹈贪黩’。要求族人不慕宝贵，俭朴勤耕，修桥铺路，拒受不义之财，出仕者以报国为务，不妄取于民，勿玩物丧志等。”[①]如《家范》第八十八条规定：“子孙出仕，有以赃墨闻者，生则削谱除族籍，死则牌位不许入祠堂。”

---

① 陈振凯、刘铁轩：古代名人如何“廉洁齐家”，http://paper.people.com.cn/rmrbhwb/html/2015-10/29/content_1626869.htm。

新东坡酒楼

# 5 文与献互征：地名文化叙述

浙江省地名文化建设中的千年古镇认定，2016年初已经由专家评定完成[①]。地名大典、政区志、老图片、典录的编撰，已完成《浙江通志·政区卷》《杭州老街巷》《杭州老地名故事》等书籍。此外各地在地名文化建设过程中都需要对特定地名进行文化叙述，这是地名文化资源展示、地名宣传的基础工作，这些工作必然会涉及地名文化的书写问题。在此，有必要对表达地名文化的叙述方式做一个研究。地名文化叙述是城市规划、地方宣传、地方治理的文化底本，是地方建设的依据，也是地名服务的手段和重要内容。那么什么是地名文化叙述呢，它与我们熟悉各种故事、论文、文学等体裁又有什么不同呢?

地名文化叙述，不仅仅是一些日常生活中老百姓讲的故事，也不是历史学里的以历史事实为对象的事件还原；地名文化叙述不是科学分析，也不是理论色彩的观点表达；地名文化叙述不是地名语系和地名实体信息或历史的介绍；地名文化叙述不只是针对过去，也不是当代人的文学艺术性的情感表达。

## 5.1 地名文化叙述的意义

一般认为“地名文化”是在“地名语词文化和地名实体文化互相依存，

① http://news.xinhuanet.com/local/2016-01/21/c_128649975.htm.

相互转化中产生的”。但地名文化本质上需要通过语言表述出来，而表述其文化的语言不仅依托在地名语词之上，还要能够联动地理、历史、传说、诗文等的意义。浙江省民政厅推动挖掘与讲述地名故事，在《弘扬优秀地名文化，讲好浙江地名故事》一文中，浙江省民政厅定义“地名文化”为：

> 地名是分布在历史长河里的时空符号，集聚了丰富的人类智慧，蕴藏了各个时期的历史、地理、人文信息，构成了一种独特的识别、命名和用于交往的文化。地名文化的源头来自远古，它是人类文明的活化石，是宝贵的非物质文化遗产。它记录了人类探索世界和自我的辉煌；记录了战争、疾病、浩劫与磨难；记录了民族的变迁与融合；记录了自然环境的变化。它告诉人们“我们从哪里来”，让我们记得荣耀，记得悲痛，记得情感，记得认同，记得乡愁。①

这段话反映了地名的丰富性、多样性以及讲述它的挑战性。它不同于现代历史叙述，并非历史事实的分析、叙述和展示，而是“记录了战争、疾病、浩劫与磨难”。叙述不仅仅是冷冰冰地呈现过去，还要让人能“记得悲痛，记得情感，记得认同，记得乡愁”。它也不同于文学叙述，可以虚构和想象，而是承认“历史长河里的时空符号，集聚了丰富的人类智慧，蕴藏了各个时期的历史、地理、人文信息，构成了一种独特的识别、命名和用于交往的文化”。它更与科学分析不一样，并非依照地理或历史信息展现知识，而是“记录了人类探索世界和自我的辉煌；记录了民族的变迁与融合；记录了自然环境的变化”。总之，叙述要告诉人们“我们从哪里来”“让我们记得荣耀”。此外地名文化叙述不仅仅是一种表达，还要在叙述中探究，通过叙述追问地名的渊源、情感、信息和当下的意义所在。

① 弘扬优秀地名文化 讲好浙江地名故事——地名文化建设与传播的浙江探索，http://www.zjmz.gov.cn/il.htm?a=si&id=8aaf80154d9f7c58014da280cb080007。

浙江省在开展地名文化挖掘时，在历史街区景观改造、城市规划、地名博物馆建设、地名微电影、大型纪录片《大地有名》拍摄等工作中，都涉及了不同形式的地名文化叙述，探索了各种形式的地名文化的叙述方式。2008年，浙江大学跨文化与区域研究所在杭州西山风景区东坞山村进行了地名文化调研和叙述的探索。2010年启动了衢州水亭门历史街区的地名文化研究。浙江省民政厅副厅长罗卫红（时任衢州市副市长）指导并支持了这项研究。多年来，该团队先后在八卦村、廿八都、东坞山村、衢州水亭门街区、曲阜与邹城孔孟遗产地、杭州上城区、龙泉西街等地开展了一系列地名文化研究。2014年以来，省民政厅与浙江大学跨文化与区域研究所合作，开展了一系列民政文化研究，其中就包括地名文化研究。这个过程中形成一套基于《史记》等中国文化叙述的地名文化叙述范式①。其主要特点如下：

（1）地名实体作为支点：地名文化叙述虽然围绕地名语词展开，但真正作为支点的是地名实体。离开特定地点就无所谓地名文化了。因此，地名文化叙述要以地名实体为支点，才能够基于实体来思考文本的采集方向，能够基于实体穷尽不同历史时期的文化积淀。

（2）"整齐百家杂语"史料整理：围绕地名语词和实体，穷尽与此相关的各种各样文化碎片，并考证其真真假假，尤其是考证这些碎片的源流。将围绕特定地域、场所的地方志、家谱、口述、诗文、文物、场所描述、历史分析、科学考证等集合在一起，达到融汇百家学说、古今语词、各种文本典籍整理编撰于一编。

（3）"述而不作"展陈而非表达观点：把各种文献与口述的材料裁剪后，形成故事脉络，然后展陈出来。所谓展陈就是尽量以客观态度告知信息，让材料本身说话，让读者自己去判断并得出结论。

---

① 吴宗杰、余华：《〈史记〉叙事范式与民族志书写的本土化》，载《广西民族大学学报》2011年第1期。Wu，Z. J.（2014），"Let Fragments Speak for Themselves:Vernacular Heritage，Emptiness and Confucian Discourse of Narrating the Past"，*International Journal of Heritage Studies*, Vol.20（1）, pp.1–15.

（4）以问题为导向的叙述情节：地名文化的叙述具有很强的可读性，但它与一般故事又不同，它是基于真实文献的文化叙述展陈。贯穿叙述情节的是文、献的展示与道义秩序。其文本展示情节可以使用如下叙述策略：按时间先后、按事件始末、借比较陈列、用因果陈述、以编者解读的连接句。

（5）“厥协六经异传、折中于夫子”的原则：地名文化有昭彰善恶、树之风声的启迪与教化作用，为实现这一教化作用，地名文化叙述的关键在于取义。“取义”是在多元地名文化说法中，追根溯源，找到其文化源头的大义。通常，这个文化意义源于孔子及其所传承的古籍中。

（6）当下问题植入：为达到启迪当下效果，地名文化表达与宣传是针对现实问题的社会关怀。地名文化叙述不是简单的文、献集成，而是针对现实问题的文、献探究与梳理，文化叙述必然是指向现实的。现实问题可以通过情节、编辑手法等隐性方式存在，也可以通过编者解读、问题导入等显性方式出现。

（7）成一家之言：地名文化叙述以展示各种文献为主，较少插入作者的观点和评述。但作者的意图和思想也可以以清晰的总结与点评出现。地名文化叙述在某种大义引导下，编排与整理各种文、献。对读者而言，其阅读的地名文化不过是各种发生在当地并因名牵连出来的各种文化碎片，读者有充分自我解读机会。叙述到最后，作者总结概括本故事，并以《史记》每篇叙述最后的“太史公曰”方式进行点评。“成一家之言”就是作者不能将自己的话等同于文献的解读与展示，作者的观点必须以清晰的声音出现在叙述中，不能混淆视听。

值得一提的是，“地名文化”的叙述不仅可以展陈地名中的丰富多样文化及历史文脉，并且还提供地名作为一种文化资源蓝本。地名文化的叙述还是针对当下问题的，能够让读者在各种文本中进行自我解读，找到解决问题的办法。最终，它既体现“述而不作”的学术严谨性，还能让读者在解读中感受到地名文化的精神。

## 5.2 文献互征：地名文化叙述过程

地名文化叙述要经过一系列的研究过程，这包括：地名实体人类学调研；地名语词的地方文献收集；地名文与献的源流考辨和解读；地名文化意义的取义；地名文与献的裁剪性实录；最后对地名文化的深度叙述。总的来说，上述过程主要体现在三个重要环节。一是文、献考；二是取义；三是深度叙述。所谓“文、献考”，就是对地名牵连出来的古籍资料加入文化记忆进行挖掘与考证。所谓取义，就是在对我国经典古籍解读中把握地名文化价值。所谓“深度叙述”，不是围绕地名作大道义或观点的表达和简述，而是用“述而不作”的方式把中国文化大义植入地名文化各种文本展示和叙述情节当中，形成多层次、多语类、杂语风格的文化展陈。这种叙述方式类似司马迁所言：“厥协六经异传，整齐百家杂语。”这将融汇百家学说、各种知识于一编，将各种文化典籍整理编撰一部历史著作——《史记》，这是“文、献”运用的最高形式。下面分别就这三个重要环节作深入介绍。

### 5.2.1 文、献考

地名语词和地名实体里沉淀着从远古到现在的文化内涵，它以各种文本形式存在，包括口述和文物。如何挖掘这些“文本”是一项极有挑战性的文献追寻和实地采访工作，也是一个文与献的互征过程。所谓“文、献”是指基于古籍记载的“文”和留存在老百姓记忆和行为里的“献”。孔子挖掘夏、殷两地的地名文化遗产时，曾说：“夏礼，吾能言之，杞不足征也；殷礼，吾能言之，宋不足征也。文献不足故也。足，则吾能征之。”（《论语·八佾》）南宋礼学大儒张栻解释说：“‘文’谓典章，‘献’谓故老之贤者。” 东南大学喻学才教授将其概括为孔子研究文化遗产的“文献并重”理念。对孔子而言，“地名文化”背后还隐藏的是中国大地之“礼”。《礼记》载：“礼者，天地之序也。和故百物皆化，序故群物皆别。”可见“礼”是关乎天地秩序的一种意义系统。古人还称这种在地考察文化记忆方式为："礼失求诸野。"在这个意义上，做"地理实体"考察则是为现场体验、收集贤老口述记忆，以及找到叙述的研究内容。具体说来，地名的"文、献考"就是需要现场走访、挖掘和考证贤人口述和传承下来的文字史料，进而找到地名文化叙述的当下问题。

自孔子以来，大批儒林士子留下了大量可考证的地名历史"文、献"。"文、献"是寄托在乡贤记忆和史料里的意义与价值系统，包括地方志、家谱、墓志铭及其相关的正史、野史、经典和其他地方文献，同时，也包括流传下来的物质载体。总的来说，研究者需要就过去留下来的古籍和文化记忆进行"采蜜"活动。

### 5.2.2 "取义"

"取义"就是地名文化叙述中植入的地名精神或价值观。孔子曰："其事则齐桓、晋文，其文则史，其义则丘窃取之矣。"[①]这句话是孔子对《春秋》编修的评论。《春秋》是我国编年体史书，孔子认为《春秋》叙述中就包含了"义"。孔子就是从一些如齐桓公、晋文公的历史事件当中，引发了道义思考，这就是"取义"。继而，孔子之后又出现了"春秋三传"（《左氏春秋传》《春秋公羊传》《春秋穀梁传》），对"义"进行注疏与解读。这种解读大义的注疏经文方式，在学界用"微言大义"和"春秋笔法"评说《春秋》。后来，司马迁在其《史记》中也延续"取义"的史学写作方式。"我欲载之空言，不如见之于行事之深切著明也。"意思是，空洞的语言（概念或观点陈述）不如对历史事件进行细致"行事"描述来显示历史的文义。可见"取义"就是为叙述找到某种道义。那么，"大义"从何而来，其参考标

① 见《孟子·离娄下》，注疏解读为："其事，则五霸所理也，桓、文，五霸之盛者，故举之。其文，史记之文也。孔子自谓窃取之，以为素王也。孔子人臣，不受君命，私作之，故言窃，亦圣人之谦辞。"详见赵岐、孙奭：《孟子注疏》，北京大学出版社，2000年版，第267页。

准是什么呢？司马迁在《孔子世家》中评价孔子说：“中国言六艺者，折中于夫子，可谓至圣矣。”这意思是，《春秋》《尚书》《诗经》《乐经》《周礼》等“六艺”的道义都来自于孔子。孔子想要表达的大义，就是我们在各种文化叙述（包括地名文化叙述）中需要重点植入的。宋代罗愿编撰的《新安志》，也曾提及“春秋笔法”对编制地方志的“大义”启发：

> 夫所为记山川道里者，非以示广远也，务知险易不忘戒也；其录丁口顷亩，非以览富厚也，务察息耗毋徭夺也；其书赋贡物产，非以给嗜欲也，务裁阔狭同民利也。至于州土沿革、吏治得失、风俗之美恶与其人材之众寡，是皆有微旨，必使涉于学者纂之。①

上述大意是，《新安志》记录的一方水土人事历史（包括山川道里、丁口顷亩、赋贡物产、州土沿革）都是有“微旨”的。这就需要学者去考证孔子所言的“大义”再进行纂修。这就是为何在记载山川道里，不是想表达该地方有多么宽广，而是提醒“知险易不忘戒”；记载丁口顷亩，不是想表达该地方多么的富裕，而是提醒“察息耗毋徭夺”；书写赋贡物产，不是为了使人解馋，而是提醒“裁阔狭同民利”。其他的“州土沿革、吏治得失、风俗”记载，都是有“微言大义”的。从地名文化角度看，我们可借鉴这种“取义”方式来协调地名背后牵连出来的一层层历史或口述。孔子作《春秋》的目的是惩恶劝善，所谓“孔子作《春秋》而乱臣贼子惧”。而“地名文化”叙述的准则是为了“教化”和给地方注入精神。为了“取义”，我们可以通过中国经典来界定地名内涵及“大义”，以阐发道义标准。之后，地名文化叙述的“大义”就隐含在对史料及乡贤口述的排列和细节描写中。

### 5.2.3 深度叙述

“深度叙述”意味着“大义”引导下的文本展陈。它不是把地名文化

① 《新安志·罗愿序》，光绪十四年黟县李氏刻本。

当作过去的事实，而是一种启发当下的语言文化。如何把地名背后的无数历史碎片整理好而成为文化叙述呢？很简单，围绕“大义”按照时间或者文脉层次来编排各种文本。首先，将不同历史层次上的各种意义（包括实物、图片、记忆、文字、声音等）都排列起来。地名文化“文、献”集是碎片化的、开放的、多元的并有丰富文化意义的。其次，在细致分析与解读每个文本基础上，梳理出一些能对话当今经济、社会与文化问题的文脉线索。最后，在这些文脉线索基础上，我们回归到古籍经典，获取特定地名的文化“大义”；在“大义”观照下，我们将文、献及各种资料与文物都汇集起来叙述，并且在描述时，强调尊重原始文本的来源编排文本。需要指出的是，地名文化的深度叙述不是为了简单地记录和复原过去事实，而是探究过去对现在的意义。“深度”一词则是体现地名叙述背后的“大义”内核宣示。《郡县释名》也有言：“物必有名，有名必有义。”这是说，地名的“名”内涵当中必然存在大义。因此，地名文化叙述应以当下问题为开端，再利用各种文化资源进行叙述，这不是将其当作历史或文学作品，而是看作古人对地名文化深度道义的认识。同时，这些语言叙述将配合相关的图片资料，以拉近历史，启迪当今地名文化实践。

## 5.3　地名文化叙述案例：衢州“信安陈氏墓庙”

带着上述地名文化的叙述理念，我们对衢州水亭门街区“信安陈氏墓庙”这一地名进行了文化叙述的展示性分析。“信安陈氏墓庙”地处今天衢州城区水亭门街区的皂木巷内。该地名是晋代形成的，目前除了陈弘墓以外，其他建筑遗存均已消失。为了激发这片地域的灵韵，我们针对该地名做了深入的田野和史料考证，采集了大量与此地名相关的历史史料和口述。在此基础上，形成了“信安陈氏墓庙”的地名文化叙述。

“信安陈氏墓庙”地名文化遗产研究报告的“宅邸篇”，主要从孔子“慎终追远，民德归厚”（《论语·学而》）和“墟墓之间未施哀而民哀”

（《礼记·檀弓下》）之中梳理出坟墓的大义，并在众多地名牵连出来的文本当中梳理“宗族文化”文脉而进行叙述。据《民国衢县志》记载，水亭门街区存在过许多历史上有重要影响的“望族”，如有“徐天官”之称的联豸徐氏、自称徐偃王后裔的西河徐氏，以及陈氏望族、乐安任氏望族、洛阳刘氏望族等家族，他们都曾把宗祠造在水亭门街区。晚清到民国时期又迁入一些外来“望族”，如徽商叶半城家族、江山汪栋时家族等。由于时代变迁，尽管他们在这块土地上没有宗祠，但却实质性地占据着大部分民居。整体而言，“信安陈氏墓庙”的地名文化反映了衢州陈氏的社会和家族的历史变迁，呈现出根深蒂固的宗族文化。虽然信安陈氏家族在这块街区已经找不到任何后人，也没有民居，但却留着该家族始祖陈弘之墓以及曾经是墓庙（也是宗祠）的一块很大的空地及地名。这篇缺乏当今“献”的地名叙述，却能让当下人感受到“墟墓之间未施哀而民哀”（《礼记·檀弓下》）的道义。吴宗杰教授介绍说：“‘信安陈氏’在水亭门不是一个很大的家族，也早已不显赫，史料记载及人类学采访也不如其他家族丰富。那么，为何把它作为‘宅邸篇’开篇地名进行叙述呢？这是基于两方面‘取义’的思考：‘信安陈氏墓庙’的意义来自孔子之大义，即‘慎终追远，民德归厚’（《论语·学而》）和‘墟墓之间未施哀而民哀’（《礼记·檀弓下》）。这两句话也被衢州地方志所引用，体现了上文提及的‘折中于夫子’的地名文化观。”此外史料有载，信安陈氏与衢州城地名起源，还与衢州市政府开发信安湖旅游区相联系。基于深度叙述的实录风格，我们综合了不同版本的地方志、陈氏宗谱、衢州市政府文件、现场描述等不同时代的话语碎片，通过缝接产生“信安陈氏墓庙”微意，叙述了这一地名文化：

今天衢江市政府把临城一片水域称为信安湖，并作为重要的风景区来开发，而在衢州能用“信安”为宗族命名的唯有“信安陈氏”。该族家谱为此特别说明它在衢州的独特历史地位：“信安在晋为本邑号，他族无此称名，而仅见吾姓者，昭其旧也。”《衢县志》称衢州“徐王孔叶为著姓”，认为“族大支繁不能尽记”。但从文献考证，信安陈氏可算是衢州城里历史最悠久的家族，县志也承认“溯厥最先，莫若郑陈二族”。衢州望族大半是宋南渡故家，唯陈氏是从晋太康（280—289）年间从四川阆中迁到衢州。陈氏家谱曰：“吾乡著姓半皆南渡故家，凡聚族而居者各有谱。余始祖起自阆中，太康时食邑兹土，封信安侯，由来最久。”到清道光年间，该家族已“丝丝延延迄今五十余世”。

接下来，依据《文献通考》与《衢州市志》对衢州地名变迁与该家族的关系作一梳理，然后把叙述定位到留在这块土地上的古名，并从现代视角作了“墓庙”后大义失落的叙述：

今天衢州城历史最久的文保单位应是“晋陈弘墓”，坐落在皂木巷。而当年除了墓，还有庙，即陈氏宗祠，也称“宁邦侯庙”。据今天看见过这一庙宇的老人回忆，祠庙打破衢州一般家庙的坐东朝西的礼制惯例，而是坐北朝南。这可能是因为宗祠与墓合二为一，也许陈弘有着特殊的历史地位。据宋宣和三年（1121）峥嵘镇都总管亲自发给陈家的帖描述，“敕封祠庙坟墓二处，庙东墓西，各双塘为记”。

在梳理了该庙的来历、变迁、格局等历史信息后，我们继续用实录和裁剪的话语策略叙述该家族及衢州历史上根深蒂固的家族文化。叙述中的史料裁剪与情节植入对接当下社会问题，有些是出于比较和对话，有些则是出于对传统道德的彰显，并把它与南孔文化对接。对于其中可能产生的争议、矛盾和困惑，我们不加评论，只是作为地名意义的一部分加以陈述：

历史上陈氏家族曾出现过15位进士，其中包括唐武德进士、礼部尚书陈叔达，唐贞观进士、中书舍人陈元仁，宋徽宗进士、参知政事陈与义，等等。经过近一千七百年的历史沉淀，该家族形成了自己特有的文化，树大根深，一定意义上也造就了衢州城的家族文化。家谱记载了12条家规，由此得以一窥。其中首先引《诗经》“永言孝思，思孝惟则”，意思是只要有一点孝心之所思，天地也会感动，可成四方法则。族人要求不分亲疏贫富，皆当致敬尽礼。衢州当年有为子孙泽福而求吉穴的风俗，把棺材停在祠堂迟迟不葬，因此族人相约，“葬宜速，俾先人入土为安”。家族还规定“男不言内，女不言外”，“男女不相授器”，认为这样做是“古圣人杜渐防微，俱有深意”。男女间“宁以义胜恩，勿以恩胜义”，用今天的话就是不要把爱情置于道义之上。如有“纵情败度、渎乱天伦”，其名字从生至死不许再入祠堂。在婚姻上，要求不要只重富贵，而不注意婿与妇之“性行及家法”。对于亡夫之妇，首先倡导“永守清节”，家族因此申报朝廷，以旌厥志。改嫁也可以，但“毋许招夫入赘”。家规还特别规定，不准淹死女婴，自残骨肉，否则罚银，乃至送官治罪。族人相约禁赌博、兴文教，认为儒业为家族文脉所系。子孙不读书即不知礼义，但不要把读书仅看作是升官发财的途径。对于人生事业，认为“资身之良”，英敏者可以通过求学获取功名，一般人则应耕作自给或经商自食其力。家族也不提倡诉讼，万不得已不要打官司，有纠纷尽可能在族房内排解。陈氏家族将先祖留下来的文物视作家宝，祖训规定，“如有不肖子孙将遗器鬻卖者，革出祠”。这与今天的文物收藏理念非常不同，增加了一些道德内涵。这些家规家风对了解历史上衢州地方民俗有很重要的意义，而且对当今如何弘扬以“南孔”为标志的传统道德应具有现实启示。

叙述报告对近代以来的中国传统文化及其价值观的失落，以及今天传统民俗、民德之重建进行了显微阐幽的反思性叙述：

> 今天我们寻遍水亭门，陈氏子孙踪迹难寻，只留下皂木巷那块空地以及孤零零的坟冢。《嘉庆西安县志》卷四在评论坟墓之意义时曰：“礼称，墟墓之间未施哀而民哀。”这句话道出了坟墓所具有的地名魅力，即站在其间不须劝说，人们就有敬仰与悲哀之心。同时也说明，如果已经没有人去祭祀坟墓，那就意味着礼崩乐坏、世风日下、百姓悲哀。一千七百年前陈弘文武兼资，驰骋疆场，克鲜卑，不远千里，只身来到衢州，食采兹土，因家信安。他在四川的后人直至晚清仍千里迢迢来祭祖坟，但今天他似乎又成了孤魂野鬼。

对“信安陈氏墓庙”地名文化的描述也是该地理实体的意义产生过程。它既不同于一般意义上的科学考证，也不是对一个历史事实的重现，而是围绕一个地名及其实体展开的历史与现实的对话，一种对地名文化源流深层价值的探究。这样的文化叙述应该是其后地名保护、利用以及街区规划和旅游开发设计的文化本底，即地名文化基础工作。今天与地名文化有关的叙述实践欠缺对这一层次的把握。对地名文化的认定经常忽视其牵连出来的各种文献，其中一个重要表现就是常用现代人的话语去言说地名故事，或用抽象概念掩盖地理实体及地名牵连出的历史及文脉。这个地名就是衢州古城文化的印迹，由无数相互交接，体现不同时代，不同生活领域的文化肌理构成。同时，叙述使不同文化线索分而不离，体现“微言大义”的效果。叙述还提供当下地名实体的利用提示，以文字框方式插入。地名文化叙述报告中，史料、口述、文物描述、作者评说等虽然相互交叉，但来源都清晰可辨。总之，地名文化书写力图让人能看到来自不同时代的语言实录，以及涉及具体人事的多样文化故事，着力以孔子提倡的以“行事深切”来“著明”文化大义。

# 案例篇

# 地名文化跨界实践

本篇以具体地名文化实践案例，探讨地名文化与各行、各业、各部门形成的互动性地名文化跨界实践的意义。涉及的跨界领域包括民政事务，城市发展，城市历史景观修复，地方精神提升，乡村文化建设，自然景观的人文意义提升等。本篇叙述地名文化是如何渗透在社会生活的各个方面，并成为一项综合性、全民性的在地事业，同时也指明地名文化工作者在什么意义上可以服务全社会。

羲之頓首快雪時晴佳想
安善未果為結力不次王
羲之頓首
山陰張侯
王右軍題

地名文化跨界实践，是指地名文化与民政治理、城市规划、历史景观修复、地方精神提升、乡村建设等一系列跨界社会实践。其特点是，通过地名，挖掘、解读和激活地方文化资源；通过与不同领域和行业的互动实践，使地名成为一项在地文化建设；通过“地”与“名”的转化实现过去与当下、物质与非物质、政府与民间、教化与治理的联动发展。跨界实践体现地名文化社会服务的作用，即服务地方政治、经济、文化的发展。

本篇主要通过以下几个方面的具体实践案例，来阐发地名文化的在地实践。一是地名文化与民政事业，包括婚丧礼仪、养老敬老、慈善救灾、社区自治等。地名文化可以推动民政事务管理走向民政文化营造的大民政。二是地名文化与城市发展，即促进城市空间治理，城市历史景观修复，城市记忆与文脉接续，以及文化产业发展，等等。如地名文化如何为杭州大都会战略提供历史文化资源，南宋临安城地名如何把南宋150年历史物化为城市空间，杭州五柳巷地名文化如何帮助修复城市记忆，衢州水亭门地名文化研究如何促进古城文脉接续等。三是大地正名与历史回声。通过浙江省“千年古镇、古村落”的认定工作，对地名文化如何促发“乡愁”，留住“乡韵”，挖掘“乡魂”进行阐释。杭州西山风景区，东坞山村地名研究如何赋予自然山水景观以文化意义。《大地有名》大型纪录片的拍摄如何展示浙江大好河山，记录地方文脉，传承和颂扬中华文明和乡愁文化。四是地名文化与地方精神激活。吴山地名文化如何激发杭州的城市精神，提升市民热爱乡土，热爱杭州的“敬地情结”。杭州“落马营”地名文化建设，如何赋予城市地产开发以历史文化内涵，从该区域的地名历史文献中，提炼出中国特色的产业园区景观文化元素和文化产业精神。浙江地名文化博物馆建设，如何促进浙江山川、城郭、村落因地名而转化为陈列在大地上的历史和遗产。

地名文化跨界实践案例体现了地名作为一种文化渗透在社会生活的各个领域，这是一项综合性的、全民性的在地事业。民政部门需要扮演什么角色，政府需要建立什么制度机制，去推动这项事业发展，这是一个前沿性的议题。

# 1 地名与民政事业的文化转向

本节案例探讨地名文化如何与具体民政事务进行跨界互动。从《周礼·地官》挖掘传统民政文化的"在地"基础，即以地为象，"敦教化、厉士风"，实现各项安民安邦的民政治理。本节展示三项案例：地名文化意义的挖掘，与地名民政宣传的"婚登"礼仪植入；杭州百岁里地名文化与东平巷社区建设互动中，践行"色养"伺孝文化；德清孟郊地名文化为民间养老院的经营注入地方精神。

## 1.1 民政是一项"在地"事业

从古至今，地名文化建设始终贯穿在民政事务中。中国民政文化的起源是从地名实体区划开始的。故《尚书·禹贡》载："禹别九州，随山浚川，任土作贡。禹敷土，随山刊木，奠高山大川。"大禹对大地进行区域划分、命名和定位，由此形成"九州"的大民政治理空间，包括修路、筑堤、进贡、邻里等方面。故曰："九州攸同，四隩既宅，九泽既陂，四海会同。"大禹当时分别土地界线，率民疏导河流，行走高山，不仅含有防洪、救灾、恤民、安民等民政工作性质，更反映了《禹贡》如何奠定中国九州地名文化与民政工作的联系。那么，当代的民政事务该如何在规范区划、整理地名、社会服务等基础上，延续地名与民政工作互通，真正引领在地化民政事业发展呢？

我们需要重新思考，现代民政事业如何召唤、激活传统文化精神，形成对民政事业的新认识。中国地名文化都是在“因地制宜”的理念下形成的，每个地名背后大都有深厚的地方历史资源，其典故可转化为当今的教育资源。大民政文化建设要因“地”制宜，即借用地名实体和词语文化，培育民政文化新元素、新肌理和新机制。

地名文化是地名实体和地名语词的总和。简单来说，这是一项关于地的事业。中国成熟最早的政府建制由六官构成，即天（吏部）、地（户部）、春（礼部）、夏（兵部）、秋（刑部）、冬（工部）。民政属于户部，也就是以“地”作为工作基础的国家治理单位。《周礼》将此称为“地官”。“地官”是基于地名实体和地名文化展开工作的。《周礼·地官》载：“惟王建国，辨方正位，体国经野，设官分职，以为民极。”意思是，古代帝王建立国家，体察四方国境，辨正方向和位置，建立国家行政体制，一切都以民为本。可见基于地名实体和地名文化是民政工作的基础。实际上，《周礼》记载我国古代成熟的政治文化制度，并且，后来的制度演变都体现了《周礼·地官》“以为民极”的民政观。民政各个方面工作也都嵌入“地”中。故“地官”也就可看作今天民政部的历史来源。民政以“地”为意象，即“以地为象”之意。《周礼注疏》解释“地官”说：“象地所立之官，司徒主众徒。地者，载养万物，天子立司徒，掌邦教，亦所以安万民。”意思是说，以地的形象来设立一个官职“司徒”，这一职位是要管理民众。“地”承载和养育万物，天子设立“司徒”以掌管地上的民众，目的是“掌邦教”而所以安民。可见，民政是在地的一项文化事业，而且它的工作核心在于“教”。那么，何以为教呢？《周礼注疏》注解说：“教，所以亲百姓。”意思是，“教”是亲近百姓的过程，这也是为何地官也被称作“教官”。其中，“司徒”分为“大司徒”“小司徒”“乡师”等。这里把教突出来作为民政工作的要义，反映古代民政是一种通过教育百姓，来管理民政事务的文化治理方式。对老百姓的治理，是通过举天下之教化，才行天下之大道。民政事务不只是一种政府规范，它是通过“明教化，以善其俗”“抑豪右、扶寡弱”，而达到“敦教化、厉士风”的民政治理目的。我们看到，以“地”为官的治理工作最开始主要是区域划分、人口管理、养老与助残、调解民事纠纷、救灾救济等在地化的社会行政事务。《周礼·地官》载：针对凶年，有12条措施实行救灾："一曰散利，二曰薄征，三曰缓刑，四曰弛力，五曰舍禁，六曰去几，七曰眚礼，八曰杀哀，九曰蕃乐，十曰多昏，十有一曰索鬼神，十有二曰除盗贼。"平时采取6条措施来养民："一曰慈幼，二曰养老，三曰振穷，四曰恤贫，五曰宽疾，六曰安富。"顺民心，依旧俗，在6个方面安定民众生活："一曰宫室，二曰族坟墓，三曰联兄弟，四曰联师儒，五曰联朋友，六曰同衣服。"

进一步说来，民政（地官）的"大司徒""小司徒""乡师"三职分别代表着民政工作的三个方面：区划、教育与服务。这些工作并非简单的服务或批准工作，而是真实地在地方考察，或营造某种文化空间来行使的民政服务。《周礼》载："大司徒之职，掌建邦之土地之图与其人民之数，以佐王安扰邦国。以天下土地之图，周知九州之地域广轮之数，辨其山林、川泽、丘陵、坟衍、原隰之名物。"意思是，大司徒的职位是掌管土地的区划与人民户口，以辅佐君主安定天下。大司徒借用天下地图，就可知道九州地域的广阔样貌，并辨别其中山林、川泽、丘陵、坟衍和湿地来命名的地方。可见最初地名命名与区划认定，是以地图来辨别一些具有自然地理风貌（山林、川泽、丘陵、坟衍、原隰）及坟墓的地方。对于小司徒的职责，又载："小司徒之职，掌建邦之教法，以稽国中及四郊都鄙之夫家九比之数，以辨其贵贱、老幼、废疾。"意思是，小司徒是掌管地方教育的。小司徒会考察国内与四郊所住的人家，辨别其中贵贱、老幼及废疾之人，即精准扶幼养老，抚恤病疾残废之人。民政意义上的帮助，不只是政府直接出资出钱，而是通过教化一方百姓，大家一起来帮助。因此，本质上是教育形成的抚恤文化。在基层从事民政工作的称"乡师"。"乡师之职，各掌其所治乡之教，而听其治。以国比之法，以时稽其夫家众寡，辨其老幼、贵贱、废疾、马牛之物，辨其可任者与其施舍者。"意思是，乡师掌管他们所治理乡一级的教育，也就是通过教育四乡邻里，辨别需要帮助的人和有能力帮助的人。这种以教育实现民政治理，就是通过文化实现老百姓的地方自治。大家不仅能辨别“老幼、贵贱、废疾、马牛”，也能明白谁有能力提供帮助。小司徒要辨别各类鳏寡孤独者，教育民众给予帮助、提供服务。需要特别指出的是，这样一种以教化为手段的民政治理，就是当今从民政管理走向民政文化的核心理念。

浙江省民政厅在开展民政文化和地名文化建设中，下基层考察走访，省方问俗，挖掘地名文化资源，并带动专家学者及地方民政工作者，智慧众筹，以传播载体（微电影、纪录片、博物馆等）进行系列民政文化实践活动，以达到“明教化，以善其俗”，亲百姓，以修民政的目的。微电影《恋恋西塘》弘扬在地慈善精神；《云在树上》倡导符合传统礼义的现代婚姻礼俗。从领导、专家调研、谋划到拍摄、制作，微电影成形都历经数月，调动各方力量参与。在三门县，浙江省民政厅鼓励地方民政系统挖掘三门湾地方传统礼仪，重构当代民政礼仪。在拍摄《德清若水》微电影时，浙江省民政厅利用马福建敬老爱老的当代大孝子案例，以及德清《游子吟》一诗的孟郊地名文化，大力弘扬民间机构“莫干山老人乐园”敬老爱老抚恤精神。民政部门各级领导，在德清走访孤寡残疾等需要帮助的群体时，利用本地乡贤参事会，“辨其可任者与其施舍者”，由此，营造现代形式的“教化安邦”的民政文化。这些做法体现的就是《周礼》设计的“地官”的角色，即通过教化营造老百姓守望相助的风气。

简而言之，民政工作精神就是辅佐中央“教化安邦”。该理念在《周礼·地官·序官》中记载是：“乃立地官司徒，使帅其属而掌邦教，以佐王安扰邦国。”这种在地民政工作理念的核心就是通过实地省方问俗，赏善罚恶，挖掘地名文化资源以实施教化。这种在地化民政工作模式，唐代就有“安民立政”之说，北宋也有“修治民政”之论。可见，在地“民政”囊括了全部民众事务管理职能。虽然，“民政”从南宋始特指部分行政事务管理，并隋唐时建立及以后沿用尚书省户部民政事务管理基本体制，但是，民政工作始终没有脱离“地方文化建设”的理念。由此，形成管理地方行政、地方自治、行政区划、警务治安、户口管理、风尚习俗、灾荒政务、移民事务、宗教寺庙、丧葬事务等社会事务的职能[①]。近代的民政机构建立与完善，还逐渐形成与完善老幼残疾、贫民、游民之救济与教养，及贫病、医疗的补助，救济机构与慈善事业的设置。从古至今，一个完整的民政机构事务就是广施教化已达到养民的目的。故近代理论家郑观应在《盛世危言·农功》中解读历代帝王设立“地官”为“教养”之官，曰：“稽古帝王之设地官司徒之职，实兼教养。”唐代武则天意识到了地名文化建设工作的重要性，还曾改户部为地官（旋复旧），亦以“地官”称户部长官。因此，我们在唐代韩愈《祭马仆射文》的诗句中可以看到“地官”二字：“帝念其功，还公于朝。陟于地官，且长百僚。”对此，马其昶校注“地官”为户部尚书，谓：“守户部尚书。”安邦乃人民幸福之保障，教化乃国家富强与文化传承之动力。“掌邦教、安邦国”的理念，在我国地名文化工作、在民政事务当中延续了几千年。在这个意义上，地名相关地理实体不仅代表了民政工作的实体平台和传播载体，更是民政文化的土壤与最终精神归属。

习近平同志曾指出：“中国优秀传统文化的丰富哲学思想、人文精神、教化思想、道德理念等，可以为人们认识和改造世界提供有益启迪，可以为治国理政提供有益启示，也可以为道德建设提供有益启发。”[②]新时代的民政文化，应该从“地官”中汲取民政管理和民政文化建设的精神营养，即以“教化安邦”民治理念，推动民政服务管理，向民政文化建设的方向转向。

## 1.2 以地名文化为“婚登”注入礼仪：析《云在树上》

今天，民政工作正从事务管理走向文化建设。借用新媒体，地名文化传播引领了民政文化新气象。近两年来，浙江省民政厅借助“嘉善”地名文化，挖掘、打造并宣扬向“善”地方精神。以嘉善“西塘古镇”为平台的

① 蒋昆生、王杰秀主编：《民政概论》，北京：中国社会出版社，2012年版，第2—4页。

② 让中华传统文化撑起民族精神的“脊梁”，http://cpc.people.com.cn/pinglun/n/2014/0925/c241220-25736234.html。

《恋恋西塘》公益微电影开启了地名文化传播新模式。之后，省民政厅支持嘉善县民政局协助拍摄《云在树上》。从民间力量发动、实地考察到拍摄，《云在树上》文化实践都贯穿着各个部门挖掘与解读地方文化，智慧众筹的工作精神。2016年4月，省民政厅领导召集厅宣传处、社会事务处、区划地名处、浙江老年活动中心及嘉善县民政局、嘉善县大云镇和萨迦文化创意公司负责人，就婚姻文化、地名文化对《云在树上》的剧本和拍摄工作做了研究[①]。《云在树上》开机仪式在嘉善县大云巧克力小镇举行，也借此联动相关包括浙江大学的地名学者、民政厅各个部门及文化公司共同讨论、参与进电影拍摄过程[②]。依托地名文化实体，可以说，这就是新时期“乐礼教和”“以俗教安”的民政文化建设过程。

《云在树上》剧照

① 浙江省民政厅策划的微电影《云在树上》开机仪式在嘉善县隆重举行，http://lqmz.luqiao.gov.cn/InfoPub/ArticleView.aspx?ID=203227。

② 浙江省民政厅副厅长罗卫红召开座谈会　研究微电影《云在树上》拍摄工作，http://www.ykmz.gov.cn/xinwen/show.asp?i=493。

《云在树上》微电影的拍摄有何现实意义呢？最近十几年，婚礼酒宴出现大吃大喝与铺张浪费的摆酒席现象。自2003年10月1日国务院《婚姻登记条例》实施以来，各省份各级民政部门认真执行《中华人民共和国婚姻法》《婚姻登记条例》和民政部《婚姻登记工作规范》。在坚持依法行政，不断提升服务，努力打造群众满意窗口的基础上，很多市区提出在婚姻登记处颁证大厅的礼仪民政做法。新华网评论说："民政部门倡导结婚登记颁证仪式，把开展结婚登记颁证服务作为促进婚姻家庭幸福、推动移风易俗改革的重要举措。"[①]在此背景下，浙江省各级民政部门婚姻登记机关的"婚登"文化建设各有特点，亮点纷呈，比如三门市开展婚礼登记处试点，重建中华传统婚礼仪式文化；浙江省民政厅倡导勤俭办婚礼的风尚，利用婚登场所，实现婚礼作为两家之合，且象征国家婚礼文化传承的礼仪活动。对此，浙江省民政厅领导说："我们希望微电影能倡导文明节俭的办婚新风尚，改变'轻登记、重婚宴'现状。"[②]

"大云"如何给民政事业带来文化资源呢？《云在树上》微电影的拍摄，将民政所做"婚登"工作与地名文化传播结合了起来。《云在树上》借用"大云镇"（位于浙江省嘉善县）的"云"字，为微电影命名。而电影中的男女主角，曹大树和叶小云，也是"云"文化引申出来的名字。"大云"[③]是一处自然风光优美并安宁的地方，"云"在《说文解字》载："古文省雨。""云"的意思是"省雨"。又曰："古文上无雨。非省也。二盖上字。象自下回转而上也。"如云中没有雨，就不叫作省。而这个过程称作"上"，意思是自下而回旋向上。故曰："云，旋也。此其引申之义也。"云聚得雨，滋润大地。"大云"可能正是这种独特的"云"现象，十分美好，得以此地名。明代《嘉兴县志》还记载"大云乡""大云河"

① 民政部倡导结婚登记颁证仪式　引导节俭婚礼新风，http://china.findlaw.cn/news/jrzx/58442.html。

② 浙江民政微电影《云在树上》传递婚姻正能量，http://finance.sina.com.cn/roll/2016-05-26/doc-ifxsqtya6118742.shtml。

③ ［明］罗炌：《崇祯嘉兴县志》卷一，明崇祯十年刻本。

与“大云桥”等一系列以“大云”命名的地方。万历年间当地的一座寺庙华严庵也曾更名“大云”。《嘉兴县志》载：“大云庵，在北板坊北天字圩。万历初，楚僧明与号大云者，创建初名。华严庵后改大云庵。”今天的“大云”还被创造性地改成了一个名为“巧克力甜蜜小镇”的主题公园。媒体评价这个地方说：“以当地自然乡村田园风光为背景，保留原始水系和原始风貌。”[①]《云在树上》微电影内容也被这种自然现象所感召，借用“大云”之云的寓意形成“云在树上”的爱情寓意。浙江省民政厅领导说：“云可以化成细雨滋润树的根，大树也可让云停留栖息，《云在树上》形容夫妻之间应该携手互助，白头相守。‘云’与‘树’不仅是剧中主角的名字，更是拍摄地‘大云’的地名，将地名文化与影片巧妙地结合在了一起。”[②]拍摄过程中，“大云”包含了甜蜜与爱的氛围，自然风光被阐释为“婚仪”的意义，这样“云”地名意义自然也就链接了民政事务的“婚登”工作。

《云在树上》是如何宣扬民政文化工作的呢？电影故事记录了一对夫妻因丈夫患有绝症的悲情故事。他们结婚的场景就是今天民政礼仪的婚登过程。所谓“礼仪婚登”，是在浙江省很多县市区的婚登场所当中，专门于婚姻登记处颁证大厅为新人推行免费的婚登礼仪。“婚登礼仪”是民政婚登部门的一项常规服务。据杭州余杭“婚登处”的领导介绍，婚姻登记处颁证大厅进行的场所是根据国家标准设立的。办证大厅一般有国旗、国徽、颁证台及台下两组座位布局。“婚登”由民政工作人员担任司仪及领导担任颁证师。整个“婚登”过程是在婚姻登记处颁证大厅这样一个文化空间中进行的。在电影剧本中，婚姻登记处颁证大厅墙上贴了个大大的“心”字，“心”字里面贴了大红“喜”字。大厅空间里装饰了彩带，气氛温馨喜庆。男方的母亲坐在

① 省旅游产业特色小镇调研组来善调研，http://jsb.jsxww.cn/Html/Jsb/20150420/Jsb63966.html。

② 征求微电影名字：《云在树上》还是《天空下雨》？，http://www.19lou.com/forum-291-thread-9371449712533568-1-1.html。

右边最前排，其他亲友在旁边。中间是新人行走的过道。颁证台旁有一个大屏幕，大屏幕正中又闪出他们的婚纱照，最后跳出字幕：“曹大树与叶小云结婚登记颁证仪式”。整个“婚登”的过程，由民政工作者方刚引领并由新人亲友参与和见证。婚登员方刚说：“请二位面对庄严的国旗和国徽，一起宣读《结婚誓言》。”

> 我们自愿结为夫妻，从今天开始，我们将共同肩负起婚姻赋予我们的责任和义务：上孝父母，下教子女，互敬互爱，相濡以沫，钟爱一生！
>
> 今后，无论顺境还是逆境，无论富有还是贫穷，无论健康还是疾病，无论青春还是年老，我们都风雨同舟，患难与共，同甘共苦，终身相伴！

“婚登”服务体现中国传统婚礼的精神与文化，即《礼记·昏义》所言：“昏（古同婚）礼者，将合二姓之好，上以事宗庙，而下以继后世也，故君子重之。”民政“婚登”文化首先表达的是，婚姻并非只是两人的仪式，更是表达两个家庭之结合的意思。婚姻的意义在于上以接续祖先，下以既往后世，以此传承中华民族血脉相承的家族文化。而国家政府工作人员“婚登”仪式的主持，代表了国家见证两家之合。工作人员使新人庄严地在国旗下宣誓，宣誓词及后来美满的婚姻也将是传承中华民族婚姻文化的过程。我们看到，“婚登”场所空间布置、参与人物、婚姻誓词不仅体现了婚礼喜庆的场面，也还隐含着传统婚姻礼仪的精神。颁证过程中具有“昏义”的婚登工作，也从侧面反映民政事务是落在婚姻登记处颁证大厅中。无论是新人还是政府工作人员，都在实践着婚礼仪式。他们的一举一动，也都践行着这个文化空间（婚姻登记处颁证大厅）的意义。而短短十几分钟的颁证仪式，既庄严、隆重，又文化、朴素。它正是今天民政文化所倡导的节俭婚姻礼仪风尚，温馨与庄重。台下的亲友代表两个家族（男方：曹氏；女方：叶氏），两个新人宣誓及念词，体现了中国传统“昏礼者，将合二姓之好”的观念。在此意义上，政府工作人员以国家的名义，实际上见证了两个家族的结合。国徽下面庄严宣誓，颁证员的主持说明婚姻不仅是家庭之间的事宜，也是传承中华“昏义”文化的过程。《云在树上》还专门邀请浙江电视台著名节目主持人席文先生作为特邀颁证师，提高文化宣传效果。

总体而言，“大云”地名文化传播是落实在婚姻民政工作中的。它是一种在地实践的民政服务文化工作。正因如此，浙江省民政厅领导评价：“《云在树上》实际上反映的是我省婚姻登记工作的扎实开展。”《云在树上》的地名文化实践，是以教化作为民政工作的重要手段，通过微电影的文化实践，引导年轻人以符合中华礼义精神，破除大吃大喝铺张浪费的婚礼风俗。它以“大云”地名实体作为舞台，“大云”语词文化作为资源，正在形成“掌其所治乡之教，而听其治”的民政文化建设新范式。

## 1.3 前世今生“百岁里”，侍亲奉养愉色间①

本小节介绍杭州湖滨街道积善坊巷（原名“百岁里”）的“色养”文化。通过对已经被遗忘的坊巷地名文化进行挖掘，进而走进今天的百岁老人家庭。以古今会通的方式，激活并接续坊巷里的孝亲色养之孝。结合历史街区景观改造和城市记忆修复，将这一文化以“表厥宅里”的方式重现植入地名实体，被称为“百岁里孝亲旌表行动”。“色养”文化是百岁里地名文化的要义。今人对什么是色养之孝已经不太清楚，《论语·为政》记载：“子游问孝。子曰：‘今之孝者，是谓能养。至于犬马，皆能有养；不敬，何以别乎？’子夏问孝。子曰：‘色难。’”意思是孝敬父母要顺其色则亲安之矣。孔颖达曰：“言孝子对神容貌敬慎，如执持玉之大宝，如奉盈满之物。”《礼记》曰：“孝子之有深爱者，必有和气；有和气者，必有愉色；有愉色者，必

① 本节改编自2015年度浙江省民族政策理论重大委托课题：礼仪民族试点研究（ZMWT201501）部分内容。

有婉容。”

### 1.3.1 “百岁里”的前世今生

在今天杭州最繁华的历史街区湖滨街道，过去曾经有一个叫“百岁里”的小巷。据《武林坊巷志》记载，这条巷原来叫“积善坊”，又因为南宋时这里是许多伎艺人活跃的地方，故俗称“百戏坊”。到了清代，积善坊巷被改名为“百岁里”，原因是这里曾经有一位老人活到了104岁。《康熙钱塘县志》记载：“积善坊，俗称上百戏巷，今名百岁里。冢宰黄机祖母蔡氏，百龄有四，因易名。”[①]但这倒不是完全因为老人长寿才易名，最重要的是有一个以孝事亲的黄氏家族，代代教子孙慈惠有方。黄克谦，蔡氏的儿子曾是明万历戊戌进士，为工部主事，榷税荆州。后调兵部，历升郎中。为官时曾有缙绅为武吏求迁，克谦正词拒之，言者赫然退。然而他终生未尝以其姓名告人，亦未尝以廉自诩也。在家中，早年丧父的黄克谦，因殓葬时不能亲自“视父饭含”，每每谈及此事而凄然泪下。为此他对母亲竭尽色养之孝，即承顺母亲颜色。《康熙仁和县志》是这样记载的：“克谦性至孝，以不及视父饭含，每言及泣数行下，事母尽色养，友爱诸兄，耻言人过，子孙相传以为法。”

黄家的家风代代相传，百岁老人蔡氏的孙子就是清朝吏部尚书、文华殿大学士黄机，更是以“事祖母蔡以孝闻”。《康熙杭州府志》记载他“少孤”，也就是从小失去父母，但他把孝心都倾注在祖母身上。顺治二年，蔡氏以一百有四去世，朝廷旌表百岁，建坊。关于蔡氏本人，《康熙钱塘县志》记载她：“端静简厚，无他嗜好。教于克谦、孙机，俱慈惠有方。”[②]《黄氏家谱》刻画黄孺人蔡氏：“名阎母仪，熙朝女瑞；勤操井臼，隆孝养于当年；赞迪诗书，衍体样于奕叶。”由此可见，这位百岁老人乃以教儿孙孝道有方故得贞寿，而百岁里也是为“光圣明之雅化”而得到“钦赐旌表建

① ［清］丁丙：《武林坊巷志》卷四，杭州：浙江人民出版社，1990年版，第367页。
② 同上。

坊”。红学家土默热在其《三生石畔勘红楼》一文中写道：“《红楼梦》中的‘东海缺少白玉床，龙王来请金陵王’的王家，其生活原型，乃是这个杭州四大家族之一的黄家。”[①]据《清史稿·黄机传》记载，黄机乃顺治四年联捷二甲廿七名进士，选庶吉士，授编修，受命典试江南。累迁礼户刑吏四部尚书。清康熙癸丑历会试正考官，擢光禄大夫、太子太师、文华殿大学士兼吏部尚书。《红楼梦》中王子腾的生活原型就是这位著名的“太平良相”黄机，当时可谓位高权重，难怪《红楼梦》中写他升任“九省都检点，再提内阁大学士”了。另外书中王夫人原型就是黄机的女儿，王熙凤的原型是黄机的孙女。至于在那位德高望重的“老祖宗”贾母身上，是否能看见蔡氏的影子几乎可以成为充满蕴意的文化想象。

前尘往事如云烟，如今的积善坊巷，黄氏故宅已不得见，百岁里的名称亦不可闻。重访曾以孝亲闻名的湖滨街道——无论在积善坊巷间、东平巷里，还是光复路上，老人们的身影随处可见。他们在家门口摆起小摊，或在夕阳余晖中熟练地编制着传统鞋垫；或是退休大妈老伯，从市场买菜归来，独步于小巷里弄间。老人们经常成群地围坐在一起，唠着家常，这里还生活着几位百岁老人。在位于东平巷社区羊血弄的一处旮旯墙壁上，张贴着表彰这里许多动人的孝亲故事。其中有一张姓家族，似乎正应了清代张铖所作《上百戏巷访前大学士黄文僖公故宅》一诗：“里名百岁亦名堂，遗址惟间姓氏香。”[②]

### 1.3.2 百岁老人张志清[③]

宣传画中孝亲之星为张云仙，她的父亲是位百岁老人，名叫张志清（1915年七月初七生）。张老已在这里生活了60余年。据他大女儿张云霞（1942年生）回忆，东平巷这条路原先有条河，唤为炭桥河。新中国成立后

① 土默热：《三生石畔勘红楼》，长春：时代文艺出版社，2009年版，第42页。
② ［清］丁丙：《武林坊巷志》卷四，杭州：浙江人民出版社，1990年版，第375页。
③ 根据张志清老人及大小女儿采访录音整理。

才被填成了路。史料《咸淳杭州志》这样记载“炭桥”：小河。芳润桥，义和坊内，元名炭桥。南属钱塘，北属仁和。故而，如今张老先生所住的光复路，便是百年前义和坊内的炭桥一带。而在这条坊巷间，百年前，曾流传着慈惠有方的家族故事。《成化杭州府志》《万历杭州府志》所记，有一

孝亲之星——张云仙

位名为陈昊的男子：“自幼孝偕父母，友翕兄弟，出赘于顾，得贤配。虽不日侍舅姑，而爱慕奉养殊切。居三年，生子鉴。再二年，顾卒。人视昊凋悴，劝之继。昊曰：‘吾幸有子可嗣后，继何为？’”①

而今，走进张老先生家，眼前这位面色红润，留着齐耳短发，身着紫底白碎花羽绒夹袄，正笑盈盈地在厨房忙活着的张家大女儿，仿佛正延续着曾经义和坊内慈孝有方的家族故事。穿过客厅，这间大约只有六七平方米的小居室便是张老先生的卧室。一入房间，就能感受到它温暖祥和的气氛：卧室温度适宜，打理得干净整洁。转身便可看到靠门墙壁一侧的床上，一位身穿黑布棉袄，鹤发童颜的百岁老人收拾得妥妥帖帖，盖着青花色棉被，背靠着床头，正聚精会神地看着床对面电视机里热播的一部讲述民国传奇故事的电视连续剧《闯天下》。

据张云霞介绍，“老头子他心态蛮好的”，平时爱看足球。当问起张老喜欢哪个国家的球队，他却幽默地对答：“哪个国家，搞不清楚，哈哈哈。”张家邻居送给老人一副对联，其中有句“清静无争百岁诀”，道出老人长寿的秘诀。大女儿望着床上的老爸，介绍起了老爸引以为傲的事迹：“老爸会游泳、下棋、打篮球，还曾经一个人骑自行车，从杭州到安徽老家大浦！”原

① ［清］丁丙：《武林坊巷志》卷四，杭州：浙江人民出版社，1990年版，第440页。

来，张志清老先生和妻子并非土生土长的杭州人。据老先生回忆那时还是国民党当政时期，在29岁那年，为了躲避抓壮丁，他不得已离开了老家安徽。当时他已经成家，抱着只有两三岁的大女儿张云霞，和妻子背井离乡，一路辗转来到了杭州，共育有三双儿女。而在老家安徽大浦，他还有其他兄弟姐妹。

张家兄弟姐妹们经常见面，小女儿说，“我爸爸要是有一个感冒啊，比如上次一个手指头不舒服，大家都要来看他，都要来关心他。我去配中药，他去配西药。我去问中医，他去问西医，一家子女都忙起来。”平时每星期全家都会团聚，孙辈们也都过来。过年过节更不必说，都要陪老人一起吃饭。

### 1.3.3 “得父母于容色之间”

当问及老人卧室窗外摆放的一盆盆花草绿植时，大女儿解释道：“老爸不出去，我们就给他买了看嘛。”她说最近几年，“天太冷，天太热，心脏受不了，我们都怕他生病，就不让他出去了。就是不冷不热的时候早上陪他出去逛一会儿。以前不用陪的，就是最近两年我们陪着他，因为上次给碰了一下。头上扎了两个洞，还动过手术。”这时，在旁看电视的张老先生突然开口笑眯眯地说：“我，三个女儿三个儿子。”小女儿似乎听出了老人话语的那份幸福，忙解释说：“当然子女孝顺哦，这都有关系的。”

当询问她平时对老人的照顾，小女儿有着说不尽的话题：“都很细的！因为老爸年轻的时候他都吃得很少的，所以他说过：‘年轻的时候，他们叫我干活，做做……他们都一碗饭伸过来，我看了都“害怕”。’”从年纪轻的时候老人胃口就不大，别说现在年纪大了。于是子女给他每天吃饭顿数多一点，一天要五六顿，每次吃少一点，食物要剁得很碎，要么就搅一下。老人的牙齿已经是戴了30多年的假牙了，虽然不会掉，但牙肉萎缩了，假牙和牙肉脱开了，吃什么东西，都要剁得很碎，即使这样他都要吐渣滓。所以他还是贫血，什么东西都给他搅拌，就算猪肝也给他搅碎。小女儿说：“我已经烧得很嫩了还给他搅碎。虾仁我都剁得很碎；肉沫都剁得很碎；鱼都是鱼片，大鱼烧起来，中间肚子给他弄一点。想着办法让他多吃一点。想吃水果的话，今天换这个，明天换那个，给他皮削好了，切成一片一片。他吃两片就不想吃了，肯定不够啊！我又想办法，怎么办呢？我这有榨汁机，榨成糊，而且他又不能吃冷的，我放一点点温水进去，冬天温水还不够热，我就先一块块切好以后，弄到碗里放微波炉里热一下，然后再加点热水，搅拌，搅成糊，半碗多。”

“跟小孩子一样的啊，面条一定要给他弄碎，一段一段的，用水给他泡一下，然后再给他烧。像稀饭那样，一会儿放什么东西给他放在一起，像他舌苔有点厚了，马上开中药给他吃了。然后下一次萝卜剁碎，放点火腿，用水烧着一起吃。天气不冷，我就给他梨吃的多，又润肺。前阵子，我就给他榨成水喝。”小女儿一边望着老爸，一五一十地讲起照顾老爸的细节，“香蕉，我就给他热，整个放进微波炉里给他热一下，剥皮给他吃。他也就吃半个。有时候我就剥开后切开，用开水给他泡泡。现在西瓜不太好，反季节的。像夏天，西瓜我就给他榨成水喝，现在西瓜就不给他吃。”

“现在我的心啊，都放在他身上！有什么事，一般我都不参加了。我以前文体活动很多的，打腰鼓，打军鼓，跳跳舞，都要跟大家一起去活动，现在早就取消了。已经10多年了。”说到自己的生活，小女儿只是轻描淡写地略过，目光依然停留在老爸身上，接着讲，“我告诉你们，一个老人在家里，要没有气味，我尽量给他用好的东西。上次他吐的痰，吐了以后他就扔下去，不用盖子，尽量给他方便。那个马桶给他放边上，冬天起来，还要走几步，晚上睡觉前，我就想了个办法，把它放在床头边，他一起来，屁股坐下来就行了。”小女儿讲起对老爸的起居的照顾，相当有经验，“里面有个塑料袋，有时候他大便一天两次，三次；拉一点点，拉一次我就给他倒一次。一兜兜我都给他扔掉了，保持房间干净。”

“我上次7月份时候脚骨折了。这真是急都急死了。待在家里，担心老爸。刚开始在家里，我动都动不了，后来过了两三个礼拜好一点了我就过来。我们姐姐也过来了，但我觉得姐姐年纪大了，再一个姐姐吃素的，像我这样子给他照顾，他还是贫血，心里还是很难受啊。我就尽量过来，给他弄点吃的。我弟弟让我调休几天，我觉得弟弟他烧不来的。”小女儿已经摸索出一套照顾老人的方法了，父亲也习惯了。“后来我说不要紧，情愿这只脚走得慢一点，我说还是我来照顾。现在我的脚还没有完全好。一定要好好休息，才能好得快。走得多了，就好得慢。”

菜场离家不远，买菜不一定天天买。“平时我们都是两个人吃，全部是以他为主的，不走远的。早上把他的事情全部做好弄好以后，到九十点才能出去。譬如说到超市里买一点，等他中午吃好弄好睡觉了，骑自行车到超市里买点东西。不买东西我就是自己休息一会儿。我这样，爸爸好像很舒心一样。”说到如何让爸爸舒心，她说：“我爸爸啊，他不表示对你怎么好，但他心里知道，谁好谁不好，他不说，从来不得罪人，他就是这样。以前在单位上班的时候也是这样，单位的同事，跟我爸一个车间里面的就是这样说，他就这个脾气。”小女儿解释，“他不说人家坏话，什么都不放在心里，都是笑嘻嘻、笑嘻嘻的。兄弟姐妹来了，都爱开玩笑。一走了，我们伸出手说，‘老爸，来！’喏，‘嘭’一下（击掌）；‘老爸，来，三下！’‘痛！’他说：‘你力气这么大的！’哈哈哈……”小女儿绘声绘色地描述着老先生平时有趣的地方，屋内一片欢声笑语。

“前一段时间因为他手指头痛，猜测是痛风、积血，就去医院查一下，发现肾功能也不好，尿素也高。哦哟哟，我要急死了，找所有管他的医生。医生说我这里有个药还没有用，我又跑到医院挂号去问，再跑去肾科医生处配点药给他。而且多喝水，一个小时给他喝点。喏，这个热水瓶，一个小时给他吃点。靠他自己他不会喝的。我就一个小时给他倒点，一个小时给他倒点。为了方便，再弄个凉水，兑着喝。”小女儿拿起老人床头的氧气管说道，“这个氧气罐，是他不舒服的时候，就给他吸吸。”

据社区工作人员讲，他们跟这家也比较熟悉。因为百岁老人比较少，所以张老先生在这一带也称得上是一宝。说起来，像他这样每天很开心的样子，脑子也很清晰的老人，的确是越来越少了。

“他到时间就自己睡觉了。他不大说你们的。”说着，小女儿到老人跟前轻声唤道：“老爸，你喝点水。我说你喝点开水像喝白酒一样，抿一下，抿一下。”小女儿很自然地跟老人开着玩笑。

“家里的花我一年四季都给他买，谢掉了，没有了我就再给他买。给他外面弄点风景蛮好。”小女儿望着窗台上摆满的花草笑着讲起来。“像这些花啊，金鱼啊，都是外孙女买的。鱼我以前不会养，都死掉了，我问爸爸喜不喜欢，他说喜欢，喜欢我就买回来再养，现在也学会了。”小女儿道。“我一个礼拜给他换换衣服，全身全部擦一遍。他自己也会擦，为什么让他自己擦呢？锻炼锻炼，活动活动。比方说手指头痛，我每天给他换棉毛衫、内衣吧，我都里里外外全部给他擦一遍。我说：‘你累不累？’他说：‘还好，都是汗。’他说：‘你不累？’我说：‘我累。’他说：‘你累，我是不累，你这样干活累。’”小女儿讲起她与老爸的对话，不禁笑了起来。

她常说，有老人在就是我们的福气。“因为有的就是想管，早就走了，没这个孝顺的机会。有这个机会，我就要把握，凭我的力量，凭我能做到的。兄弟姐妹有其他事，有孩子嘛。说实在的，为此我放弃了很多。我妈妈以前身体也不太好的，每年冬天都要住院的。那时候我妈妈都在床上的，20年了，我都一直照顾她……现在我才找了一个，算是有个伴儿。说实话，这是不容易的事情。我凭自己……”小女儿几乎把一生都奉献给了老人，提到这些，总不愿多讲。然而，像张家小女儿这样能够在侍奉父母多年还常常保持和颜悦色，平心静气，承顺父亲颜色，是很难做到的。而这或许也正是孝的关键所在。

### 1.3.4 耄耋之年病惊心

看着老人今天还如此健康，然而十几年前他已经过鬼门关数次。小女儿讲道：“86岁那年，他那天去理发，回来路上自行车给他碰了一下，当时没有摔倒，就脚崴了一下，就手揿了一下，脚破了。后来到邵逸夫医院去看，拍了片子，拍了片子这个医生说这个骨头只有40岁的骨头嘛！当时就好了，没事。但是后来过了一个半月左右，他感到头晕头痛，我问他怎么回事。心里想肯定是年纪大了，供血不足，就抽了点血。但往下去变得还要厉害，就到邵逸夫医院去拍了个片子，医生问有没有摔跤过？我说没有啊，他说肯定有摔跤过了，后来一想，哎呀，那个时候拐了拐嘛，脚就年纪大了，他血管很脆弱，很小的小细管破了，慢慢慢慢往外渗血，后来叫我们动手术，那时候吓得我人都发软了，从来没有过的事情。后来我们跑这个医院，跑那个医院，找这个医生，找那个医生，联系一个省中医院的，他看过一个跟他一样的病，然后呢是70多岁，用保守疗法给他治好了。那时候我们又给他转那里去，但邵逸夫医院说你这个病不管到哪里去，一定要动手术的。那就是西医的疗法啦，动手术啦。后来我们用保守疗法就到省中医院去了，去了一个多星期，后来人也昏迷了。这后来那个医生说你一定要动手术，后来我们又去找其他医生，这个问，那个问啊，病危单都开出来了。最后我们找熟人动手术，就做好两手准备，可能就走在手术台上。那时候医生都休息了，找了第二把手，第一把手开会去了，用车子把他接回来，他说一定要马上动手术。人马上抬到120车上，到医院后来马上就动手术。动了两个刀，把血水全部抽出来。血水不能全部抽完哪，可能还有一点。后来我们在医院弄了四个多月咧！先是给他动手术，时间不能待长的，后来再弄个康复的地方，用那个盐水，又用中药，帮他敷脸。那时候全是自己人的。动手术这两天，全部都是两点……在楼上20多天咧。我们都是四个人，两个人在病房里，两个人在车子上，之后再调一调。这好一点，我们都是自己来。后来再到康复院。”

紧接着，又有第二次、第三次手术：“87岁，他白内障，给他动了个手术。后来嘛，又到93岁那年，心肌梗死！记得他在那边房间，我在这边房间，我门从来不关的。他门我都不关的。”小女儿重复着，仿佛事情还发生在昨天，“以防他有什么事情。然后那天早上3点钟，他起来要下拉，拉拉不出来，他感觉不舒服。他反正一动我马上就出来，出来以后我看不行，脸上发白，胸口痛，汗都出来了。我说不行不行，马上打电话给我弟弟，我的小弟弟住最近，马上赶过来，赶过来我马上叫120。一检查说是心梗。那就住院治疗了，抢救了。病危单又开出来了。”

“喔……越是待身边，看到他的情况越是不舒服。还好那个医生算是好，现在做主任了，因为年纪大的药不能一下子要太多，那不用，他比较谨慎，技术比较好，年轻人说实在啊，到医院，家属一定要重视，家属不重视，到了医院里，医生也不太会重视。是真的！我们的兄弟姐妹经常跟医生联系，经常眼睛盯着，有一点事情就联系。”小女儿很郑重其事地传授着她总结的看护经验。

“还好，他没有高血压，没有糖尿病、心脏病。用药比较好用一点。这也是一个方面，就这样慢慢慢慢，五六张病危单开出来。我就在家里哭啊，做做后勤工作，我就不敢去看，我外侄女来说，你去看看，他好像想你了。我就过去，一边走，一边脚都发软，就跟石头压住一样的。”小女儿讲起这一段故事，仍旧心有余悸。

### 尾　声

常言道：积善之家，必有余庆。百岁里是块宝，而这一带，也是只有张志清老先生一位百岁老人。小女儿对自己侍奉老人的一生，感到极为幸福和自豪：“很荣幸，也很高兴，很值得。上次我去开药，他们一看年纪，啊，一百岁的老人啦！他说你不容易啊，一定付出了多少多少。我说有你这句话，我很高兴。”大女儿张云霞刚为张老先生做好午饭，从厨房走出来，手里端着为老先生准备的不冷不烫的一碗馄饨，简短有力地向众人概括了她的孝老经——“千孝不如一顺，七世

右一为小女儿张凤仙

难报父母之恩。”大女儿用自己一家的经历概括色养之孝：“孝顺孝顺关键要顺，老人一生气就会发怒，发怒气就会堵，堵了就会生病。”说完，便默默向父亲卧室走去。

在《武林坊巷志》中，曾有一段记载，说浙江省杭州府钱塘县有一位孝女名叫姚凤霞，她“孝事父母”之事迹使得朝廷“奉三院咨部具题准给帑建坊入祠，载志以彰孝行”。故而候选县尉的胞兄汉书勒石联云：

克全贞孝，妹自著名垂简史册；
永睽手足，兄兹瞻石启企芳徽。（《郭婆井巷孝女坊记》）[①]

这一对联似乎也概括了张家。在这窄窄的巷弄间，老树下座椅旁人们的谈话中，仿佛还能听得湖滨一带固有的、鲜活动人的孝亲家族故事。无论是百年前积善坊事祖母以孝闻的文华殿大学士黄机；还是义和里孝偕父母，友翕兄弟的仁母陈昊；抑或钱塘县孝女姚凤霞，今天仍旧能在这一带百姓身上看到影子。“服劳具馔亦皆人子事，但不可专以是为孝耳。和气浃洽天性，昭明骨肉之间无非大顺。”“得父母于容色之间，非先意承志者不能然。”（《融堂四书管见》卷一）张家老人与人为善，和睦亲朋，顺其自然的处世态度以及慈惠有方的家风对儿孙来说也是一种耳濡目染、言传身教的无形教化。而张家小女儿几十年如一日持苦服勤，悉心料理父母生活，极尽色养之孝，体谅兄姊，甘愿舍弃自己的个人生活而换取整个家庭幸福，亦是一种昭明骨肉之间的大顺。张家的故事在邻里坊巷间已被传为了一段佳话，感染着街坊邻居，为之树立了孝亲好榜样，更为后人留下了一笔丰富而宝贵的精神财富。

① ［清］丁丙：《武林坊巷志》卷二，杭州：浙江人民出版社1990年版。

## 1.4 地名与养老：孟郊祠与莫干山老年乐园

**游子吟**

慈母手中线，游子身上衣。

临行密密缝，意恐迟迟归。

谁言寸草心，报得三春晖。

这是中国一首脍炙人口的诗歌，描述的是千古不变、平凡却充满真爱的母子之情，同时，也衍生出中国传统的“敬老”文化。这首诗的诗意，传承的是《诗经》“蓼蓼者莪，匪莪伊蒿。哀哀父母，生我劬劳”的古意，念的是父母之恩德。“慈母手中线，游子身上衣。”又有谁不理解母亲无私之爱与牺牲？除《游子吟》外，孟郊还留下《结爱》一诗，描写的是夫妻之爱，和《杏殇》一诗，写父子之爱。孟郊也因此成为传递中华文化不朽的人物。浙江省德清县是孟郊故里，在他故居所在地还有孟郊祠。这处新修的建筑都是依靠地名传承下来的。地名的传承使得慈母文化精神也得以代代相传。坐落在孟郊故居边上的民间敬老院莫干山老年乐园以及创始人马福建正以他的行动，继续讲述孟郊现代版“慈孝”故事。

### 1.4.1 “孟郊”地名与地方

孟郊（751—814），字东野，唐代诗人，武康人，即今浙江德清县人。《旧唐书》记载：“韩愈一见以为忘形之契，常称其字曰：‘东野。’兴之唱和于文酒之间。”孟郊故居，今天仍然能够看到“孟郊祠”。宋代《吴兴志》记载：“孟郊祠，在武康县西一里，即唐孟郊旧居。”[①]可见今孟郊祠所在地方是唐代孟郊居住的场所，而当时武康县（今德清县）一里处就是其旧居地。孟郊祠很可能是孟郊辞世后不久，邑人即立的。该祠堂也被称作“贞

① ［宋］谈钥：《嘉泰吴兴志》卷十二，民国刻吴兴丛书本。

曜先生祠堂”，故《吴兴志》载：“贞曜先生祠堂，在县西怀安门外一里地，名孟宅保。即唐诗人孟郊也。地盖其旧居。”[①]孟郊祠这个地名背后隐藏的文化记忆，以及孟郊及《游子吟》深藏着一片游子对天下母亲歉疚之情，成为千年不变的动人诗句。据《浙江日报》报道，孟郊祠建成后因晚唐兵乱不断曾经遭毁。然而，南宋景定年间（1260—1264）武康知县国材，喜得进士舒岳祥祖传家藏的孟郊遗像后，重建祠堂并奉祀孟郊。元至正十六年（1356）毁于兵荒马乱。清乾隆十一年（1746），迁回原址，改祠为寺设置山门，后又复为孟祠。日寇侵略中国时期，实行“三光政策”，三次放火烧武康，城、郊夷为平地，孟祠四周的民房全部化为灰烬，但日寇因畏慑于孟郊的声名与神灵，对孟祠一不敢纵火，二不敢动物，使孟祠秋毫未损奇迹般地幸存了下来。“文革”“破四旧”时孟郊祠遭毁，我们如今见到的孟祠，是在1998年第四次重建的。经历千年世事变迁，无论是毁坏还是拆建，古代孟郊祠建筑及其内雕塑、桌椅早已不复存在，也没有留下什么古物遗存。德清古代还有几处以“孟郊”命名的古迹。《嘉靖武康县志》载：“东野古井在县西一里，唐孟郊故宅，即孟井，上有亭，今废。”《道光武康县志》也载：“唐孟郊宅于此，井亦孟所穿也。”他住宅内的古井因是他亲自打的，也称为“孟井”，被后人认定为古迹。特别是古人还在孟郊井处修了亭子，标记与保护这处记忆场所。自唐以来，此井也是几废几兴到“乾隆十一年，知县刘守成重浚井建亭”。民国时候，《德清县地名志》载：“民国八年（1919），武康知事熊宪章再次在原址上重修孟井，并加设井圈。”可见孟郊祠内古井的地名命名、区划及边界多次进行更改，古井本身也成为一个与孟郊祠一样重要的地名。而这些地名也在影响各个时代对水井本身的物质修复。无论是明代称为孟井，还是后来民国建立了亭子，地名命名与空间改造无不表达了人们用“地方”传承《游子吟》当中母子间的真挚情感。而这些古迹的存在使这块地方一直保持着“谁言寸草心，报得三春晖”的慈孝文化氛围。

特别地，《德清县志》也记载了历史上地方的“孝”故事，以及，曾经

① ［宋］谈钥：《嘉泰吴兴志》卷十三，民国刻吴兴丛书本。

被“孝”文化影响的村落及地名命名。康熙年间，德清一个叫新塘村的地方修建了“孚应侯庙”。这个庙据说是祭祀一个千年前的吴国人。《康熙德清县志》记载：

> 庙记姓陆，讳载，吴人也。从宋武帝，平关中，留与庐。陵王义直，镇长安后，陷赫连氏。魏太武平赫连，因仕魏为中山邑守。子政性至孝，母好食鱼，北土鱼少，政求之苦难。一夕，宅侧忽出泉有鱼，得以供膳时，以为孝感。因目为孝鱼渊，政后仕魏，为开府仪同三司，继复仕周殁，后迄南宋。垂六七百年，累着灵感，应新塘人以出，自其土事为土神。

以上是说，庙中纪念的人是姓陆的吴国人。曾经，他跟从南朝建立者宋武帝，平定关中，留在兴庐。后来，陵王义直，镇长安之后，他还帮助攻陷赫连氏。魏太武帝平定赫连，他因此成为中山地方官。可见他英勇能干，并战功累累。这个人本性十分孝顺，母亲喜欢吃鱼，但是当时北方鱼少，他很难求得鱼。有一天晚上，宅子旁边的泉水中出现一条鱼，他得到后为母亲做了鱼吃。上面的地方志记载“以为孝感”。或许，上天感应到他的祈求，送给他一条鱼孝敬母亲。也正是因为他的这种孝心，后面他去魏国做官，受到很高重视而到了他死去的时候，已经是南宋了。他的人生过后六七百年，各种感应之事相继出现，在新塘（今德清县内村名）也发生过类似事情。所以，当地人因为当地事情，封这个人为土神。可以说，这个人的行为引发一种文化气氛，上面这则地方故事也形成一种文化风教，影响了很多代人。因此，到康熙年间当地人也重修这个庙宇，曰“隆兴初，赐今额，明列之祀典”。《康熙德清县志》所载的当地一口井，也有类似文化故事：“蜜脂井，在十五都孝慈村水味甘故名。”[①]这是说，在德清十五都的慈孝村，因为水味道很甜，所以，村里水井称为“蜜脂井”。慈孝村显然是因为当地“慈孝”

① ［清］侯元棐：《（康熙）德清县志》德清县志卷之一，传抄清康熙十二年刻本。

风气而命名的。地方被赋予了一种慈孝氛围与文化。又载："慈孝，旧名勾垒。昔有沈氏子为母病剖心，知县章丞改曰慈孝里。"这是说，慈孝村原名是"勾垒"。"勾垒"是春秋留下的地名，原为越王勾践屯粮之处。正是因为村里有沈氏子为了母亲的病，剖心。这种大孝之举被知县认可，并将这个地方也改名为"慈孝里"，以纪念这种孝文化。由此看来，孟郊及其诗歌的出现绝非偶然，是因为这块土地始终吹拂着慈孝的风。今天同样，由于这些地名及其地方的存在，孝文化仍然滋养着一代代当地人及他们的行为。

### 1.4.2 孟郊故居边的莫干山老年乐园

德清县孟郊祠西北20余米处，有一个叫"莫干山老年乐园"的敬老院。这个敬老院从成立到运营，背后都萦绕着孟郊地名文化背后牵连出的"孝"文化。

从莫干山老年乐园看孟郊祠

莫干山老年乐园是一所民间敬老院，建于1998年重阳节。18年来，先后入住了1000多位老人，其中85%是高龄、痴呆、失能的老人。创办人马福建被评为"中国十大孝子"。新华网《一个奖和一个村的道德故事》一文说，20世纪90年代末马福建故乡太平村，一些子女不给父母钱，生病也不照料，有的兄弟姐妹为赡养老人还闹纠纷。在一次接受中央电视台采访时，马福建说："我听了很伤心，我也很难受，农村里的老人，到了晚年以后，他们的生活好像得不到保障，这不是因为穷，而是缺乏了做人起码的孝心。"[①]此外，马福建还回忆自己早年在村里卖鱼的经历："一天，摊位前来了一位老人，盯着黄鱼左看右看，问了好几次价钱，就是不买。一问之下，才知道老人特别喜欢吃黄鱼，可是手里没有钱，儿子媳妇也不舍得买，只好到鱼摊上来'饱饱眼福'。"马福建当时就拣了两条大黄鱼递给老人。老人无奈并给他拜谢的样子时常在他脑海中浮现。正是这一次卖鱼经历，马福建产生了一个花钱在村里设立"孝敬父母奖"的念头。马福建说："提倡社会公德办法来匡正村里的不孝行为，有用无用，试试看。就一锤子定音。"[②]之后，这个孝心奖的确改变了当地的社会风气，并传播起来："现在，这项来自太平村的'草根奖'，早已走出德清，走向全国。2008年，'孝敬父母奖'给了两户四川地震灾区的家庭。在马福建的影响下，人口不到50万的小县城德清已设立了43个'草根奖'，目前累计奖励5000余人次。"[③]马福建第二年建立了今天在孟郊祠旁边的莫干山老年乐园，继续营造一种现代"孝"文化。他将地方上的慈孝文化植入敬老院的管理价值和养老方式中。他虽说是院长，但总是亲力亲为，为老人们抠大便、洗澡、擦身、理发，从无怨言。养老院的理念不是为了把老人养起来，给他们好吃、好用；更重要的是把他们作为一种孝文化的教育。浙江省民政部门对此极为重视。省民政厅领导调研莫干山老年乐园，看望了院内老人和护理人员，并与院长马福建探讨民间养老院的经营模式[④]。在各种采访中，马福建多次提到了自己如何受到孟郊故里这片土地文化影响，并用"孝"文化去赡养老人。

---

① 李牧、周江鸿：《二十五孝》，杭州：西泠印社出版社，2011年版。

② 同上。

③ 马福建的"孝敬父母奖"：一个奖与一个村的道德故事，http://www.hxsbs.com/html/2015-10/19/content_118437.htm。

④ 罗卫红副厅长赴德清调研民政文化建设工作，http://www.zjmz.gov.cn/il.htm?a=si&id=8aaf8015545c7e290154851c61880201。

莫干山老年乐园与孟郊祠之间虽没有直接联系，但“孝”空间文化却能在两地间互通。李牧、周江鸿为马福建写的传记《二十五孝》，评价马福建所做的事说：“有华人聚居的地方，就有人在吟唱这首诗，孟郊的孝道，是亲人永远的榜样。孟郊故里、孟郊潭与太平村相隔不过一条104国道。和风惠雨，唤醒孝心，马福建带了个好头。”①“太平村”是马福建成长的地方，也是德清县孟郊祠旁边的一个普普通通的村落。马福建回忆说从小到大，整个地方上的人都耳熟能详的是村外边孟郊祠内祭祀的那个人的故事，也都能背诵“慈母手中线，游子身上衣”的诗句。特别地，今天在莫干山老年乐园公寓楼道和墙壁上，也有这些有关“孝道”的诗句。马福建本人也经常逢人就进行孝道教育，如“老人的今天，就是我的明天”“孝敬老人是天经地义的事”。提到“孝敬父母奖”，马福建回忆当年太平村13个村民小组各自推选出2户家庭，再由村民代表、党员和村“两委”干部投票，最后选出4户家庭。对于那时的场景，马福建至今印象深刻：“有户家庭老父亲60多岁，瘫痪在床多年，大小便失禁，儿子细心照料，没有怨言。实际上，儿子是领养的，但比亲生的更亲。”②可见马福建设立奖项及建立莫干山老年乐园过程，一直都受到地名文脉价值观和孝文化的影响。马福建回忆小时候父亲给他说“二十四孝”：“孝是好事，二十四孝里讲了历史上二十四位孝子故事。有一个孝子，一说你就知道，黄梅戏天仙配里的董永，他就是孝子，书里叫卖身葬父。”③现代社会，卖身葬父或割肉救母的“孝道”已经不再有了。但是，这个地名后面的文化，还滋养并延续在当地人马福建的灵魂当中。故《二十五孝》的序言写道：“所以，对古代孝文化的继承态度要灵活一点。孔子说，亲亲之爱就是孝，亲亲就是爱自己的父母，这当然要继承的。”新时期的马福建以“孝敬父母奖”及创办莫干山老年乐园来实现自己孝敬父母

① 李牧、周江鸿：《二十五孝》，杭州：西泠印社出版社，2011年版，第274页。

② 马福建的“孝敬父母奖”：一个奖与一个村的道德故事，http://www.hxsbs.com/html/2015-10/19/content_118437.htm。

③ 李牧、周江鸿：《二十五孝》，杭州：西泠印社出版社，2011年版，第71页。

的保证，也同时做到“孝”文化传播。对于马福建几十年的故事，《二十五孝》一书结语中说道：“德清是孟郊的祖籍，他的名诗《游子吟》唱的就是这种亲亲为孝的崇高精神。传主马福建也是德清人，他是个普通农民，事迹也说不上轰轰烈烈。”[①]

马福建在家乡开设养老院，供养老人并传播了孝文化都离不开“孟郊”地名文化熏陶。他还创新设立“孝敬父母奖”基金，奖励那些孝敬长辈的人。虽然奖金并不多，但却起到了教化乡里的作用。村干部评论说：“老马这个奖很灵，因家庭矛盾需要我们出面解决的事大大减少。”[②]

① 李牧、周江鸿：《二十五孝》，杭州：西泠印社出版社，2011年版，第89页。

② 马福建的“孝敬父母奖”：一个奖与一个村的道德故事，http://www.hxsbs.com/html/2015-10/19/content_118437.htm。

# 2 地名与城市空间治理

浙江省委书记夏宝龙在城市工作会议上指出："加强历史文化名城名镇名村街区，鼓励历史文化遗产活化利用，推动文化保护与城市建设、产业提升有机结合。注重挖掘民族文化、地域文化的丰富宝藏，把文化意象体现在城市建设风格中，塑造独一无二的城市辨识度。要彰显景观特色。"[①]地名文化恰恰是挖掘地域文化资源，使之成为打造特色城市景观的文化意象来源。

近些年，浙江省民政厅对接党的十八大提出的"美丽中国"的建设要求，为进一步落实"两美"浙江建设，加快"诗画浙江""旅游强省""特色小镇"建设和发展，以地名文化建设为切入口，全面配合浙江省城市发展。本小节列举了地名文化如何促进杭州国际化战略，即通过地名与地名实体的互动，形成城市独一无二、面向国际的"古墟带"，并以此作为五纬文化圈的城市精神空间。本小节还通过南宋临安城的地名文化挖掘，将南宋历史重新"写入"杭州历史街区，修复杭州历史景观。衢州市水亭门街区地名文化实践，是通过地名，挖掘城市文脉，并将其活化为城市儒学试验区。以上地名文化案例，贯彻时任浙江省省长李强指示的，"城市的历史方位，是在对过去、现在、未来的历史思考中明确城市的发展方向。"[②]地名文化通过地名语词文化和地名实体文化的相互转化，将过去、现在、未来统一为一

① 夏宝龙：全面提升城市发展质量，加快建设浙江特色现代化城市——在省委城市工作会议上的讲话（2016年5月18日）。

② 李强在省委城市工作会议上的讲话，2016年5月18日。

个整体。

## 2.1 杭州国际大都会战略[①]

国家主席习近平在土耳其安塔利亚表示，中国将把G20杭州峰会办成具有历史和现实交会的独特韵味的峰会。他对“杭州”为实现这一国际使命，给予其地名独特定位时说：“杭州是历史文化名城，也是创新活力之城，相信2016年峰会将给大家呈现一种历史和现实交会的独特韵味。”从表述中，我们可以捕捉到一种崭新的城市发展观，也就是将过去和未来对接在一起，以文化引领国际化的城市创新范式。“如将不尽，与古为新。”通过激活沉淀在杭州这块土地上的有形和无形的地名文化资源，可以走出一条以历史激发现代创新活力的大都市发展模式。这一理念正好与2013年联合国教科文组织发布的《杭州宣言》吻合，是“将文化置于可持续发展政策的核心地位”。这里所指的文化就是沉淀在特定地区，从古到今积累起来的精神和物质两方面的历史资源和精神灵韵，它们是灵感的来源，是发展的根本推动力。而地名是进入和牵动这一文化的入口。

历史上，以上城区为核心的两浙杭州地区，洪荒时代，舍航（杭）登陆；吴越春秋，一度称霸；钱王南宋在此建都作邑，文明遗事见于典籍者至多。今天上城区的历史地位、历史场所，以及这个地方以古籍、文物和活体形式积累起来的文化资源、能量和创新灵感，是把历史和现实对接起来，开创以故为新的国际发展模式的典范。

杭州历史上被称为天下首藩，“人文萃集之地”（《雍正浙江通志》）。自秦汉并春秋时吴、越两国，以钱塘江为界分东西两郡：吴郡和会稽郡。杭州处在中心。钱穆建吴越国，都会杭州。而南宋更是当时中国的政治、文化和经济中心，被马可波罗赞为“世界上最美丽华贵之城”。经历G20峰会、亚运会，以及此后在杭州举行的一系列重要的国际活动，杭州将不仅仅是中

---

① 本节改编自杭州市课题：上城区历史文化格局及肌理研究部门内容。

国一个重要的省会城市，也要承担起向世界展现中华文化软实力，以文化引领城市发展的样板。那么文化是怎么引领国际化的呢？《易经》曰：“风行地上，无远不被，五方之风气不同，先王省方问俗，观民设教，因地制宜，则声教四讫矣。”这里所说的风，就是文化，它能带动国际化进程是因为它包含了能吸引四方的精神内涵。当一个城市把握其不可复制的历史根基、民风民俗，并能让文化建设成为一种因地制宜的事业时，就能使这个城市神韵远被四海，形成国际化磁场。

杭州特殊的历史文化与地名人文优势，应该转变为一种人文地理空间。以南宋临安城为核心，向外辐射，勾勒出杭州在世界、东亚、中国、东南及长三角、浙江省这五个人文地理圈的不同定位和辐射力。我们称之为五纬文化圈（如图）。具体来说杭州应该在文化上成为：东方的世界文化交融大都会，“一路一带”文明纽带的出发点，世界多元文化聚集的磁场；东亚文化圈儒学共同体的营造地，以此重塑东亚文化共识；华夏文化传承与创新的典范；东南长江三角洲文化、政治和经济中心；既是省会城市，更是塑造区域文化并推向世界的动力源。

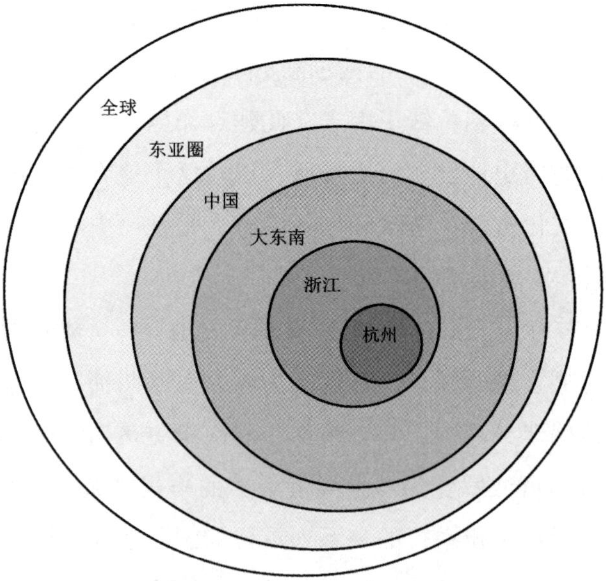


**杭州国际大都会五纬文化圈**

五纬文化圈：以杭州为中心，向外辐射，通过挖掘地名文化磁场吸引四方对这一城市文化地位的认同。每一个文化圈都有独特的辐射效应，应明确定位，以及具体落实的措施。在浙江省强调其区域政治经济的领导功能，在中国要着力提升其华夏文化的向心力。而面对东亚，要以亚洲价值的共识为基础。在面向全球时要突出多元文化互动和交融的特色。这就是说面对不同文化圈要有不同的文化战略思维和举措。在推进国际化过程中，要把当代行政治理空间，转化为文化治理空间。

上城区作为杭州的核心区域，要为此激活儒学为核心的华夏文化传承基因、开创中华文化复兴和创新的舞台，形成四海会同的文化大都会的磁场效应。

突破圈：构建这一由五个文化圈构成的文化大都会，杭州对每一个文化圈都要有明确定位，也就是每个圈应起到什么特殊的作用。其突破点是东亚文化圈。今天世界上对亚洲价值观在未来多元世界中的核心地位已经有了广泛认识。亚洲价值观的核心是以儒学为本的东亚文化圈。而这一区域目前还没有共同的认知和核心城市。这一空缺恰恰是杭州最好的机会。所以说，是因为东亚价值体系主要形成于宋代，也就是以杭州临安城为核心的南宋，杭州在塑造东亚文化核心上才有着深厚的地名文化资源。杭州应该首先积极在构造东亚文化中心上下功夫，由此积淀文化凝聚力和爆发力，向世界辐射。对内，则应在中央统一领导下，推动华夏文化传承和创新，摸索出独特经验和范式。

### 2.1.1 历史文脉与地名实体的节点

文化大都会战略的核心是激活历史文化资源。这一资源是以地名实体为载体的文脉，通过历史文献和市民记忆传承。把地名文献与地名实体结合在一起，就形成我们可以持续挖掘和被当下所用的资源。杭州在历史上曾体现其远古、溯古、稽古的中华文化传承脉络，拥有一系列以古地名场所和古籍体现出来的重要的历史传承节点。这些节点也是南宋道统思想下形成的承上启下的文化创新精神：

尧舜禹文化：夏禹治水，会诸侯于会稽，至此舍杭登陆。少康封庶子姒无余于越，以主禹祀。《说文》：杭者，方舟也。方舟者，并舟也，礼大夫方舟。《史记》：始皇出游，过丹阳，至钱唐，临浙江……南游上会稽，祭大禹。又：禹为人敏给克勤，其德不违，其仁可亲，其言可信，声为律，身为度，亹亹穆穆。这些与杭州古地名联系在一起的记载是激活华夏文德的载体。

吴越春秋（孔子时代的述而不作）；泰伯采药于新城。武王克商，求泰伯后得周章，周章已为吴君。《春秋》《史记》《越绝书》《吴越春秋》等都记载了吴越争霸中的许多文意，体现孔子时代杭州地区的文化沉淀。千百年来，吴山以及伍公庙是处在上城区的记忆场所。

秦汉三国隋唐吴越国：徙大越民置余杭，华夏文化大融合，主要地名场所与文脉；秦“治陵水道到钱塘、越地，通浙江”。秦置会稽郡，魏晋中原移民大迁徙。东晋咸和印度佛僧人慧理建灵隐寺。葛洪武林山下韬光。隋开运河，自京口至余杭，废钱唐郡置杭州，吴山东麓“新城戍”。唐代都市大发展，西湖之名彰于世。钱塘五代时避干戈，钱王筑子城，杭州形成腰鼓城。吴越国三代五王采取保境安民战略，重农桑、兴水利，发展与日本、朝鲜等国海外交往。此时不同文化交融，形成东南佛国，江南盛世。

南宋京城：宋明理学，儒学再复兴。南宋是自孔子以来华夏文化再复兴、最繁荣的时代，奠定了今天作为中国文化的基本式样，留下了大量典籍文献。杭州也进入文化、政治、经济的巅峰时期，至今上城区的坊巷地名文化也是宋代奠定的。杭州有这两方面（古籍和城市肌理）的宝贵历史资产，是继往开来，再造现代华夏文明的源泉。应该花大力气激活这些古籍和场所。

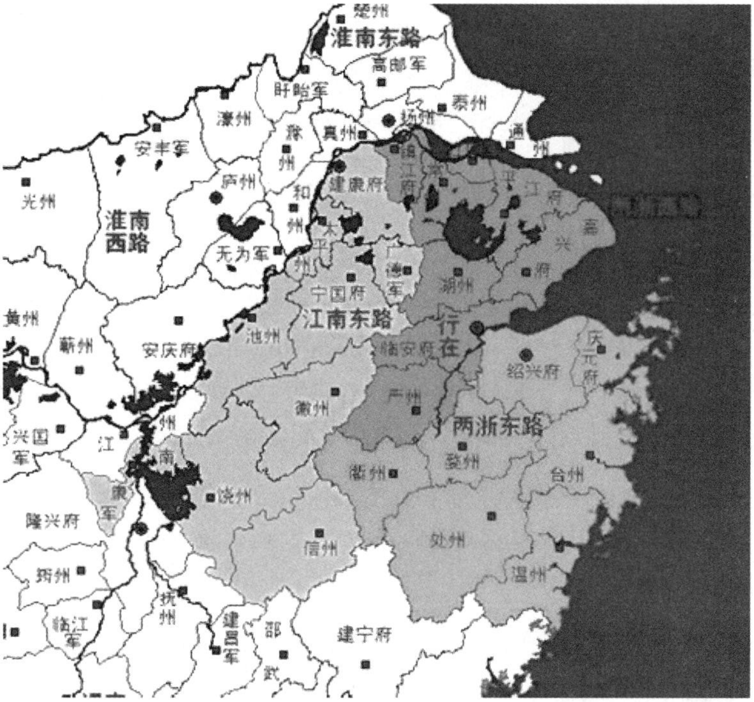


**以杭州为中心的两浙路与江南东路历史地图**

唐元两浙路，明清东南重藩：这是吴越文化大融合形成的东南大都会。

民国时期：东西方文化交融与创新。民国乃至新中国成立初期，杭州仍然保持着其文化在全国的独特优势。大批民国贤达文人生于斯、长于斯。很多重大历史事件和谋划在此发生，比如孕育中美上海公报的刘庄，改变了世界的格局。

从历史地图上考察，杭州作为一个文化大都会是由其“天下首藩”的中心来体现的。国际大都会文化空间，也应该从东南首藩的历史地图里再现。

浙为天下首藩，都会在杭州。其涵盖地域包括：以钱塘江为轴心的江南道，即两浙道（浙西道和浙东道）和福建道。江南东道涵盖：浙江西道、浙江东道和福建道。浙江西道领长江以南，两浙至新安江以北的原江南东道地，包括今天的苏南、上海、浙北和徽州，即润、常、苏、湖、杭、歙六州。浙江东道领新安江以南、福建道以北的原江南东道地，包括今天的浙江省除浙北之外的所有地方，即睦、越、衢、婺、台、明、处、温八州。

### 2.1.2 上城区作为国际大都会的地名场所域

“天下首藩”这样一个大都会空间，落到上城区，由以下地名实体来体现。这是以上城区为核心的杭州文化遗产空间布局。

以南宋礼制场所为核心的治国理政空间布局（郊坛、明堂、太庙、景灵宫、籍田等）；

以吴山、西湖和两浙布政使为核心的东南首藩；

以临安城为文化肌理的前朝后市都城格局。

这些场所坐落在襟山带水的地带，形成特有的大都会地理气质。《西湖游览志》有曰：“奇萼危峰，澄湖靓壑，江介海门，回环拱固，扶舆淑丽之气钟焉。是以邑居丛集，华艳工巧，殆十万余家，声甲环宇，恢然一大都会也。”这些时空节点中，发生了众多历史事件，留下了极为丰富的古籍、文物和历史场所资源，如何将其确立为杭州城市的战略资源，是需要深入解读相关古文献的，这种解读不是重现过去，而是激活其当下意义。通过相关场所的修复及其精神活动的开展（如公祭）形成杭州市民共同的精神认知，并转换为杭州国际大都会形象。这也是杭州作为传承华夏文化的历史存在感和精神命脉延续的重要使命。

### 2.1.3 地名格局及其精神载体“古墟带”

杭州外带江海，内抱湖山，城市空间由极为丰富的历史地理文脉构成。

用诗的语言来提炼其人文地理格局为：“天目山垂两乳长，龙飞凤舞到钱塘”构成其宏观地理格局，具体落脚到凤凰山和吴山一带；“一色湖光万顷秋”“山外青山楼外楼”展示其山水城市之意境；“荒城空锁凤凰山，江水东流去不还”是城市依托古墟体现出来的岁月之厚重；“提兵百万西湖上，立马吴山第一峰”反映的是作为从长江到闽江的权力中心，东南首藩之气势。《雍正浙江通志》评说杭州为：“天目西来，龙飞凤舞；右邻湖曲，左带长江；形势壮于东南山川，甲于郡国。”天目山为杭州诸山之宗，翔舞而东，结局于凤凰山。其支山左折，遂为吴山。这些历史记载部分描述了上城区的人文地理风貌。凤凰山作为南宋皇城标志，吴山作为东南首藩座山，是天目山脉入江汇海的地理节点。我们不能仅仅把这一切看作是自然赋予杭州的优势，更要看到历代文人贤达用文化构建了这一地理文化。这才能打开挖掘和利用历史文献的思路。这一地理格局经过一代代的文化积淀，构成了城市深厚的历史人文地脉，蕴含塑造成国际文化大都会的地理气质与精神韵味。它今天仍然是杭州从腰鼓城拓展到大杭州的历史地理参照。上城区应该利用好这一历史人文地理带，把襟山带水的望江地段打造成国际机构、国际论坛、国际会务中心的常设地；把山南小镇营造为人文集萃、贤达云集的田园都市带；把以孔庙为中心的历代街区再造成接续华夏学统的儒学实验区（书院群）。通过望江大道的城市肌理展现襟山带水、古今交融的都市文化景观，从而使这一国际大都会核心区域能再现“背靠凤凰古墟，面朝钱江大潮”的文运气势。

### 2.1.4 地名文化古墟带

一个城市的精神需要由历史空间、历史场所和历史景观来表达。杭州打造文化大都会最重要的精神载体是沿着吴山到郊坛，直至六和塔一带，处在城市与山边缘过渡地带的古墟带。这里曾经是南宋王朝的核心地段，留下了大量可考证的地名文化遗迹和文献记载。但由于缺乏原真性的物质遗存，或者说大部分遗迹深埋在地下，因此更适合将其定位为以地名文化展现的古墟带，而不是考古遗址，也就是以古墟带的方式来保护、利用和展示。这既有利于开发利用，又不必冒破坏地下文物的风险，也可以避免大拆大建。这一古墟带是杭州成为世界大都会的精神寄托，是其文化底蕴的象征。它是杭州城市精神的空间载体、场所载体和景观载体。上城区的文化发展，要吸引国际机构落地。城市建筑设计都要以此为景观的参照点。古墟带空间里要注入各种历史符号，全面营造出古意、古韵的厚重感和真实感。古墟带里的各个历史场所，可以串联在一起，可作为阅读杭州城市历史的一本“书”，同时也可以作旅游和休闲所用。

**上城区的历史人文地理格局**

上城区人文地理格局是带动望江新城成为世界级文化之都的历史、人文和地理的品质基础。而以南宋御花园玉津园、籍田、郊坛等厚重历史场所为节点，可以将山南小镇营造为文人贤达荟萃的田园都市带。在天目山脉和钱塘江构成的襟山带水地理节点上，利用南宋古都及历代留下的古墟、古迹，可将上城区打造成为国际化大都市。

《雍正浙江通志》卷九称：“会稽雄镇于南，具区汇流于北，皆为禹辙所经其间。千岩万壑，竞秀争流，乾坤奇伟，清淑之气荟萃于斯，于以降贤哲，出云雨，表畛域，阜财用。”这里是说这块地区能出贤哲，拓井田，富甲天下的历史基础。杭州拥有的地缘优势、山水环境以及扎根在这块土壤里的历史场所、文化资产、人文精神是塑造国际大都会独特的优势和条件。

### 2.1.5 杭州作为文化中的地名文脉基础

在互联网时代、全球化语境下，杭州要再次确立其文化创新的历史地位就有必要对过去特点、原则、范式作全面梳理，并使其成为杭州未来文化再创新的源泉和动力。文化创新不仅带来经济活力，更体现在以人为本、因地制宜的治国理政城市治理方略上。自孔子以来，华夏文明最重要的创新时代是以杭州为中心、以宋代理学和礼学为核心的天水一朝之文化，造极于南宋。杭州另一个创新时代是晚清至民国期间江浙文人的大量涌现，如针对经学创新的诂经精舍，及其代表人物阮元、俞樾、谭献等。

宋代在中国历史上是一个文化创新、文化大繁荣的时代，其历史意义影响深远，一直穿透到近代。“华夏民族之文化，历数千载之演进，造极于赵宋之世。”陈寅恪赞叹道:“天水一朝之文化，竟为我民族遗留之瑰宝。”邓广铭指出：“宋代是我国封建社会发展的最高阶段，其物质文明和精神文明所达到的高度，在整个封建社会历史时期，可以说是空前绝后的。”

南宋时杭州曾为首屈一指的百万人口的世界大都市。杭州通过G20峰会、亚运会、教科文组织大会等获得了一定的国际知名度。2018年杭州将举办有近千名外国学者参加的国际性文化遗产会议。杭州应该利用这样一个极为难得的历史机遇，把自己发展成为世界多元文化交流和交融中心。这一使命的一个重要前提，就是杭州能充分利用好自身历史文化资源，展现其不可复制、独一无二的文化底蕴。《乾道临安志》卷五载：“所谓为四方之极，为郡国首者，要必有在，而天造地设，以成神皋盛大之势，已非一时一世所积，又如是其不易然也。”这段记载描绘了杭州天造地设、文运盛大的城市景象，而这也恰恰是未来杭州大都会之愿景。

杭州具有传承中国文化的历史传统。杭州作为文化重地自南宋始，但其文脉可上溯唐尧、吴越春秋。南宋成为自孔子时代以后中国文化再创新的典范，留下了极为丰富的文化典籍。南宋之后，杭州仍然持续继承和发扬中华文化传统。元代，杭州作为“东南首藩”为行中书省所在，坐拥江南。明清以后更是吸引康熙皇帝、乾隆皇帝多次来杭州，“观风浙水”“展义省方”。行中书省、布政司、旧藩属、南巡行宫等一系列的历史遗迹都见证着杭州这块文化重地上所发生的历史事件和文化繁荣。继朱熹之后，清代文宗阮元任浙江巡抚，杭州完成了十三经校勘，奠定了后世中国的经学基础。阮元在杭州府治孤山之阳创办诂经精舍，使得东南学风为之大振，培养出了一大批的著名学者，黄以周、朱一新、章炳麟、陈澧、俞越、王国维等，江浙之地文脉不绝。

2013年，联合国教科文组织“文化：可持续发展的关键”国际会议在杭州闭幕，它发布了《杭州宣言：文化与可持续发展》，这是杭州首次向世界发出了“和而不同”“与古为新”的文化宣言。2016年G20国际峰会在杭州举办，这不仅仅是杭州在城市国际化发展道路上的重大机遇，更是向世界展示中华文化传统、复兴中华文脉、引领国际文化交流的最佳时机。

## 2.2 地名文化在城市空间的叙述

2015年，杭州上城区政府邀请浙江大学地名文化与宋史研究专家，对南宋临安古城留下来的地名实体进行了系统考察，在此基础上，根据相关地名，深入文献研究，系统挖掘这些地名语词背后的历史事件、人物、诗文以及原地名建筑的风貌记载，并形成南宋150年历史植入今天城市空间的街区景观改造计划，并纳入浙江省宋韵小镇规划。这一项目体现了地名语词和地名实体的互动关系；此外，也体现地名文化服务城市发展，提升城市历史精神和风貌的重要性。

### 2.2.1 背景

历史上上城区是南宋临安城的核心地带，保留了很多重要古地名。今天，杭州城的坊巷肌理基本上也是在南宋时期奠定的，这可以从其街名和巷名中感知。但是，今天这些历史街区，基本上是千城一面的现代城市景观。无论从建筑外貌，还是街巷符号，都难以感受到所谓的“南宋古都”历史韵味。城市的历史风貌并不只是由物质载体体现，重要的是渗透在地名实体里的历史记忆。上城区历史风貌的消失，不是在于其建筑外貌的变化，而是其历史记忆的遗忘。其实到民国时期，建筑上就没有南宋原真性的物体留下了。但是历代杭州人，通过各种志书，逸事旧闻的地名文化讲述，如《杭州府志》《咸淳临安志》《梦粱录》《武林坊巷志》《武林旧事》，很好地保护了变化着的坊巷空间的历史灵韵。也因为这些地名故事，使得人们在无时无刻的坊巷肌理更新时，不会割断其与过去的联系。因此，今天要提升上城区的历史风貌，最重要的是要找回被遗忘了的历史记忆和精神。

南宋定都临安城的大约150年里，近500卷的《宋史》相当一部分与这块地方有着某种千丝万缕的联系，它们或以历史事件、人物，或以决策场所、书写者等与上城区相联系。而这些记载不仅仅是一种历史事实的再现，更重要的是政治之得失、文化风俗之盛衰，以及嘉言懿行、文章修养的传承。如何使这些精神世界的记忆在历史街区得到某种形式的回音，是提升上城区南宋古都形象的关键所在。

以《宋史》本纪主干为线索，挖掘街区里的历史地名文化与记忆，重新植入空间。本纪的核心人物为南宋七代帝王，以他们居住或重要场所的故址为节点，连接这些故址的坊巷街道为空间，将南宋对现代人仍有重要启迪的历史碎片以创新的形式植入这些空间，由此形成宋代记忆在街区的历史回音。以上做法，在国际、国内已有先例可以借鉴，即在空间中通过场所讲述故事，一般通过对一系列地理要素的精心设置，包括建筑、标志物、纪念碑、碑文来实现。这样书本上的历史可以落实在城市地名实体里，民众可以在空间里感知历史。

基于这样的思考，我们利用杭州历代地方志所记载的地名线索，对已经被改造，或遗忘的坊巷肌理进行实地考证，初步梳理出七处南宋本纪记忆场所（德寿宫、佑圣观、开元宫、龙翔宫、宗阳宫、忠王府）和一处礼乐场所（太常寺）。我们对这些场所以及周边相关肌理做了深入的现场考察，仔细阅读包括《宋史》在内的典籍，初步把握历史叙述，提炼出可以被利用的文化元素。由此提出将南宋历史记忆在具体地名场所中植入的方案。这几处场所连成一条在城市空间里感受南宋150年间历史的文化线路，这就是“南宋150年地名空间叙述文化线路”。

这样的记忆修复方式，不需要对城市现有建筑格局大拆大建，也不需要改变原有的城市功能。这些场所目前使用的单位和居民，可以以共建、共享的方式，一起参与到记忆修复设计与改造中去。这将大大提升相关单位的品牌声誉，提高市民、单位在城市历史记忆修复和利用中的参与度。具体来说，这一项目具有如下重要意义：

丰富城市空间中的南宋文化元素；

利用南宋历史资源，营造城市教化空间；

植入南宋历史，使游客和市民能在场所走访中“阅读”到整个南宋历史；

再续传统文化遗产实践方式，继承历代接续南宋遗产的做法，既能接续过去，又不拘泥于物质原真性；

使街区修复和改造不走仿古建筑、大拆大建的老路，能维持城市现有功能，增强市民和各界的参与度；

跳出中产阶级化的历史街区改造困境，转向修复具有文化厚重性、内在道义的城市教化肌理。

总之，“南宋150年地名空间叙述文化路线”不是一条仿古街，不是博物馆，不是为帝王歌功颂德，也不是怀旧，而是要对今天有重要启迪，对市民有教化作用的南宋150年的记事碎片提炼出来，以创新的方式配置到历史街区里。

### 2.2.2 地名文化叙述说明

历史上一个朝代的得失一般以其帝王为纲纪，在纪传体史书中称为帝王传记，始于司马迁的《史记》。“纪者，记也，本其事而记之，故曰本纪。又纪，理也，丝缕有纪。而帝王书称纪者，言为后代纲纪也。”（《史记》索隐）因为，帝王是统理国家大事的最高首脑，以本纪为线索，所展示之事，就能体现一个时代的根本纲纪。宋高宗为南宋王朝代表，对建炎南渡、定都临安、宋金议和、岳飞被害、推经界法、内禅孝宗、“彗星”大赦等发生在南宋初期30多年的重大事件，就可以加以空间性质的提炼。而德寿宫是最能代表宋高宗在杭州的历史足迹。这里原来为秦桧旧第，因有望气称“有王气”，待秦桧亡故后就收归官有，改筑新宫。1162年，高宗移居新宫，并改名“德寿宫”。之后，孝宗为表孝敬，将德寿宫一再扩建，时称“北内”或“北宫”，其东接吉祥巷、南至望江路、西临中河、北靠水亭址。在这一区域里就可以用不同的现代街区符号，讲述高宗时期的历史。南宋在杭州近150年历史中，共有七代帝王，他们是高宗、孝宗、光宗、宁宗、理宗、度宗、恭帝。除了皇城大内、德寿宫，历代许多做法，是以其即位前的官邸（又称“潜邸”）作为纪念、祭祀的场所，如佑圣观（孝宗、光宗）、开元宫（宁宗）、龙翔宫（理宗）、宗阳宫、忠王府（度宗）、太常寺（礼乐重地）。这几位皇帝的“潜邸”均在上城区这一地段，也曾被当作帝王的记忆场所，如孝宗潜邸后来成为佑圣观，并一直延续到民国时期。

考证历代地方志记载的地名场所的变迁，可以找回它们在今天杭州的具体位置。通过解读史料，提炼出了这些场所的历史记忆、文化元素、人文肌理、景观意境，以及该朝代的治国理念、功过是非等，最后整合为上城区再生南宋150年城市历史记忆的文化资源。

以这南宋帝王七处场所为空间载体，将南宋在杭州的大约150年的历史，以创新的方式展示出来，七处场所连成一条在杭州城市空间里感受南宋150年历史的线路，有助于南宋的历史与文化在杭州的城市空间中重新显露，激活南宋古都的韵味。

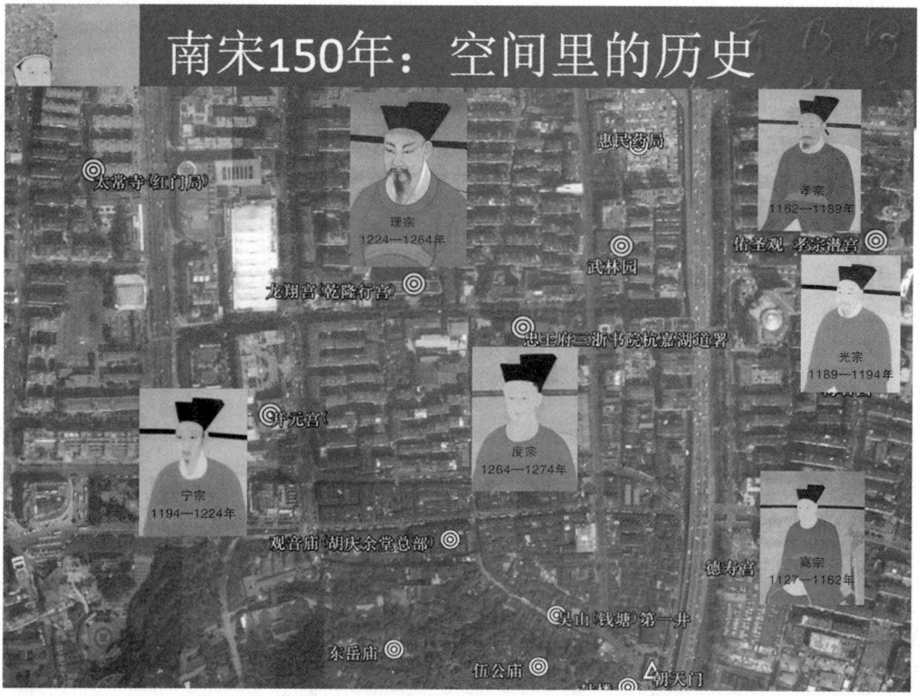


南宋历代皇帝住所在当下杭州的位置示意图

### 2.2.3　地名文化植入原则

上城区历史记忆再生是一项前所未有的地名遗产修复实践。它关心的是历代对宋代文化评价背后的具体历史事件。如，“华夏民族之文化，历数千载之演进，造极于赵宋之世。后渐衰微，终必复振”（陈寅恪）；“宋亡之后无中国，明亡之后无华夏。所思者在乎明朝后无中国耳，仆非责彼之不思明朝，而责其不思中国耳”（金钟厚）；“彼近知大宋失国，举国茹素”（郑思肖《铁函心史》）；“宋所忌者，宣力之武臣耳，非偷生邀宠之文士也”（王夫之）；“宋朝之待武臣也，厚其禄而薄其礼”（张演）；“宋兴，统一天下，民用宁，政用乂（治、贤），文教用兴，尽于是而益以知天命矣”，“近世学术多发端于宋人”（王国维）；“谈到11世纪，我们犹如来到最伟大的时期”（李约瑟）；“宋有天下三百载，视汉唐疆域之广不及，而人才之盛有过之”（明徐有贞）。这些评论可以引导我们去仔细阅读宋代历史，提炼文化元素。具体到地名实体的改造，其创新性体现在以下几个原则上：

以故为新　以创新的方式修复记忆，把过去融入当下文化、功能、美感和诉求中；

因地制宜　每个场所都要个案处理，不大拆大建或根本改变现有业态（社区、单位）布局与功能；

观文设教　以敦教化、辨邪正、厉士风为出发点，而不是以文化消费和旅游为出发点；

儒学牵引　不是为南宋歌功颂德，而是以儒学大义牵引多样性的历史碎片，褒贬同在；

层积叠加　尊重历代留下来的多层次历史积淀，不是南宋历史平面的修复；

物义相通　物质与非物质文化遗产互动，打破界限，突出历史精神带动物质肌理的特点；

主体互动　政府引导，单位（社区）为主，市民参与，专家配合的互动模式；

深度领会　不是简单造一个“东西”，而是要深度解读史料，结合当下寻找修复灵感。

在空间里植入地名历史、文化，国内外学者探索了多种策略。结合国内外学者的探索与上城区的实际，在每个场所营造南宋历史文化，不是展示南宋皇帝本身，更不是为他们歌功颂德，而是以每处场所为载体去透视南宋每一个时代的、触动当下人心的文化。坊巷肌理的历史植入有许多方式，其核心是吃透历史精神、文化元素，然后以创新的形式加以灵活再现。具体来说可以有如下一些形式：

立面修饰　从史料解读出能与现代艺术合作的传统元素，因地制宜地装饰建筑的外立面，要充分利用记载的短语；

厅堂命名　将现在的场所空间以史料中记载的语言来进行命名，使场所的空间意义发生变化。尽量用记载的语言，同时也要适当调整空间功能，以便突出空间意义；

记忆标识　通过勒石立碑、标识铭牌等方式建立各个场所的标识系统，如复制碑刻，立有现代理据的新碑；

空间改造　可改造地方，改变其格局以符合礼义，植入过去元素；

意境营造　根据诗文，改善花园、装饰物等意境；

历史叙述　以空间和场所作为历史叙述语言，形成情节；

以义带物　寻找大义所在，以变通方式加以物化；

古今会通　不凝滞在过去，不造简单仿古建筑。

整个记忆再生工程分两种形式展开，即场所营造和沿线线路符号植入（坊巷景观打造）。

以上城区的这七处地名场所为空间载体，将南宋在杭州的大约150年的历史，以创新的方式植入现有建筑与街道肌理，形成一条感知南宋历史的文化线路。这几处场所目前都为现代大楼，以停车场（德寿宫），信余里小区（宗阳宫），梅花三胜、水亭址、三益里等小区（佑圣观），浙江省商业厅（龙翔宫），杭州市公安局（开元宫），上城区区政府（忠王府），红门局一带的小区（南宋太常寺）等形式存在。应该在不改变其原来主体功能的前提下展开修复工作。项目的最终目的是要体现习近平同志在城市工作会议中提出的“要结合自己的历史传承、区域文化、时代要求，打造自己的城市精神，对外树立形象，对内凝聚人心”要求。

让南宋地名文化重新显露出来，对杭州上城区的旅游和文化产业当然也会有重要影响。这样的一条线路是杭州的灵魂，是凝聚市民人心的纽带，是塑造城市精神，对外树立杭州形象的窗口。

## 2.3 地名与城市文脉接续：衢州水亭门①

1994年由国务院审批，公布衢州为古迹型“中国历史文化名城”。南宋时期，孔子第四十八代长孙孔端友南渡，赐家衢州，故又有“东南阙里、南孔圣地”之称。水亭门古街区位于城内西隅，北界新河沿，南至皂木巷，西临衢江，东至县西街，呈矩形地块，现存三街七巷。区内散布着庙宇、宗祠、会馆、城楼、古迹及成片的传统民居，是衢州城保留最完整，最能体现古城风貌的街区。2010年7月，衢州市文化广电新闻出版局从“文化先行”的理念出发，邀请浙江大学跨学科研究团队，对该街区的地名文化遗产进行了深入研究，以便为今后街区规划和利用提供理论支持。

首先，水亭门地名文化遗产是为城市的文化复兴服务，彰显“东南阙里、南孔圣地”历史底蕴，为移风易俗、弘扬传统美德服务。其次，根据国际上对文化遗产使用的新思路，将水亭门街区打造成为展示衢州及周边地区地方文脉的展示平台，重点打造水亭门“都市教化空间”“节庆婚嫁仪礼文化中心”“中医休闲文化基地”“古玩中心”“地方特色商铺”“衢州家族历史博物馆”“衢州非遗项目展示中心”和旅游景点等，这些就是水亭门地名文化遗产的文脉主题。各项地名文化文脉线索不是以点的形式各自存在，而是相互交叉、相互衬托、你中有我、我中有你，整体展现，使水亭门街区成

① 本节改编自衢州市课题：水亭门历史文化街区文化遗产研究部分内容。

为一个地名文化遗产生态区，同时也必须与现代社会形态、生活方式对接起来，不能成为凝固不变的古董，要在建设中传承和创新中互动。这些地名文化遗产是衢州古城文化复兴的重要契机。

水亭门地名文化遗产研究要做的是“复原”。复原并不意味着复古。水亭门的地名文化质地，具体来说，就是它过去的意义，而不完全是今天能看到古建、文物。这包括水亭门原来的地理特征、人文风俗、民俗风气等文化肌理。

### 2.3.1 里仁为美的都市教化空间——表厥宅里，树之风声

中国坊巷文化的源头，可追溯到《尚书》：“旌别淑慝，表厥宅里，彰善瘅恶，树之风声。”这是说在老百姓居住空间的细节里，通过识别善恶，表彰宅里，明其为善，立其善风善声。水亭门街区的三街七巷（古街巷地名）牵连着六座牌坊：水亭街上的蔡春明牌坊、殿中执法坊、魏政进士坊，上营街的贞孝牌坊，以及下营街的两座节孝牌坊，或表功名，或旌贤女。此外，还有众多的家族祠堂、无所不在的教化符号和各种弘扬美德的祭祀场所。过去人行于此，内心自然顿生善心之体悟。因此，水亭门街区最重要的是恢复其“里仁为美”的都市教化功能，让人走在这个街区时，有一种道德领悟和自省，这是一个城市的灵魂所在。孔子曾被问及为何不到外面当官为政，他说：“《书》云：‘孝乎惟孝，友于兄弟，施于有政。’是亦为政，奚其为为政？”也就是说，他把在自己居住的地方弘扬“孝”“友”，感化民心看作是重要的为政行为。这样说来，把水亭门街区打造为仁里文化，也是治理城市精神文化的政治。教化不是空洞说教，而是落实到坊巷中的每一处细节里。修复水亭门首要的是修复其见贤思齐的表彰文化，具体来说可以从三方面入手：一是原住民孝友文化的修复。保留原住民已成为古街区修复的重要共识，但这还不够。更重要的是恢复原住民的家族体系与人脉关系，使其成为“仁里”。《论语》中说：“里仁为美，择不处仁，焉得知？”里者，民之所居。什么样的坊巷空间才是美的？并不是现代的高

楼广厦，而是有“仁”。“居于仁者之里，则为善”，日渐月染，便会有教化。水亭门有许多家族宗祠，这是孝友文化的根基，是感化民心、爱亲敬长的起点，也是最能触动衢州市民、凝聚人心的正气所在。不能把祠堂仅仅看作是家族内部的私事，古有所谓“家家皆正，则邦国自然得正”。二是坊表意义的重新流转。现代人把各种坊表符号看作是一种街巷装饰、建筑风格、文物或旅游产品。这是仁里表坊文化的现代变异，导致其原真意义的失落。修复水亭门就是要让这些符号的意义流转回来。修复坊表时，不应只从文物角度标识，要示其功绩，表其大义，对碑文、故事、楹联、题字有真真切切敬畏感，做到“显于当时而传于后世”。三是古今对接，重新激活。古人立坊时，多以当时局势为依据，具有很强的“现代感”，水亭门除了恢复原有的坊表，还可以为衢州当代贤人立坊建表，以期当下“见贤思齐”。这些现代表坊，应包含当代的价值观和美学符号，能体现当下的教化意义。

### 2.3.2 点面互动的整体遗产利用方式——浙西医泽

水亭门中医文化内含在街区内各种药铺、药栈的建筑名中。其展示的是一个点面铺开，渗透式的网络呈现形式。中医药文化不是水亭门文化的全部，但它渗透在各个角落，并在衢州历史上具有突出地位。从水亭街的药铺、宁绍巷的药栈和药业公会到神农殿的药王节；从下营街针灸传承人张玉恢的房子再到皂木巷一带的制药作坊，构成了多样的、渗透性的水亭门中医药文化。这其中最重要的是衢州四大原始的中医药文化元素：作为中医文化代表的针灸文化；作为门诊与药铺的水亭街中药店；作为中医商业代表区域的皂木巷药栈；作为宗教、教育和行业工会的宁绍巷。文化遗产从物质和非物质、从传统和现代两个层面呼应起来，构成了水亭门中医药休闲体系，成为衢州标志性的中医药文化承载区，使这块地方形成一个具有历史渊源的医药文化基地。对中医也要以开放、多元的角度思考，儒医结合，同时体现德性、思想性和医用性。

### 2.3.3　以水亭门拓展非遗内涵，以非遗项目带动水亭门记忆复兴——胡麻饼仪礼文化为例

水亭门地名文化融合了物质与非物质文化遗产，形成非遗带动物质文化遗产实践的现代商业经营文化。许多非遗项目由于受西方分类体系影响，往往从丰富的文化土壤里抽出来，变成一种技艺，导致文化内涵的缺失；但如果将非遗项目回归土壤，就能丰富乃至激活水亭门街区的活力。这方面邵永丰胡麻饼是一个很好的例子。邵永丰麻饼本来的定位是技艺，局限性非常大，但是，如果把水亭门的仪礼文化、南孔文化渗透进邵永丰麻饼中，就拓展了麻饼的文化内涵，通过麻饼仪礼活动形成串接，把水亭门的庙宇、民居通过婚礼的构架，形成一种互动。这样一方面拓展了邵永丰麻饼的文化内涵，也为政府利用好文保单位带来了积极效果。具体来说，就是通过全面梳理胡麻饼传承体系及其与衢州礼仪文化关系，由此，对接胡麻饼和衢州礼仪文化，并推进“胡麻饼礼仪文化”在水亭门文保点的具体实施方案，包括添丁、婚嫁（结合水亭门文化遗产及在旅游的运用）、中秋重阳敬老（结合胡麻饼节）、 寿礼和祭祖。这一思路将使胡麻饼成为培育衢州大文化的载体，同时也会提升其营销形象，有利于激活水亭门的旅游，促进南孔传统礼仪文化复兴，具有商业、文化遗产保护和文化发展等多方面的意义。

### 2.3.4　开辟有文化品位的高级会馆与商铺群——店铺深深

民国时期留下的店铺及建筑实体名称及记忆，成为挖掘水亭门商业文化的资源。当年水亭门是衢州最繁华的商业地段，作为“四省通衢”“五路总头”，衢州的商业特色就是在这里云集不同地方的商人、特色商品，可说是寸土寸金，与今天的没落状态完全不同。

现在北门街业已改造过的地方，其店铺一般都是只有一间，没有整体纵深的推向，这样的店铺没有能吸引高档店铺进驻的空间，与小店铺没有区别。

水亭门这些店铺房子，如何把过去和现代商业结合，利用好宅院纵深空间，有机结合起来，在保持原来的布局、文化记忆、时代特色和风格基础上，加以创新利用，吸引高层次、有地方特色、有文化品位的商家、会所进入，从而恢复水亭门往日繁华景象。

### 2.3.5 地方特色的多样性旅游文化——生活其中

旅游开发首先要有利于古城遗产的保护和传统文化的复兴，比较旅游产业，衢州历史文化名城的内涵更加重要。

水亭门的旅游感受会是什么呢？首先可能是一种怀旧感。中国近几十年来发生了翻天覆地的变化，许多以前生活中司空见惯的东西都没有了，看到这些东西能带出一大片的回忆。比方说衢州的小巷、民居、商铺等。其次是生活化，游客到此不仅是一种观光，比如看中医就可以成为外来客人的休闲内容。让水亭门成为衢州的礼仪中心，利用这里的文物和民居在此真实地上演各种传统礼仪活动，如庙会、婚礼、寿礼等。要让旅游生活化，就要很好地保护这里的原住民。不仅不能把这些人赶出去，还要吸引一些人回来。这些人构成了整个水亭门的社会文化的肌理，不同时期沉淀下来的历史记忆都在他们的一举一动里体现。这些记忆一旦消失，水亭门就是一个空壳。

开发旅游的另一方面，就是多样化。这一点很重要，这也是水亭门文化保持原生态的前提。要给游客各种各样的文化感受，让游客体会到不同的旅游内涵，包括庙堂礼乐文化、祠堂宗族文化、小巷怀旧文化、水上休闲文化、古玩商业文化、中医养生文化、戏曲道情文化、怀古教育文化等。

### 2.3.6 原始察终、见盛观衰的开放博物馆——走家串户

在整合所有地名文化资源后，形成水亭门开放博物馆文化保护与展示方案。水亭门街区保留着比较完整、成片的民居，还有相当的原住民仍然生活在其中。该博物馆将陈列在水亭门街区的民居、店铺、古街巷名称都作记录。其背后是各个家族盛衰演变，古城历史变迁的故事。水亭门街区内部宅

院本来大都可以相互串通，家族之间也多有通婚，形成一个建立在宗族纽带上相互依靠的关系空间。这些宅院的格局承载着传统文化，到处都有历史留下的痕迹。通过打通各个宅院，在保留原住民的生活方式，同时通过各处记忆的表述使其成为一个活的开放式的博物馆。一些衢州本土的非遗项目也可以在此展现。这样走家串户可以具体感受衢州古城的老百姓文化。水亭门民居所有权目前有两类，私有和公有，后者可以开辟为多种用途，甚至可以作为民居古建出售给有经济实力维护的私人。

2.3.6.1　以传承文化意义为目的的地名实体修复

“延年益寿”的不是建筑实体（建筑往往更新换代了），而是使建筑所表达的思想和意义传之永久。对遗产的保护，中国历代都在进行，但不限于物质，衢州历代方志里记载的就是这样一种属于中国本土的文化遗产传承与保护方式。今天，国际上已越来越认同这种传承方式。中国与西方不同，不是靠大量的石头、城堡来体现文化的延续性。在古人的思维方式中，重建是合理的，但意义不能失落。今天中国古街区改造的最大问题不在于重建本身，而是重建过程中意义的失落。比如水亭门外的“卷雪亭”，现在又重建起一座凉亭，但是卷雪亭的意境、它留下来的那些诗文，它丰厚的意义并没有继承下来，这导致了文化遗产意义的失落。西湖断桥不在于它的建筑结构、设计和外观，而是白娘子的传说以及它构建的一系列的想象。没有这些东西，断桥就不过是一座普通的桥。而在水亭门，类似的文化资源很多，追溯其文化意义，不能承袭西方遗产构架，仅以文物外形为基础，而是要更注重于意义的回归。这种意义回归，也不是完全从方志从史书里直接把意义搬回来，而是去寻找与现代进行对接的意义回归。以文昌殿为例，传统上它的意义在于文运禄籍、赏功进士、科举学校，与各种文运有关。清朝大学士朱珪把文昌殿提升到国家祀典，而朱珪本人就有足迹和诗文留在水亭门。今天，文昌殿的意义可以在反思国学、教育、公务员选拔等问题上找到持续性的现代意义。城墙也可以作为重建的思考对象。要在保护原始质地、符号和意义的基础上进行意义复兴，以一种尊重文化与遗产多样性之态度来决定城墙的原真性。

2.3.6.2　以礼仪活动激活地名遗产

地名文化遗产不是过去的再现，而是在当下的回应。它需要我们把许多今天社会、文化、政治活动放到遗迹里对话。当年来衢州新任郡治官员，到任后往往先要追访先人遗迹，以此表达他们对这方土地百姓和历史的敬重，也因此建立起上下同德、互敬互爱的关系。无关乎衢州“第一任市长”信安侯墓庙，以及毛泽东始祖毛璩墓在经历近1700年而留存。今天如果中小学生每年端午能到西安门凭吊抗日英烈，衢州医学界能去神农殿拜访衢州医学先贤，老百姓在重大庆典时到碧春楼领悟天地人的关系，那么这些遗产就不再是固化的，而是参与到当下的社会实践里，成为日常生活的一部分。水亭门有许多坊表，重建它不只是为了古色古香的外观，而是追回遗失了的价值体系。

水亭门街区可以考虑在古地名上修复的古迹有：城墙、信安侯墓庙、三塔（天皇塔、铁塔、铜塔）、各个街巷里的历代牌坊、联豸徐氏宗祠、文昌殿、观我园等；可以恢复的活动有：周王庙明乐神、宗祠祭祀、中秋拜月等。

# 3 大地正名与历史回声

结合第二次全国地名普查试点工作，浙江各地大力开展了地名文化和清理整治不规范地名工作。比如，绍兴市公布了名山、胜水、名街巷里弄名以及桥梁、古塔、祠庙，亭台楼阁，古遗址，井泉、宅府等。浙江省各地也恢复了一大批被遗忘的古老地名，由此响应“为大地正名”的号召。浙江省民政厅还在全省开展了对千年古城（都）、千年古县、千年古镇、千年古村落、畲族语地名、著名自然地理实体、近现代重要地名七大类重点地名文化遗产的初步调查摸底、登记工作。同时，为整合部门资源、形成工作合力，浙江省民政厅、住建厅、文化厅、旅游局、文物局等部门，合力挖掘与宣传地名文化工作。浙江省已经开展的历史文化名镇名村、特色小镇、“非遗”主题小镇、风情小镇、美丽乡村等的评定工作，极大地促进了地名文化对乡愁、乡魂的挖掘、营造和保护。

本小节展现三个案例：第一个，以38个千年古镇之一的温州芙蓉村[①]为例，展现千年古镇、古村落的认定工作，地名文化如何促发“乡愁”，留住“乡韵”，挖掘“乡魂”。第二个，以杭州西山景观为例，展示地名文化挖掘如何给自然山水注入人文意义。第三个，《大地有名》纪录片的拍摄，全方位展示，政府、乡贤、拍摄团队如何互动，为浙江大地乡村文化建设服务。通过纪录片拍摄，把地名语词文化与地名实体文化紧密联系。从而把浙

① 浙江评选认定千年古镇古村，http://news.xinhuanet.com/local/2016-01/21/c_128652096.htm。

江大地的山川、田野、城郭、村落、道路，都在语词叙述的作用下变成陈列在大地上的地名文化遗产。

## 3.1 文、献视角下的地名文化遗产：千年古镇（村）认定

习近平总书记强调，加快推进城乡发展一体化，是党的十八大提出的战略任务，也是落实“四个全面”战略布局的必然要求。新型城镇化是现代化的必由之路，是最大的内需潜力所在，是经济发展的重要动力，也是一项重要的民生工程。近年来浙江省美丽乡村建设、特色小镇建设，民政部千年古城、古县、古村落申报评审工作等，也在此背景下应运而生。2012年7月民政部颁布《地名文化遗产鉴定》，提出从地名文化角度挖掘和保护古镇、古村落的各项标准。2016年浙江省民政厅与省住房和城乡建设厅、省文化厅、省旅游局、省文物局联合开展了“浙江省千年古镇（古村落）地名文化遗产”认定工作，而在这样的申报、普查、评审过程中，地名文化如何真正地助力城乡一体化？在乡村地方性普遍失落、文化空间不断受到同化的当下，如何系统地认识地名内涵、发现一方水土的文化特殊性、激活地方精神，从而引领乡村文化发展？

地名承载着人类重要的“集体记忆”，理应时常“温故而知新”。从2012年起，浙江省在修订《浙江省地名管理办法》时，已明确把“地名文化遗产”内容纳入规划，确立了地名文化遗产保护的重要地位。2015年5月，由浙江省民政、文化、旅游等五个单位联合开展的“浙江省千年古镇（古村落）地名文化遗产”认定工作启动。根据《浙江省关于加强古地名文化遗产保护利用及宣传的实施意见》要求，浙江各县、市的民政部门逐步建立起分级、分档的古地名文化保护名录，以更加科学、严谨的态度对待古地名的调整与变动。浙江省民政厅为了制定相关的认定评价标准，多次召开研讨会听取专家意见，并推出了独创性的五大指标：千年古镇地名文化遗产必须同时符合时间性、珍稀度、纪念性、亲和力和吸引力要求，其中，“专名产生的时

间”和“集镇或聚落形成的时间”达1000年及以上是参评的必要条件[①]。据统计，截至目前，共收到全省各市、县（市、区）民政局推荐上报的地名命名千年以上的古镇38个、古村落95个。其中，经专家初评并拟推荐第一批公布的千年古镇有15个、千年古村落20个，其他尚需进一步考证认定。然而，此前却有研究显示，根据对浙江现存古村落形成年代的统计，早期的古村落可追溯至先秦时期，形成于五代、唐代及以前（公元907年以前）的村落不到总量的15%[②]。

千年古镇、村落的保护长期是以文物部门主导的，主要是古老建筑保护，以物质与时间存在为标准，然而浙江大量的古村落大多是没有物质了，或者物质不完整了，建筑时间也不是很悠久，但是这些古村落的文化和文脉是极其深远的。“千年”一词，在中国传统文化中从来不代表对过去的想象，而是表达一种续接文脉为使命，以文、献累积为载体的文化传统。基于浙江省丰富的历史文脉传统和现有的古镇、古村落存留情况，此次评审工作提出以文、献为基础的地名普查和认定方案，以期能为地名文化带动乡村文化建设提供新思路。为此，民政部门为主导的联合文物的千年古村普查活动就可以放在千年文脉去思考，基于文、献意识的地名普查思路，以期跳出西方现代性思维范式下的时间界定。这样一种认定思维转换的最终目的，正是为了实现习近平总书记所说的：“（要）系统梳理传统文化资源，让收藏在禁宫里的文物、陈列在广阔大地上的遗产、书写在古籍里的文字都活起来。”回归到民政工作本身，也就是说古村落不是为认定而认定，为保护而保护，其目的是激发一种以故为新、经世致用的地方治理精神。

① 浙江省千年古镇（古村落）专家评审会在省民政厅召开，http://www.zjmz.gov.cn/il.htm?a=si&id=8aaf801550eb46d6015238cc7c9e1713。

② 浙江千年古村镇地名认定开始　小伙伴来找找家乡入围了没，http://news.163.com/16/0114/20/BDAMA37800014SEH.html。

### 3.1.1 基于文与献的地名文化

古村落的保护长期以来比较重视物质原真性，即以地名实体留存的古建筑肌理为出发点，但中国的木结构建筑，很难完整地留存。因此，从地名文化入手，同时从物质和非物质两个方面建立乡村遗产的认定与保护标准是一项具有中国特色的文化遗产工程。浙江省在开展古镇、古村落认定过程中，提出基于文、献的地名文化认定标准，包括以下三个方面：

（1）用文脉意识来拓宽以时间界定的地名遗产价值：千年古镇、古村落的地名文化遗产认定应该基于地方文献记载的文脉源流，而不是完全依靠科学思维定式下的物质原真性规范。我们需要认识到，时间久远的背后是文献积累的厚重性。

（2）用文、献意识引领物质性保护：千年古镇、古村落的地名文化遗产认定应该在现有的物质性遗存保护的基础上，把重心放在梳理传统文献，激活古籍文字之上。文献是地方文脉的传承和依托，蕴含着大量的地名意义和来源。

（3）用地名文化空间来协同地方治理：千百年来古镇、古村落，以地名所形成的空间聚落有着独特的文化治理意义，或以血脉凝聚孝亲，或以里仁守望相助，而这些都与村落的空间形态密不可分。即便缺乏原始建筑，但村落的布局、肌理、人缘关系等属于空间意义的东西，同样是一种遗产。这些包含文化基因的空间肌理正是当下地方自治、守望相助、和谐乡里的文化基础。

浙江省重视时间背后以文献为载体的历史文脉，梳理地名文化时，重视地名本身牵连出的文献。对古地名所指的山、川、城、井，着重挖掘其名字对营造地方的文化影响。总而言之，以地名文化为切入口的古县、古城、古村落评定，突出它们被激活后的精神价值，即为城乡空间治理、留住乡愁方面的“文”的实际影响。

文，在中国传统文化中有着极为丰富的内涵，其最原始的含义是“象”

与“事”[①]。《说文解字》序曰：“文，错画也，象交文。”这里“文”可理解为痕迹、花纹或纹理。许慎进一步注解“文”意说：“文者，物象之本，字者，孳乳而生，仓颉作书与事相连。”可见自然事物的痕迹，或说贤人做事留下的印迹，历代的官员、学者通过观察、体悟、记录历史事件这些都是“文”。“文”，更是后人获得圣贤治理方式的意义来源[②]。在这个意义上，对文的把握和传承，也应当是一切地名普查、古村落保护的精神所在。与今天科学定式的时间史、断代史不同的是，文脉强调基于“五经”经典阐发出来的大义和创新价值，而非对起源的想象和定义。

“文、献”是记事而非观点或思想，即孔子所谓：“载之空言不如见之于行事之深切著明。”孔子认为，我们不能只在空言中言说文化，而应该以行事描述来说明道理。也就是要不断解读经典当中的地名，梳理历史上由地名牵连出来的典故。地名文化的语词认定，应该纳入“事迹”的认定，其价值标准依然应该是源于五经的文脉体系。这就使地名认定从时间维度转换到文意维度，从金石、古董的收藏，转向以故为新的地方文脉。

除记载在古籍里的“文”，还有大量文意是通过口口相传的方式，以及一方百姓的生活、行事来传承和表达的。这在一些文字记载落后的乡村尤其重要，即古人所谓的“献”。“文献”在古代是分开来理解的。“文”指典籍，“献”乃故老之贤人。孔子在挖掘夏殷之礼的遗产时说：“夏礼，吾能言之，杞不足征也；殷礼，吾能言之，宋不足征也。文献不足故也。足，则吾能征之。”（《论语》八佾）这是说杞宋二国为夏殷之后，虽然孔子有夏殷之礼的记载，能言说之，但缺乏后人的传承，故不可成之。由此可见孔子的遗产传承既重视书面文献，也重视后人的记忆，这就是所谓的“文”“献”互征。用现代视角来说，可以概括为古籍整理和走访考察记录两个方面。这

① 《说文解字》后序：“文，错画也，象交文。”这里的文可以理解为痕迹、花纹或纹理。许慎进一步注解为：文者物象之本，字者孳乳而生，仓颉作书与事相连。

② 吴宗杰：《话语与文化遗产的本土意义建构》，载《浙江大学学报（人文社会科学版）》2012年第5期，第28—40页。

就说明，文与献需要互征以还原一种文化遗产的全貌及意义。对孔子“文献”互征的含义，宋代张栻进一步解读为：

> “文”谓典章，“献”谓故老之贤者。杞、宋在当时，是二者，皆有所不足。故于稽考咨询有阙焉。则夫二代之礼，圣人虽能言其意，而度数节文之实，盖有不得而征者矣。无征不信，是以圣人或阙焉。夫以圣人之生知而学，至于前代制作之原，固已默识而无余矣。然至于事为之著，必考文、献于故国，有所不足，又从而阙之。其问礼于老聃、问官名于郯子，及史之阙文，皆是意也。非惟至诚无息，不自有其圣智，而于制作之实，文理密察又如此。①

这句话是说，张栻以为孔子所说“文”指“典章”等遗存古籍，而“献”指已经上年纪的“贤者”。因当时杞、宋两地无论是古籍还是当地贤老都很难找到，所以不足以信两国的礼。也就是说，如无法考察到当地的古籍和口述记忆，也就无法证明当地礼的存在和意义。他认为孔子去求教老聃、郯子的缘故就是去请教贤老，搜集“献”的地方意义。

“文”的意义并不是固定的，而是随着历史环境的变化而变化，“文”的继承与“献”的创新，形成通古达今的历史思维以及治理意义的旨归。文与献相结合的文化传承方式，是地方意义从古到今的不断流动。当古籍上与当地贤老口述能够对接、互征时，遗产就有了鲜活的现实意义，这才能实现大地遗产和古籍文字激活的效果。遗产学专家喻学才将孔子这种观念概括成“文献并重”②，跨文化研究专家吴宗杰也说：“这些都说明遗产意义的挖掘不仅靠文字，更要注重对活人的采访和观察。”③这种传统历史学所说的“文

① ［南宋］张栻：《张栻集（一）》，长沙：岳麓书社，2010年版，第21页。

② 喻学才：《孔子的遗产观》，载《华中建筑》2008年第4期，第1—2页。

③ 吴宗杰：《话语与文化遗产的本土意义建构》，载《浙江大学学报（人文社会科学版）》2012年第5期，第28—40页。

献互征”，是可以做到习近平总书记所言“让书写在古籍里的文字都活起来”。

值得关注的是，中国从周代以来奠定的地方志传统便是“文献互征”思想在地方治理之中的集中体现。首先，地方志书写必定是围绕一方乡土即地方空间的意义叙述，这也就要求当下的地名文化挖掘和认定必须要以地方为依托，以空间治理为旨归，而不是浮于表面的语词堆积和陈述。这也就要求我们重新思考千年古镇、千年古村落的空间聚合，以每一个空间为条目，以具体地方为依托，以地方空间里留存的文、献为内涵，改变今天地名文化表述历时性、科目类、框架式、定性化的话语方式。其次，传统地方志的地名书写蕴含着对地方文脉的传承和续接，是地方文与献的集大成。这也就要求我们在进行地名文化普查和认定时，重视地方文献的收集、整理和解读，以及地方百姓的记忆收集和整理工作。文、献，并不仅仅意味着文字记录，还包括乡音、乡韵，即方言为载体的文化保护，以及地方文物的解读，地方记忆的采集，等等。口述、金石、家谱、传说、碑刻、诗文等，乃至一草一木一石，落实到地方文献之中都蕴含着地方意义，其丰富性、多样性和地方性无疑给地名文化普查和界定指明了新的来源。最后，地方志的书写不仅仅是地方文字意义上的传承，更是历代以来地方治理的宝贵经验和财富。在当下全国进行第二次地名普查，更是一次重要的整理地方文献、激活地方精神、重塑地方灵韵的历史机遇。

浙江省千年古镇、古村落的评审认定工作是一次聚集社会各个部门，集官员、学者、百姓共同参与的，以地方为平台的地名文化梳理、书写与实践，是地方声音的时代显露。它要求我们重新审视“五四”以来的文化定位，改革开放以来形成的现代文化概念，尤其是商业与怀旧的消费文化。当下基于一些语词符号的炒作其实都是无本之木、无源之流的文化想象而已，并不符合中国博大精深的文化传承传统。

总之，地名文化认定和保护，是一项由政府引导，地方乡贤参谋、老百姓参与的文化实践过程，它能在真正意义上带动地方文与献的整理和活化。

地名文化只有赋予一方地域的文脉、文献、文意的精神指向，才能真正转化为带动地方发展的可持续文化资源。

### 3.1.2 文、献视野下的“芙蓉村”地名文化

芙蓉村位于浙江省温州市永嘉县岩头镇，楠溪江中游西岸，北离岩头村约1公里。永嘉楠溪江畔自古就有“东南邹鲁”“溪山邹鲁”之誉。2009年，楠溪江古村落整体被授予国内唯一“中国景观古村落群”称号，其中芙蓉村、埭头村、屿北村等村落入选中国景观村落名录，芙蓉村古建筑群也被列为全国重点文物保护单位，习近平在任浙江省委书记时曾到访芙蓉村，中央电视台《记住乡愁》2015年拍摄了“芙蓉村——耕读传家久”的纪录片。

芙蓉山下的芙蓉村

芙蓉村有着悠久的历史，同时也饱经沧桑。据《陈氏宗谱》明弘治十年（1479）记载：“唐末，为避乱世，有陈氏夫妇，从永嘉县城北徙，沿楠溪江就深山坳里，至芙蓉峰旁，只见此地横腰带水，后枕纱帽岩，三龙抢珠，四水归塘，于是筑屋定居。”这短短几句话道出了芙蓉村地名的由来。此外，芙蓉村以山为名，这不仅记载在家谱中，在地方志中亦可以看到村落依靠的

芙蓉峰的相关记载：

> 芙蓉山。《汤志》在四十四都清通乡引《隋书地理志》，永嘉有芙蓉山。按：隋时，永嘉一县兼有温州五县之地。志所称芙蓉山，似即雁荡山。雁荡有芙蓉峰，下有芙蓉村，故名。然境内亦自有芙蓉山。《一统志》云：有三峰耸立，红赤相映，如芙蓉，与乐清接界是矣。宋陈虞之御元兵于芙蓉岩，即此。在仙居乡四十八都，今云四十四都清通乡亦误。[①]小芙蓉山，在十八都中为玉屏峰（状如仰船，一名仰船尖）。峰阴名西沉大山，其阳名芙蓉山（中峰南下为凤凰山，山下有小芙蓉村）。[②]

由上面记载可知，先有芙蓉山，后有芙蓉村，村接续的是山的文脉。这个山的名称在《隋书·地理志》里就出现了。该山秀美自然，所谓“三峰耸立，红赤相映”。今天从村西南可看见三座山峰，岩石赤红，状若含苞欲放的芙蓉花，每到夕阳西下的时候，格外动人。“峰阴名西沉大山，其阳名芙蓉山。”然而，从现有文献记载、物质遗存来说，芙蓉村的历史并不能够达到千年的时间界定要求。现存最早的有关芙蓉村文字记载的是家谱，至今只有800多年历史。但从文脉来说，800年的家谱记载，陈氏家族是在唐末在此筑屋定居，而唐代以前史料又记载了同样的名字“芙蓉山”。这样的接续关系，从文献角度来说可追溯1200多年前的历史了。但文献考证最重要的目的不是证明其时间的悠久，“文”承载的是贤者的足迹，或者说行事背后的教育意义。《大清一统志》记载了陈氏家族贤人的行事足迹：“陈虞之，字云翁，永嘉人。登咸淳第迁秘书省兼国史院。元兵至温，虞之率子姓乡人登芙蓉岩死守，越一岁为所败，遂自刭，从者八百余人，皆死之。”《陈氏宗谱》中也同样记载了陈虞之的壮烈事迹。

① 《光绪永嘉县志》卷三十八，清光绪八年刻本。
② 《光绪乐清县志》卷二上，清光绪修民国元年刊本。

陈虞之，字云翁，号止所，永嘉县岩头镇芙蓉村人。宋度宗咸淳元年（1265）登进士第，历任扬州府学教授、淮东帅干、两浙漕干、刑工二部架阁文字、广王府记室参军、积阶承议郎、秘书省校勘兼国史院。南宋末年，元兵南下，他响应文天祥的号召，率领全村义士800多人据守芙蓉峰整整三年，最终全部殉难，陈虞之自杀殉国，村子被元兵烧毁。陈虞之的抗元历史给这个村子带来了许多传奇色彩。

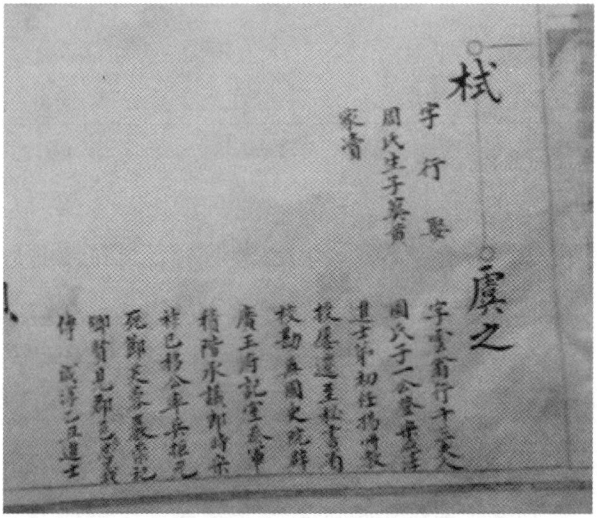
栻
虞之

**《永嘉大源芙蓉陈氏宗谱》里记载的陈虞之**

陈虞之的悲壮事迹，在《两浙名贤录》《大清一统志》《温州府志》《永嘉县志》等书籍均有记载。《御选宋金元明四朝诗·御选元诗》（卷七十三）记载了陈虞之的诗歌“送别”：

柳湿征衫晓出关，
荒城古雪剑花寒。
西风漠漠龙山路，
马上青山带醉看。

《绘事备考》（卷六）还记载他的绘画“古木寒鸦图”，称他“深于易理，好作墨竹，每见折竹小枝，取就日影玩之，盖欲得其神情也”。

这些与芙蓉村一起记载的陈虞之忠烈事迹、诗画人物体现了“文”的经义所在，它能穿越时空，成为地方的精神渊源，即便是在打败陈虞之的元代，也对此敬重有加。据胡文连考证，元朝最后一个皇帝惠宗，为陈虞之事迹所感动，发了一道圣旨，追封官秩，特予表彰。敕曰：“原任国史院陈虞之，以摄官而冒万死，以保地而奏肤功，有臣如此而无位无年，可为叹息也。追赐一秩，寄为异恩，以慰沉冥，且劝来者可。”①

地因人显，陈虞之的文迹至今仍然可以在芙蓉镇看到。村里有“陈虞之纪念馆”，他的坟墓在村三里外的岩下寺洞桥头大路侧。“陈家军”仍然是村民代代相传的忠义故事。

村民的记忆、村落布局、家族耕读精神、建筑、文物等无不成为陈列在这个千年古村落的活文化。古村自有的空间布局（司马宅、陈氏大宗祠、三星祠、芙蓉亭、明伦堂等）以独特的家族治理方式在运转着。

今天的芙蓉村有2000多人口，约500户。村里人多姓陈。村东门，是古代村寨主出入的地方，俗称溪门。进得东门，是高出地面约80厘米的平台。这是古时村民荣归故里，接见村民们时的讲台。讲台下是村里的主干道长塘街，又称如意街。据明弘治十年（1497）《陈氏宗谱》载，唐末陈氏夫妇为避乱世，在此定居。至南宋末年，陈虞之率族人拒敌勤王，村被元兵烧为废墟，元末明初重建时，世祖为吸取教训，把原分散的田园小村集为一寨，并在寨外围修一至两道石砌寨墙，墙上开铳眼，四向设七个造型各不相同的寨门。

关于村落的重建，一直流传着芙蓉村陈氏十八世祖陈贵道邀请国师李时日布置“七星八斗”风水的故事。在《中国名村风水·永嘉芙蓉村》一书中这样记载：据记载，元至正元年（1341），十八世祖陈贵道邀请国师李时日规划重建村落，村落平面呈莲花形，坐北朝南，当时村落布局运用风水堪舆

① 抗元志士陈虞之，http://blog.sina.com.cn/s/blog_9d27a83a01012kj3.html。

中“象”的思想，按“七星八斗”的格局规则设计[①]。意为天上星星与地上人才相对应。全村今天略呈正方形，坐西朝东，围以卵石砌成的寨墙，使整个村庄犹如一座小城堡。“七星”翼轸分列，“八斗”呈八卦状分布，道路、水系都是散布的“星”“斗”而形成系统。所谓“星”，为道路交会处之稍高的路基台面，七星为村里七道主要道路交会的台面。作用宛如古之风火台，为瞭望和传递消息之用，也暗含生活步步高之意。所谓“斗”，为村里的水脉汇聚之处方形水池。

星斗的格局虽然延续至今，却也有了新的作用。村内引溪水沿寨墙、道路，沟通各“斗”形成流动水系，清流涓涓，迂回于宅边、道旁，既可供村民洗涤、防火，又可调节小气候，丰富景观，使村落的环境充满安居乐业的气氛。街巷网络、给排水系、居住建筑、教化建筑、礼制建筑和以水池与亭子为中心的公共休闲中心，交织组成一个完全自足的“耕读”社会。陈氏宗祠其中有一对柱上写着：“地枕三崖，崖吐名花明昭万古；门临四水，水生秀气荣荫千秋。”说的就是芙蓉村的鼎盛文风和好风水之间的关系。

有关这个村布局背后的文意，主要靠村民的记忆传承。正是由于这种口述文化，我们还能解读出芙蓉村独特的文化肌理。村中主街如意街铺着卵石，被几百年先人们的足迹磨得圆润，细雨轻泅，闪出柔和的光泽。现代人也都还自在地生活在这种具有生态文化气息的空间。祖先们留下来的星斗水塘，成了当下游人和居民新的聚集处，或洗衣淘米，或二三闲聊。村子里遗留的几个石磨，逢年过节，或还可以使用，好不热闹。这里的一石、一木、一塘、一柱根植于当地人的生活之中，而不是博物馆里的文物。

吸引游人更多的是芙蓉村独特的建筑遗存，当地政府在现有的祠堂、家庙、戏台、书院、阁楼的基础上发展了多个展厅，宣扬儒家教育、中医养生、孝亲文化等。村里现有明清时期的古民居30多处，大小宗祠18处，皆为陈姓祠堂。村落核心芙蓉池边有座古建“芙蓉书院”，南宋时创建，后被元

① 宋代李士实国师与永嘉楠溪江村落风水，http://blog.sina.com.cn/s/blog_4d4f386c0102ebbr.html，2017年3月30日进入。

军烧毁，现存的是明晚期重建的书院。书院植入了文庙的建筑格局，体现“继往圣、开来学”的教育使命。书院格局正统，形制规整，由东向西，依次排列着泮池、仪门、杏坛、明伦堂和讲堂。

芙蓉村今天有几件重要文物，但它们不是作为博物馆收藏品，而是作为“文、献”去传承和解读这个村的文化。芙蓉村从其先祖定居到现在，不断续修家谱，留下了完整的家谱记载。现存版本是清光绪年间编写的，四册版。除了陈氏宗谱，村里还保留着当年陈虞之使用过的黄金印。村民陈岩桥说，“在‘陈家军’牺牲数十年后，邻村一村民找到了陈虞之使用过的黄金印。”当时一位邻村的老农在芙蓉崖山脚下的庄稼地里，刨土时刨到一块硬邦邦的金属物，细细一看，该金属物约8厘米见方，厚约1厘米，底部带着整齐的条纹式花纹，背上还有把柄，把柄顶端刻着“总把之印”四个字。消息传开后，芙蓉村村民认为，这金属物应该是陈虞之使用过的黄金印，应该归村所有，为了向对方表示感谢，陈岩标说村子里特意出二斗半大麦，将黄金印赎回。“文化大革命”期间，因有人揭发芙蓉村私藏文物，最终不得不将黄金印交至国家有关部门，后经相关部门认定后，将其还给村里[1]。

芙蓉陈氏家族收藏的黄金印与象牙笏

① http://www.yjnet.cn/system/2011/04/28/010774715.shtml。

黄金印在村民心目中的价值远不是价值连城的文物可以相比。它渗透着陈氏先人的教诲，以及今天的精神。只有贵客来访，金印才会示人。习近平在浙江任省委书记到地方考察时村民曾经拿出此印。地名文化考察一行人也有幸得见。村民们把它当作是老祖宗留给自己的宝贝。金印起到了文与献的互征，史书记载、家族记忆，这些都成为连接古今、延续乡村历史文脉的文、献肌理。除此之外，我们还见到了芙蓉村另一件文物：象牙笏。说起象牙笏的文化意义，《芙蓉陈氏宗谱》有载，族人中考中进士、举人、生员的34名，历代在京任职有18人，世称“十八金带”，今珍藏“十八金带”容图、玉笏、朝服及祭品、圣旨、金瓶、匾额等。陈氏后人，陈晓江用小说体的形式《芙蓉外史》，不断记述作为记忆的芙蓉村文化。它与史书、文物、建筑一起构成芙蓉村丰富的文化资源。

在当下的科学分类体系下，除了地方志，这些都很难作为地方文献得到认可，然而黄金印串联着象牙笏，背后是整个家族，乃至南宋王朝的命运，它所涉及的史料，上自《宋史》《大清一统志》，下至地方县志和小说等，无不是地方文献的重要组成部分。芙蓉村丰富的历史文物和文字记载拓展了地名文化普查和认定中对文献的定义。

芙蓉村为传承文化，自古以来形成良好的文献保护传统。虽然经历了许多风风雨雨，加之“文化大革命”的浩劫，芙蓉村这些文献却被保留下来。在考察的过程中，村领导告诉我们，不仅仅是家谱，芙蓉村的传家宝也是由专人保存的。村里选出几家人组成一个特殊文献保护小组，根据祖先传下来的独特轮换方式，轮流在这些家里保管。只有保管者本人知晓，除此之外，连这个小组内的其他人家都不知晓。这样神秘的代代相传的保管方式，使得没有人可以在违背祖训的情况下得到文物。这也靠的是几千年华夏家族文化基因，即以尊尊、亲亲为基础的血缘纽带，这背后也体现了芙蓉村家国一体、忠孝互动的村落自治形式。因此其文物传承方式本身也是芙蓉村千年遗产的一部分。

当下的地名文化保护和乡村建设如果能够抓住人心，落实到当地，无疑可以带来更加显著的效果。如果说规划、行政与法制是一种强制性的力量，那么地方治理方式就是一种春风化雨式的软纽带，和家谱一样，串联着先祖和子孙，沟通着家家户户。

总而言之，无论是地名文化建设还是乡村建设，文与献应当是我们参与和实施地方治理的智慧来源与着力点。以芙蓉村为例，对文脉、文献和地方空间的地名文化解读，告诉我们文献视域下的地名与乡村文化建设，必将走出一条浙江省独特的基于文化资源而形成的地方治理道路。

## 3.2　乡村记忆与自然景观：杭州西山地名考[①]

以大垄山为中心的杭州西山风景区

杭州西山风景区是一处自然保护区，没有进行专门的旅游开发。景区中心是东坞山村大垄山（双髻山）。这一区域有很多老地名，其相关文化内涵留存在《定乡小识》方志与老百姓记忆中。北方为午潮山、闲林水库，经长子坞抵鸡溪笼顶，向大垄山靠近。西路山脉自四顾坪，朱坟山，跨越祝闲

① 本节改编自杭州市课题：受降镇东坞山村文化研究部分内容。

公路抵万罗山。西南从狮象山，经九里暗山，徐家山，在白沙坞收尾。东南一支山脉自大垄山下的小斗坞，经鸡笼顶，围绕至白岩山，统称为“午潮山国家森林公园”，而杭州野生动物园就坐落在古时称“九里暗山”之麓。自从杭州的闲林水库工程开工，该区域又增加一大片水面休闲区。而东坞山村是该风景区的核心，村里最高点是历史上著名的双髻山，有“天目苍苍翠霭浮，一支分派落江洲。翻盆雨过峰如洗，凤髻双盘玉女头”的美誉。

这一地区坐落着杭州最高的山，行人与游客很少，虽然有很好的视觉景观，但由于地名与地名实体不清晰，整体上缺乏文化氛围。这片山的地名记载主要体现在《定乡小识》一书，其中勾画的意境是“高摩青汉，气象尊严”，具有深幽、居中、谦德的文化意味。《定乡小识》是清代光绪年间张道编撰的一本乡土地方志。所谓“定乡”，是以定山而命名，所在地在今天杭州西山风景区东南，有定南、定北、安吉、长寿四乡。然而可惜的是，《定乡小识》记载所涉范围大部分已经被都市化，只有东坞山村一带还保留着原来的景观。

### 3.2.1 景观地名文化叙述

东坞山村地处杭城西南部的山谷之间，位于白沙坞东面，山势低小而秀润，苍翠可“掬”，为旋网山、牌山之余脉，也是天目山脉与西湖之间的重要风水线，有“龙飞凤舞到钱塘”之说，清代许承祖描述这里的山是“凤飞天目憩东南”。《定乡小识》描述这里的特色是“山中别为一坞，庐舍竹树环宅，山麓越东为午潮山”。

以东坞山村为中心，整个景区体现为《定乡小识》“地殊梅冶，俗似桃源。为先人负郭之余，偕小史携装而至”。《西溪梵隐志》记载其北部山区有龙门十景：“曰龙门，曰龙门寺，曰石关，曰鱼石，曰千丈岩，曰四顾坪，曰老龙潭，曰龟王殿，曰鹦鹉石，曰盘谷。”其东部有“白岩十景”：白岩山，蜂房，岩天池，宝鉴池，又来泉，炊香泉，珠峰石，莲花峰，桂龙桥，思君子径，由清代曹洞宗僧人释净符（字位中，庐陵人）命名。这一带山系“高数百丈，自踵至脊，艺茶殆遍”。山脚下“每岁春时，村中妇女携都篮，荷笠，采茶山上。银钗丫髻，唱采茶歌，山前后声相应”。这一带山中，曾为僧人隐居之处，有《山居诗》为证：

幽花无姓氏，古木不知年，终日茅檐底，相看静若渊。
茅屋两三间，闲僧四五个，饥寻烟树村，倦便岩台卧。

### 3.2.2　大垄山地名景观书写

大垄山是东坞山村最重要的靠山，也是整个杭州西山景区的最高点。它高出群峰，如果天气好的话，站在山顶可以俯瞰众山，极目钱塘江，是领略杭州山水景观的制高点。在村子，无论站在哪里，人们都能看到大垄山顶的双峰，据村里人蒋其根说每当大雨将倾，大垄山山顶就会升起一股白云，颇具龙形，村民们认为这就是白龙潭的那条白龙在大垄山顶盘旋，兴风作雨，保佑东坞山风调雨顺。

东坞山晨曦

大垄山在《周氏宗谱》的“周氏里居形胜记”有记载：“后山又由北而折东，绕南则为岱峙岭、大垄山、培元垅诸峰，门前山其分支也。”可见，大垄山、岱蚪岭高低连叠，一脉相承，不仅仅是杭州西南郊山岭的制高点，还是东坞山村通向杭州城的山脉的转折点，从这里“有山径逾岱蚪岭，通留下镇，为赴杭之间道”。在村内，大垄山又处在青山环绕的村落正中轴线上，与村口狮子山相望，刘生林老人说大垄山“犹如一颗大印，敲定全村的风水气脉”。村里人还有种记忆，以前村民早起做豆腐皮就是通过观察北斗星与大垄山峰的相对位置确定时辰。

大垄山在东坞村最深处，里面还藏着滋养全村的溪水源头，山麓是山涧与地泉的交汇处，水面终年清澈如镜，到了山坳，有20世纪70年代修筑的大洋坞与小洋坞两座水库，坞水温润翠碧，水色清澈，水质纯净，曾是村里的灌溉与生活水源。只可惜近年来，大洋坞边开采铜矿的水排入水库，坞水及潺潺而下的村溪已不再清澈纯净。

大垄山的位置如此显耀，对村民又这么重要，它在历史上是有何记载呢？当地光绪年间的乡土志《定乡小识》，民国刻印本《杭州府志》，万历、康熙《杭州府志》都不见一处有大垄山的记载，而《杭州府志（民国）》钱塘县山水篇记载的丫髻山却与大垄山位置和外观十分吻合：

> 丫髻山，在定山西，其顶有两峰，俨然如髻形，亦名凤凰山。（钱惟善《江月松风集》）龙门山，南一里为大斗山，又一里为丫头山。

“丫髻”指的是古时幼女或者成年的未婚女子的发式，头发集束于顶，编结成两个头髻，像两个树丫一样，所以叫丫髻。很明显，丫髻山的名字就是由山的形貌而来，也叫丫头山。而龙门山南一里是大斗山，大斗山又一里就非常可能是东坞山村最高峰大垄山了。丫髻山又称丫头山，它还有个美丽的名字“凤凰山”。

《乾隆杭州府志》卷十四也载：

丫髻山一名凤凰山。凤凰山，在定山西，其顶有两峰俨然如髻形。（《江月松风集》）龙门山，南一里为大斗山，去斗山一里为丫头山，高九百丈，周回四里，巅起双峰如髻，故名。

丫髻山在不同年代杭州地方志记录中有不同的名字：凤凰山、丫髻山、双凤山、丫头山等。今天，东坞山村的人叫它“大垄山”。为什么会这样呢？《山川志》中论说：“今之山川即古之山川也，不能增亦不能减，此妇孺所能知奚。庸饶舌而亦未必书，然陵谷有时，沧桑忽而变幻，岂如古月今月历久常圆。”这句话就点明了同一个地方为什么名字不同，山川自古至今几百年，不会有多大的改变，这是常人都知道的道理，但是有时溪流河道会改变，饶舌的名字也许会被慢慢遗忘，未必会记载留存下来，何况地方志的特点是“实录”，它崇古推今，是一本文化记录册，有“疑以传疑”的特点，而不是科学考证的资料，岁月变迁，名字有所改变也就容易理解了。

《定乡小识》山水记卷三记载，凤凰山也叫丫头山，曾有很多当时名人诗句。其中，元代的钱惟善（字思复）就曾作“凤凰双髻诗”，他曾游光明寺作诗，诗中所说的“上脱冠巾凤髻双”就是指凤凰山。

**次陈君瑞游凤凰山光明寺**

左瞻剑戟龙门并，上脱冠巾凤髻双。  
斋近木鱼鸣昼庑，行迟松鼠落晴窗。  
云深不觉山藏寺，溪涨应随雨到江。  
未识此中真乐地，三生先喜俗缘降。

它还提到一个有意思的说法，可以将杭城内西湖边著名的凤凰山与乡间的凤凰山区分开来。清代雍正年间，朝廷对西湖进行了大规模的疏浚治理，增修了一些新景点。当时，浙江总督李卫主持修纂了《西湖志》，钱塘张道也就是《定乡小识》的编纂者说，李卫不知道定乡有凤凰山，在万松岭旁边南宋大内的凤凰山下做了“双髻峰”的标示，还引用了钱思复的诗，张道叹曰：“以实之讹矣。”他继续解释说，元代的时候，钱思复还在凤凰山下提过“双凤山居”图，在上面写了《凤凰山居图诗》。

**题双凤山居图诗**

双凤山人茅作屋，五云阁史绣为衣。
写将潇洒沧洲趣，留待风流二老归。
岁月无情遗墨在，江湖多事夙心违。
寒藤古木西江道，惟有当年白雁飞。

翟灏和翟瀚两兄弟编辑的《湖山便览》也把钱氏的诗附在南宋杭州大内皇城的凤凰山，还误把光明寺也列在这个说明当中。张道后来在《定乡续咏》里面也多次提到了凤凰山，他用钱思复的《定山十咏》和其《双凤山居图诗》来说明城内外的凤凰山只是名字相同而已。他解释说，翟氏兄弟不知道钱惟善的诗明明是说：“左瞻剑戟龙门并，上脱冠巾凤髻双。”城内的山离定山还有龙门非常远，以往的地方志把它的名字标为凤凰山只是取名罢了，不能够强硬地把钱氏的诗词移到城内。

**凤凰双髻**

凤来天目憩东南，琼树巢空百鸟惭。
千仞翱翔秋绾髻，两髦�鬌暮栖岚。
谁嘲风落乌纱帽，自借山为碧玉篸。
仙女洗头休望岳，相期岸帻对虚谈。

元代诗人钱惟善为丫髻山留下了很多诗词，钱惟善何许人也？《元诗纪事》卷十九记载，钱惟善，字思复，是钱塘人。他于元至正元年（1341）以乡荐官至儒学副提举，著有《江月松风集》。有人评价他的诗说：“惟善湖山之秀而发于诗，故多秀句。”《江月松风集》序说，钱思复所作的诗特妙，不是为了议论而议论，但是又不拘于议论，不为了写景而写景，但是可以感觉到它未尝不议论，而不于议论，未尝不景物，而不硬生生地把晚唐的“四灵”体赋予写景的诗中，“亦浣花溪上见白头乱发两耳人耶”。

### 3.2.3 丫髻山与周边山岭和村落

《西溪梵隐志》按：“丫头山，为焦山之支山。”

定山、龙门山、大斗山与东坞山村联系十分密切。定山在钱塘江边，也叫狮子山和浙山，是古时文人雅士涉足之地，在大垄山的东方。郁达夫曾在《龙门山路》一文中提到《定乡小识》中的定山和定乡的命名：“所谓定乡者，当然是以定山而命名，有定南、定北、安吉、长寿四乡，又因它们居于县治的上游，所以又名上四乡，以示与县下的孝女、南北钦贤、调露四乡境界的不同。”东坞山的长寿乡，早在《咸淳临安志》就有“长寿乡管四里：淡竹、大斗、凌溪、白卄”的记载。《定乡小识》也在大斗山条目下记：“《咸淳杭州府志》疆域门，长寿乡有大斗里。”里是古人聚居的地方，《毛传》云：“里，居也。二十五家为里。”《汉书·食货志上》：“在野曰庐，在邑曰里。”作为旧时的区划单位，里相当于现在的自然村。

东坞山村至今存有很多岱岫岭的记忆，岱岫岭后来叫作大斗山。《民国杭州府志》写明自《康熙钱塘县志》记载“大斗山在焦山南”，又特别新纂：“一名岱岫山。”东坞山村《钱江长寿东坞周氏房谱》里记载康熙年间，周氏祖先就葬于岱岫岭。现在，龙门山一带是一个新开发的“白龙潭景区”，从东坞山的豆腐皮古道上去，翻山越岭，可以到达。白龙潭景区入口处的龙门坎村自古住着葛姓人，有多年地方文化研究经验的老先生葛以华说自己从小生活在龙门坎村，他对龙门山一带十分熟悉，并写了很多文化研究的文章，他对《定乡小识》里“横山路”的山山水水都很清楚，虽然他曾经将丫头山的史料编入《说龙坞》一书，却不知道丫头山具体在哪里。当问及丫头山的方位时，他指着东坞山村的方向说："大概在那边。"

提起龙门坎村和大斗山，不得不说的是上陈埭村和小斗山（又叫小斗坞），它们与东坞山村可曾是一家。《钱江长寿东坞周氏房谱》与《杭县周氏家谱（清代）》记载很多，小斗坞在东坞山村的小洋坞里面。《定乡小识》记载："小斗坞，一作小岬坞，在大斗山下。"《民国杭州府志》也提到了与《万历钱塘县志》同样的记载："小斗坞，在大斗山下，一作小岬坞。"丫髻山（大垄山）东南面龙尾山下就是上陈埭村，村委会杜主任告诉我们："东坞山翻过来，大斗山，小斗山。两边是山，中间是坡。"杜主任所说的坡现在已开发成西山国家森林公园的游步道，由龙坞茶村大斗山入口进去，沿着两旁种满毛竹的游步道平缓向上走，来到标有大斗山、小斗山路牌的分岔口，再上就要爬山了，山上的小径边有黄栲林、天竺桂，沿着龙尾山蜿蜒向上爬，就可到达山顶的鉴远亭，森林公园的守林人陈华山说："山顶凉亭，一面是西湖区，一面是富阳。"以前，东坞山村的村民都是从这儿翻山去对面村子，村子两边联姻，东坞山的姑娘会嫁到对面村子，对面村子的何家郎也会入赘东坞山。几个村子之间的山上可砍柴，有山鸡、野兔可抓，以前，还有老虎。站在鸡笼山顶，东坞山村人蒋正明感叹说："以前从这里去上陈埭爬山很快的，只要40分钟。现在都开车了，不爬了。"

值得一提的是，现在上陈埭村的"农家乐"开发做得很好，龙坞茶村范围内的上城埭村、慈母桥、何家村都是"农家乐"景观，现在村里还在积极发展佛教文化，因为当地有光明寺遗址，他们希望恢复光明寺往日的盛景。现在，光明寺遗址旁修建了光明寺水库。

### 3.2.4 西村东坞可寻谁？

丫头山多麂。（《西溪梵隐志》）

丫头山，高九百丈，周回四里。巅起双峰如髻，故名。植茂松

竹，兽多兔麂狸鸟，则山鸡鸠鹊。（《万历杭州府志》）

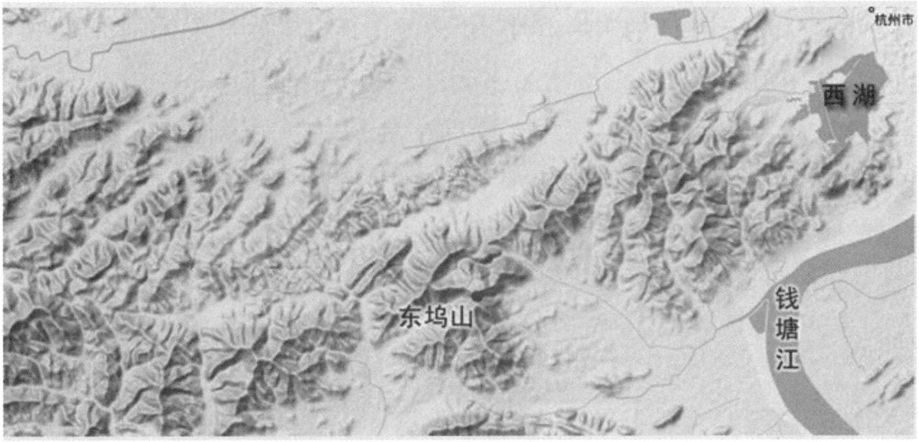


丫髻山位于钱塘龙脉之颈

东坞山村位于富阳市受降镇三面环山的狭长山坞里，今天对东坞山的文化认识还局限于有金衣之称的豆腐皮，“九庵十三寺”的隐逸文化。山川秀丽的山水景观为外界所知甚少，东坞山山水景观自古以来与其他村落紧密相连，就如《定乡小识》里所说：“东坞山，在白沙坞东，山中别为一坞，庐舍竹树，环宅山麓越东为午潮山。”从宏观上来看，东坞山的山脉来自六图，天目山西侧，有“龙飞凤舞到钱塘”的气势，而丫髻山将东坞山与整个杭州市的山脉联系起来，我们能在山顶领略整个杭州市的山水龙脉。

清许承祖有《双髻峰》诗：“凤飞天目憩东南，双髻玲珑拥翠岚，银汉横秋回织女，阿谁分得玉为篸。”这首诗是用来了解东坞山丫髻峰位置的关键所在。

《杭州转塘事典》记录提到：“凤凰山的具体方位，在今上陈埭村，南邻白岩山。山顶筑有游步道，游人从龙门山登凤凰山沿着山岗前行可在上陈埭下山，也可在长埭村下山。”这里提到的凤凰山位置也是东坞山大垄山的位置。殊不知，今之山与古之山同，只是山名改变了而已，无论从现在的岱峄岭还是大斗山，都可以沿山走老路到东坞山村。现在的都市人喜欢攀山越岭，锻炼身体也好，修身养性欣赏风景也罢，东坞山村北面有午潮山森林公园，东面是西山国家森林公园，南面是黄梅坞森林公园，只可惜很少人知道，三个森林公园中间的东坞山村，由鸡笼山顶或者黄泥弄山顶都能够由古道下至东坞山的大洋坞。

《周氏宗谱》提到“吾周氏居坞之最深处，而户口亦最繁焉”，围绕着丫髻山，东坞村至今已经650多年了，早在万历年间，大垄山名曰丫髻山。丫髻山山下大洋坞周边还有多处寺院遗址，东坞山村说茶念佛的习惯还存在，只是“城市尘埃不见诗，西村东坞可寻谁？谁夏前十日尝新，正是江南最好时”。

### 3.2.5　重现“九庵十三寺”景观文化

东坞山中原来有许多规模不大的寺庵，是杭州作为“东南佛国”鼎盛时留下来的。村民称其为“九庵十三寺”。但不幸的是《定乡小识》在付梓前，由于太平天国战乱被毁，八部《定乡小识》只剩四部，记载寺院一册已失。由于缺乏史书记载，给寺院景观文化的研究带来困难。为此地名景观叙述的研究主要借助人类学，也就是对村民记忆的采访，以及散落在村里各种遗物，如石碑等进行解读。

“山川秀丽，云树苍凉，土石宛然，清虚觉路。”这是镌刻在东坞山小东庵碑上的一段话，它从整体上概括了东坞山的宗教景观文化特质。据村民回忆，东坞山各个坞内，有大大小小的几十个寺庵遗址，它们和午潮山连成一片，在杭富交界处形成了一个罕见的佛教遗址群。东坞山也因此成为名副其实的佛教遗址坞。在村民的指引下，我们对每个有记忆的寺庙遗址做了地名实体考察。这些寺庙地名的确认对提升整个山系的文化意义起到了重要作用。

东坞山“前列峻峰，后枕金岭，左控岱岇，右据狮岩”的山形地理，成就了这片幽深绝世的山沟。一个个规模不大的小寺宇、小庵院深藏在各个山坞之中，就数量而言，远不止22座。其中规模较大的寺院，有大德寺、宝福寺、东庵等，如大德寺占地近10亩，在鼎盛时期有僧侣100多人。但“九庵十三寺”中更多的是“结草为庵”的小寺庵，如小东庵、四顾坪等。此外还有大量的道观，其中规模最大、影响最广的是洞春观。其他还有供东坞山村各氏族祭祀祖宗的庙，如东坞庙，也有保佑五谷丰熟、社稷安宁的庙堂——神堂庙。

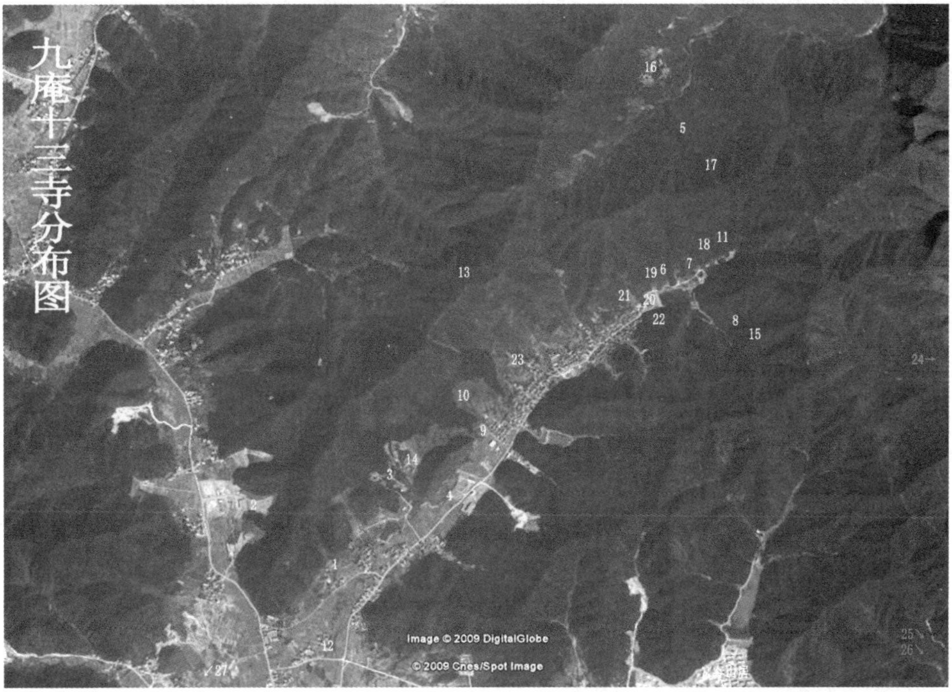


1. 小东庵（冯家庵）
2. 太平庵
3. 大德寺
4. 东坞庙
5. 白龙寺
6. 成德禅院
7. 东庵（禅修院）
8. 无名
9. 长寿庵（蒋家庵）
10. 宝福寺
11. 岱岈寺
12. 神堂庙
13. 师姑庵(坪)
14. 无名
15. 无名
16. 洞春观
17. 无名
18. 无名
19. 无名
20. 高地上
21. 庵基地
22. 四顾坪
23. 无名
24. 光明寺
25. 吉百寺（金家岭）
26. 吉福寺（金家岭）
27. 毛庵
崇安寺
法门寺
吉寿庵
德成庵
白龙庵

九庵十三寺分布图

随着时间流逝、世事变迁，尤其是经历了近百年来中国历史的跌宕起伏、硝烟弥漫，这些寺庵只剩下断墙残瓦，有的甚至已荡然无存。“九庵十三寺”实际上已变成处于杭州、富阳交界处与午潮山连成一体的寺庵遗址群。寺庵相互间鸡犬之声相闻却不见人间烟火，“九庵十三寺”遗址就像一幅美丽的中国水墨画，以干湿相间、浓淡苍润、气韵高古的气质展开在东坞山麓，这幅画既保存着过去遥远历史的记忆，也有近现代民族的沧桑；既有清淡虚无的禅修境界，也有凝重沉郁的典故；既有令人恐惧无常的传说，也有浪漫无边的野趣。

“九庵十三寺”与东坞山村具有很深的互动关系，并对东坞山村的传统产业产生了重要影响：无论是今天扬名海内外的“东坞山豆腐皮”，还是一度在东坞山很兴盛的造纸业，还是东坞茶叶等，都是因寺而兴，因庵而名。更为重要的是，“九庵十三寺”也因此埋下了东坞山素食文化的源头。

“九庵十三寺”地名景观文化叙述，主要依据村民记忆。同时包括现场景观描述，由此形成丰富的文化意义。以下是对其中一座寺院的地名景观研究。

3.2.5.1　大德寺地名文化考

我们实地考察过程中，在东坞山村发现的一块碑记（清乾隆三十六年），称此地“山川秀丽，云树苍凉，土石宛然，清虚觉路”。这里的竹林当中隐藏着一个叫“大德寺”的地方。从东坞山村村口进入约2里路，是当地最负盛名的风景点——象山和狮子山。两山之间有一条路，穿过弯弯曲曲一片竹林，就是大德寺，占地近10亩。大德寺正对狮、象两座山，东西两侧山坡环抱，背靠岱岭山。

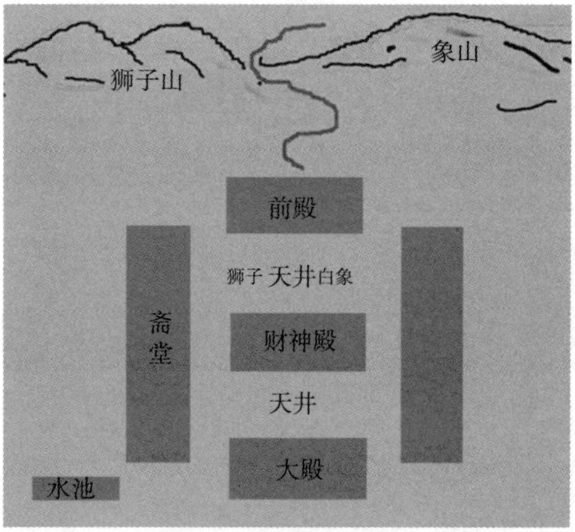


原大德寺空间布局

据村民回忆，大德寺当年仅伙房就有四五间之多。目前，村民陆海元家保存着大德寺的两个莲花石墩，其中一个直径达53厘米。现在寺院东边还有一个小水池，面积“一点五亩左右”。大德寺正殿原址目前为杭州动物园废弃的饲养场，饲养场围墙外有茂密的竹林和两棵高大的樟树。据住附近的冯有仙老人到现场指点：大德寺门朝东，有三进，第一进有四大金刚，后面是天井，有狮子白象；第二进是财神殿，有财神菩萨和100个罗汉；第三进有如来佛和观音。

3.2.5.2　大德寺的最早记载

今天的东坞山，在南宋时，在《咸淳临安志》的记载中，当时属长寿乡大斗：

> 长寿乡管里四：淡竹、大斗、凌溪、白升。

今天的东坞山村民还有“淡竹，大斗，凌溪”的记忆。据村民周玉成回忆，过去东坞山村属于“长寿四图”。在《咸淳临安志》卷八十二中，记载有大德寺的最初称呼“广福寺”，建于嘉泰（1201—1204）。

> 广福寺　嘉泰间建，请今额。（《咸淳临安志》卷八十二）

至此开始，广福寺这一称呼便在不同年代的方志中出现，包括东坞山《周氏宗谱》。明代《万历钱塘县志》明确记载了广福寺是在长寿二图，即今天大德寺一带。同时记载了长寿乡下一图的慈泉寺和四图的寂福寺。清代《康熙钱塘县志》记载广福寺是“乡间寺”。

3.2.5.3　大德寺地址考证

而在《万历杭州府志》山水卷中则更加明确了广福寺的精确地址：

> 九里暗山，在县治西六十里，高百丈，周回二十里，崔嵬冒深，又茂松竹地，多虎人不敢独行，西二里为万罗山（高八十丈，周回四里），此山居诸山中，周回如罗，故名，北二里为狮象山（高八丈，周回二里），实广福寺之户门山也，兽兔鹿鸟，文雉鸠莺。（旧志无）（《万历杭州府志》）

今天“九里暗山”的说法已经散佚，但还有“暗山垄”的清晰记忆。东坞山村《杭县长寿汪氏宗谱》行传就有很多汪氏祖上葬于“暗山垄”的记载，“永锦公，嘉靖三十二年（1553）卒，氏卒于嘉靖二十八年，合葬暗山垄东南向”。从狮象山对面的山进去，暗山垄是一条很长的连在一起的古道，从西北到东南，经过现在的杭州市野生动物园，山麓在320国道旁边。

根据方志记载，以及现场考证，九里暗山北二里就是今天的狮象山，方志说：“即广福寺之户门山也。”此条目还说明了“狮象山，高八丈，周回二里”，几乎与现在看到的无差。而九里暗山西二里为万罗山，今天村民叫“万陇山”（方言缘故），在东坞山村口约1000米处。而万罗山东面偏北正好也是狮象山。此二山的位置、距离、山况确实与古文献记载完全吻合。据此看来，《咸淳临安志》提到的广福寺，以及后来历代方志记载的广福寺就是今天我们看到的大德寺遗址。比如《乾隆杭州府志》记载：

> 九里暗山在县治西六十里，高百丈，周二十里。崔嵬窅奥茂松竹地，多虎人不敢独往。西二里为万罗山，北二里为狮象山，即广福寺之户门山也。（万历旧志）（《乾隆杭州府志》卷十四）

在富阳以及杭州相关的各个方志里，对广福寺的记载与现今杭州一带寺庙记在一起，如《康熙钱塘县志》所记载的小和山的金莲寺、上陈埭村的光明寺等。

3.2.5.4　大德寺的名称及沿革

“大德寺”地方志史料记载为“广福寺”，而在宗谱记载中又有“岱岣寺”一说，也许还有其他称呼。出现这些不同名称，既有历史沿革的原因，也有民间俗称“讹传”所致。为此，《乾隆杭州府志·寺观序》特别说明：

> 故时见废，与其重建，或非故址。图经存其旧名，里俗称其新称，舛讹滋甚。今证以旧闻，庶实书之，用存梗概，仍不欲以幻迹

视之也。

这句话是说：以前被废弃，与其重建，也不是在旧址上重建。图经记载有以前的名字，民间则称呼它的新名字，错讹越来越厉害。现在用过去的传说来证实它，差不多能够记录它的实际情况了，以保存它的兴废大概，希望后人不会以为它本来就不存在。

从历史沿革来看，大德寺始建于南宋嘉泰年间，距今已有800多年历史。明代时，《钱江长寿东坞山周氏房谱》有周氏子孙出家广福寺的记载：

涛公次子（生于万历甲戌年十二月十九戌时，卒于崇祯己巳年十一月初六日子时），文三十八，讳子昭，字海松，出家广福寺。

但由于大德寺坐落在东坞山岱岫岭之上，受其地理位置影响，当时的广福寺也被称为岱岫寺。《周氏宗谱》这样叙述周围山脉与寺院的关系：

山脉皆来自六图，经太平庵绕出，岱岫寺之后向南分支为狮子山，蹲踞坞外，俾坞之西口，不致散漫。

因此到清代，在当地村民的记忆中就称广福寺为“岱岫寺”。如《钱江长寿东坞山周氏房谱》记载，“应寿公之子（生卒不详，约康熙年间卒），信三十，讳觉文，出家岱岫寺”，“仁又六十八讳学良，出家岱岫寺，法名德一”。“岱岫”一词在东坞山一带方言里与“大德”发音非常接近。

3.2.5.5　大德寺的现代记忆

除了相关史料记载，关于大德寺的变迁，今天只有上了年纪的人才有记忆。据住大德寺附近一名84岁老人冯有仙说，她见过一位“广生和尚”，当时她刚从杭州嫁到了东坞山（14岁的时候），只记得当时他很老，没几年就过世了。冯有仙回忆以前大德寺里面上香的人很多，很挤。大殿里面地基不高，只有两踏步，汲水池附近，路右边有个很大的斋堂，有些上香的人会住在那里。还有一位老人也说他年轻时见到寺里有60多位和尚。

东坞山村老村长周灶根，现年85岁，他亲眼看到并经历了寺院的破落和拆毁，更记得他大伯与该寺院和尚有特殊关系。据老人说他大伯第一位夫人过世后，第二个老婆是个“东阳人”，她与大德寺最后一代僧人春梅和尚素来交好，常有来往，关系暧昧。和尚常来他大伯家，这样老村长父亲与春梅和尚也有很多交往，知道很多有关大德寺特别是春梅和尚的故事。老村长说他见过春梅和尚，但许多故事还是他父亲讲述的。春梅和尚是日本人，周灶根老村长还清楚记得春梅和尚的墓地。他说就在大德寺前面一块田边，但非常遗憾的是，就在不久前坟墓已被挖掘，踪迹全无，这块田现在也成为花圃。大德寺连同周边景区一直为政府所有，不属于村里土地，所以这里的树木也比较茂盛。

原大德寺遗留基座

老村长回忆，大德寺香火一度十分旺盛，寺中和尚众多，有20多亩田产。100多年前，人数曾多达99人。

在老人记忆中，大德寺的菩萨像高大挺拔。中间为菩萨像，西面一座大象泥塑，东面一座狮子泥塑，方位正好与寺前的象山和狮子山一一对应，反映了那时寺院确实把狮象山看作自己的守护山。

大德寺躲过了抗战一劫，毁于1949—1950年。当地百姓拆寺庙的原因据说是为了取其木材，送给军营，以抵交人头税（周继荣保留了当时交税的原始收据）。

《定乡小识》称东坞山一带：“去城市远，名侨足迹不至，传述遂罕幸而（定乡）。”这是说这里名人足迹很少，处在杭州钱塘县与富阳县边界处。因此东坞山的广福寺在地方志里记载也就比较少。本次地名文化的研究，为抢救这一带的景观地名起到了重要作用。许多上了年纪的老人为此作出了重要贡献。自1998年研究以来，很多亲历者已去世，地名文化研究留下了他们宝贵的记忆。这份地名研究报告也成为杭州西山风景区开发的重要文化底本。

## 3.3 《大地有名》为大地书写文义、激发乡愁

“地名文化的源头来自远古，它是人类文明的活化石，是宝贵的非物质文化遗产。”[①]可见，地名实际上是书写在广阔大地上的活遗产，而今天承载其意义的古籍、文物还封存在室内，亟须对接与激活。为将这一浙江文脉书写在大地上，我们看到浙江历代文人通过命名这一手段，让城市、乡村、山川、田野都变成留存到今天的宝贵遗产。可惜的是，近年来在城市化进程中，浙江省年均新增地名有4000多个，但同时，一些富有文化内涵的老地名也在逐步遗忘、更改，甚至消失[②]。在此背景下，习近平总书记针对浙江指出：“新农村建设一定要走符合农村实际的路子，遵循乡村自身发展规律，充分体现农村特点，注意乡土味道，保留乡村风貌，留得住青山绿水，记得住乡愁。”[③]

为此，浙江省民政厅表示，要抓好地名文化遗产保护工作，按照习近平总书记提出“望得见山、看得见水、记得住乡愁”的期盼，进一步做好“乡愁”这篇地名文化建设文章，不仅深入开展“大洋古怪重”等地名乱象整治，还探索一条以吸纳社会资金（支持长城影视公司），调动社会资源（各级协调县政府及地方专家）共同拍摄大型纪录片《大地有名》，以彰显浙江地名文化遗产魅力的道路[④]。省厅与市各级相关部门、研究机构及媒体各方一

① 讲好弘扬优秀地名文化的浙江故事（图），http://roll.sohu.com/20150529/n414026344.shtml。

② 大型纪录片《大地有名》走进东阳，http://mt.sohu.com/20160512/n449085073.shtml。

③ 习近平总书记的乡村本位新论，http://theory.people.com.cn/n/2015/1021/c40531-27723311.html。

④ 民政部：地名文化建设要“望得见山水　记得住乡愁”，http://culture.people.com.cn/n/2015/0528/c172318-27071625.html。

起，智慧众筹，提出一个响亮的纪录片名字《大地有名》及宣传口号："与大地有约，寻地名故事。"赵洪介绍，《大地有名》是围绕"两美浙江"建设的要求，以讲好地名系列故事，宣传地名文化为目的，通过挖掘一些延续上千年的地名，将诸多历史事件，城市历史兴衰，以全新的方式呈现给观众。制片组走访了浙江省内将近20个古县、古村进行了实地采风与拍摄。该项工作得到了民政部支持，浙江省民政厅尚清厅长专为《大地有名》作曲并批示①。在制片与拍摄过程中，得到了各个相关部门和机构的参与，引起了全社会互动与关注。

### 3.3.1　展示地名文脉之威仪

地名文化作为一种语词，不只有表面意义，还应有地名实体呈现的地方精神。《大地有名》不仅关注古建、山水风景这些地理实体，更展现其背后的"文义"。用庄子的话说就是，"天地有大美而不言"。"过丹阳，至钱唐，临浙江，水波恶，乃西百二十里从狭中渡。"《史记·秦始皇本纪》这段文字也成为《大地有名》拍摄的足迹之一。纪录片拍摄顺着徐霞客曾经走过的山水，翻开了地理名著《徐霞客游记》的在地文化。纪录片有效带动各地对地名文献的追溯，因为，这些文献不仅记录着地名的渊源，还留下地名背后的大义。

《郡县释名》就是以"义"定位地名内涵，并进行文献记录的。"物必有名，有名必有义。"摄制组从"南孔圣地"衢州开拍。因为衢州不仅是浙江地理的源头，也可以说是文化的源头。《大地有名》拍摄不仅记录浙江大地山山水水，更通过镜头记录与展示山山水水背后的意义。康德说："这个世界唯有两样东西让我们的心灵感到深深的震撼，一是我们头顶上灿烂的星空，一是我们内心崇高的道德法则。"在《大地有名》拍摄当中，"文"就是浙江大地展示，无论是夕阳西下，还是日出东升，抑或儿童乡间嬉戏时，天真、

① 民政部办公厅关于支持浙江省民政厅加快地名文化建设创新的函（民办函〔2016〕264号）。

自然与淳朴的一种风景人物状态。策划人还通过研究相应古地名，以及场所带来的感受剪辑片子。在这个意义上，对“文”的把握和传承，是一切浙江地名实体拍摄的精神所在。“义，己之威义也。”[①]《大地有名》拍摄就是显示大地之威仪。

作为一个行政省，浙江的形成没有很远古的历史，各个市县也一样，但散落在浙江大地里许多重要的地名，则可以追溯到古圣贤裁定天地之道的时代。浙江乃《尚书》记载古“扬州”之域。《禹贡》载：“三江既入，震泽底定。”这里三江之说是浙江大地“文义”的起源，由大禹奠定的。从古至今有很多版本，其中，韦昭云：“谓吴松江、钱塘江、浦阳江为三江。”所拍摄地方的地名根据《郡县释名》都有其渊源考证或“释义”，很多在《禹贡》《周礼》都有记载。参考《郡县释名》可以为《大地有名》书写浙江大地之文义歌：

大地今有名，有名必有义。
夏禹置九州，浙江扬州继。
浙江湖山美，禹寻始舍杭。
钱塘堤捍海，古县名今更。

湖州古防风，名取自太湖。
德清县水清，余不溪居东。
武康有余英，此名由溪守。
安吉源东汉，张角乱古乡。

金星婺女争，金华名此来。
江东经义乌，颜孝子得名。
吴越三江有，浦阳江一名。

① ［清］段玉裁：《说文解字注》卷十二篇下，清嘉庆二十年经韵楼刻本。

江水独入海，五代改浦江。

春秋姑篾地，三衢山水胜。
信安置州名，衢州又一义。
县有江郎山，吴越改江山。
古有缙云氏，名自官名出。

绍兴故事多，唐德宗赐名。
会稽状如履，天台八千丈。
蔚然奇秀峰，仙居藏名山。
温东瓯古壤，李白诗永嘉。

浙水通南国，江潮涨潮落。
大禹治水勤，地名文脉定。
浙江越故地，吴越秦唐名。
山水景观存，名义永不忘。

那么，《郡县释名》可以启发《大地有名》纪录片剪辑。《郡县释名》对“浙江”地名的文义追溯，不只是基于钱塘江的自然区域。为接续《禹贡》精神，郭子章用《文献通考》《山海经》《释名》《海潮图》《庄周》《论衡》和《水经注》说明浙江地方精神的两条根本文义线索，即“夏禹置九州，南巡守致群臣于苗山”“周武王封泰伯五世孙勾章于吴”。上述从夏禹、周武王对浙江地名的文义考证，在其后的《元和郡县制》，明、清的《一统志》都有记载。由《禹贡》延伸或触发的历史事件、古籍文章形成了一个个历史节点，并环环相扣，形成了完整的浙江历史文化图景。今天浙江最有分量的地名，以及众多的具有重大历史意义的山川、场所仍然是与这两条文脉紧紧相连。大禹舍航登陆，故有“杭州”之名。德清下渚湖、绍兴会稽山、西湖边的吴山仍然在接续其名义。可见要把握其当代《大地有名》精神意义，必须回到《禹贡》经学里，或许古今场景（古地图或山水画）的转化剪辑，加上古籍脚本叙述，才能重新找回浙江精神。

### 3.3.2 叙述乡愁

追寻地名背后“大义”的做法，在拍摄《大地有名》纪录片时，实际正在某种实地拍摄风景及故事叙述意义上，接续这两条根本的“文义”。如把大禹看作一种能赋予浙江大地精神的乡愁记忆，把“吴泰伯世家”看作能赋予杭州吴山城市精神的乡韵，《大地有名》就能承接孔子“郁郁乎文哉，吾从周”的理想。

浙江大地上的古建筑、文物及山水风景都成为《大地有名》拍摄的对象。在衢州一个名叫大陈村的地方，其山环水潆，林木葱郁，汪氏始祖七十四世孙普贤公者，晚年自常山游须江大陈，遂迁居焉[①]。《大地有名》摄制组来到这个地方，制片人顾维铁说：“大陈的宗祠、石巷、村歌，一砖一瓦，一椽一木，无不凝聚着最质朴的乡间民俗，无不讲述着原汁原味的传统民风，这些就是我们要找的家族密码。”[②]大陈村坐落在山水间，其建筑格局和分布无不诉说着其乡土之宁静与美好、汪氏亲尊、血缘温情。在采编期间，大陈村汪书记为《大地有名》献上了当地人耳熟能详的《妈妈的那碗大陈面》歌曲及故事。这正是我们欣赏与割舍不断的乡愁。很明显，大陈村之所以命名“大陈”与大陈面的故事息息相关。汪氏始祖普贤孝敬亲母，并诚恳为人，四处行医救人。也是因其救人之举，遇到了一段良缘后今天定居大陈。并且在其年老之际，也不忘父亲及后母，想着回乡为母亲祝寿，也得到母亲“见面有子”的回馈。无论是亲亲情缘，还是道义所系之治病救人、为后母祝寿举动，都让后人钦佩、感动。

《大地有名》拍摄的浙江农村的山山水水，乡村风貌蕴含着天地之道与

---

① http://blog.sina.com.cn/s/blog_43e6e0b00102eqpj.html.

② http://www.gywb.cn/content/2015-10/ 08/content_3924783.htm.

大美，这些美景都在《禹贡》及各地地方志当中“山水篇”有记载。《大地有名》纪录片主题曲这样颂扬这份地名的“文义”，抒发乡愁情结：

与大地有约，寻地名记忆
地名记忆里有故乡的牵挂
村头老树、山巅晚霞
涓涓流淌的小溪滋润着滋润万户千家

大地有名，大地有约
一个名字就是一段美丽的神话
春秋冬夏，海角天涯
神州大地传诵着岁月如歌江山如画！[①]

从这首歌中，我们可知对古地名遗忘，甚至更改，是在远离“如画江山”，忘却“故乡牵挂”。《大地有名》提醒我们，“神州大地传诵着岁月如歌江山如画！”其说“涓涓流淌的小溪滋润着滋润万户千家”，郁达夫在《春风沉醉的晚上》这样描绘故乡：

烂熟的春光，带着了沉酣的和热，流露在钱塘江的绿波影里，江上两岸的杂树枝头，树下的泥沙地面，都罩着一层嫩绿的绒衣，有一种清新的香味蒸吐出来。四月初的午后的阳光，同疾风雷雨一般，洒遍在钱塘江岸村落的空中。澄明的空气里波动着的远远的蜂声，绝似诱人入睡的慈母的歌唱，这正是村人野老欲伸腰偷懒的时候，这也是青年男女为情舍命的时候。

① 《地名的传说》——纪录片《大地有名》主题曲。

今天，对离开故土的人来说，家乡的山水及古建筑（古地名文化）是唤起“乡愁”最重要的媒介。深入来看，乡愁文化过后我们更需要《大地有名》去展现浙江大地的“文义”。

### 3.3.3 跨界文化实践

《大地有名》纪录片的拍摄是一项政府、媒体、乡贤的互动过程，极大地激发了拍摄地对挖掘本地地名文化的热情。浙江省民政厅召开纪录片拍摄协调会，《大地有名》摄制组、省厅宣传处、区划地名处、省老年活动中心，湖州、金华、台州市局和部分县（市、区）局相关人员共同参加会议。民政厅把筹备工作，看作是激活各地地名文化建设，创建地名工作队伍，营造地名文化挖掘的契机。拍摄内容、拍摄时间地点都通过互动产生。各地调动专家资源、深入挖掘地名故事，学习衢州、嘉兴等地经验，通过智慧众筹做好地名故事的挖掘梳理工作。纪录片把各地宣传、建设、文化、旅游、档案等部门调动起来，把资源、资本、文化记忆和文化产业、管理和运营方面有效结合起来。地名文化，由原来政府保护的封闭的行政行为，变为社会广泛参与、科学决策的开放性行为。纪录片拍摄大大提升了各地古地名的保护。浙江省提出，以后千年以上的古地名，原则上将不允许变更或撤销；500年以上的，凡纳入古地名文化保护名录的，也不能轻易改变或撤销。村镇合并中，凡是出现需要撤销、变更地名的情况，必须经过各市县地名专家委员会的评估认定，并广泛听取和接受当地群众的意见。这一思路正是从纪录片拍摄的智慧众筹中得到启迪。

《大地有名》纪录片拍摄是一种新的文化实践尝试，它在为浙江大地书写文义和乡愁的同时，也推动了各地地名文化的建设。

# 4　地名与地方精神激活

地名蕴含着一个地方的“根”与“魂”。这个“魂”将以什么方式重新被激活，使其成为一个城市、一个村落，或一方地域人们共同信仰的基础？本小节以三个案例回答这个问题。

落马营地产开发通过落马营一带已经遗忘的地名文化挖掘，包括出现过的寺院、桥梁、运河、海塘、民俗，由此影响区块景观设计，地名文化还服务了这一区块的文化产业开发，注入产业以地方精神。浙江地名文化博物馆的筹建，是浙江省民政厅与德清县政府密切配合的成果。这是为浙江大地注入地名文化的历史根基。

## 4.1　城市发展与记忆修复：落马营案例

“南落马营地块”，位于杭州上城区南，候潮门外，秋石高架边，总面积4.5万多平方米。周边都是现代地名构成的小区，如金都华府、春江花月、金色海岸、金色家园、蓝色钱江、望江府、康都紫轩等。重要的是，这一地带是南宋皇城古墟带与钱江新城的古今交会点，保留有“落马营”这一历史地名。域内有一遗存的花园，还有以前留下的杭州市煤制品二厂的废旧空厂房及一条铁路专线。十多年前，煤场关闭，地方闲置。为配合G20整治，政府主要改善了该地环境及打造城市景观。同时委托产业发展公司，将其打造为杭州首个民营企业运营的体育创意园区。

南落马营卫星图

前期认证，该地块，包括老厂房，变身体育创意园，主打运动潮范儿。具体设想是将厂房改造成不同主题的运动场馆，新概念健身操房、体能训练中心、少年军事训练基地、室内篮球羽毛球场地、夏季充气式游泳场。煤场仓库改造成笼式足球场。室外场地会设置极限运动区域。商业区块由集装箱搭建，建立运动品牌的体验店、潮牌店等。此外园区还有区块供从事新型体育产业的中小型企业办公，如体育传媒、体育影视、体育经纪和体育互联网等。除了这些功能，园区还起到改善城市景观的作用，形成了一个城市公园，保留其废弃铁路以及一个小公园。园区计划铺一条城市慢跑道，供市民运动或者休闲。

上城区政府吸取五柳巷先做规划后做历史考证的被动局面，在这块区域开发前进行了历史文脉的考证。将历史元素植入园区，包括景观和产业发展。地名文化研究就是基于上述背景展开的，主要目的是：

（1）考证其历史地名的变迁，把握区块在不同历史时期的演变情况；

（2）提炼重要的文化记忆节点，为景观和城市记忆修复提供历史依据；

（3）结合园区体育文化发展需要，从沉积在该区域的历史史料中提炼出中国特色的体育精神、休闲精神，以及体育产品的开发等文化元素。

### 4.1.1 地名与地点考

今天“落马营”“落马营桥”等地名在历史上为“椤木营”或“椤木桥”。原地名在民国时仍然保留。民国时期《杭州府志》卷三十一记载：“江滨有椤木营，椤木桥。”后来地名如何变成“落马营”不得而知，但据学者考证，以及居住在周边的老百姓回忆，“落马营”是“椤木营”讹传。王心喜（2003）在《钱氏吴越国与日本的交往及其在中日文化交流史上的地位》一文中说：“椤木营即今天讹称的‘落马营’。”①另外浙江在线记者采访落马营附近居民时，从一位梁阿姨口中得知：“相传在吴越时期，落马营为钱王堆放椤木的营地，而‘椤木’的杭州话和‘落马’很接近，所以后来叫着叫着，就变成了‘落马营’。”②这一古地名的发现和校正，具有重要意义。

由此看来，“落马营”一带的历史文化就必须以“椤木”为正式地名。《康熙字典》对“椤”的定义：

> 《玉篇》：樤木也。《唐韵》：桫椤木，出昆仑山。《格物要论》：椤木出湖广及南安谓之倭罗，又谓之草椤。又《博雅》：椤，落篱也。

“桫椤木”从历史文化角度看，是出自昆仑山，“椤木”在湖广和南安地区称作“倭罗”。“倭”是古代对日本的称谓。用现代植物学话语来说，椤木为常绿小乔木或灌木，高6—15米；幼枝黄红色，后成紫褐色，有稀疏平贴柔毛，老时灰色，无毛，有时具刺。其园林景观特点：枝繁叶茂，嫩叶鲜红，在整个冬季顶梢还保持着红叶，远看效果尚佳。无论在从植池畔湖边，还是

① 王心喜：《钱氏吴越国与日本的交往及其在中日文化交流史上的地位》，载《中国文化研究》2003年第2期。

② 老底子杭州的“马”路记忆 落马营曾是南宋时期的“停车场”，http://zjnews.zjol.com.cn/system/2014/01/29/019838032.shtml。

植于草坪、大乔木下，高速公路铁丝网外，或作为中层常绿行道树，无不引人入胜。这些特点无疑对改进目前的小公园的绿化具有重要意义，不仅植入了历史记忆，还改善了公园景观。

椤木石楠桩景

古时椤木桩留下的历史古迹，又经历了什么样的变迁呢？根据南宋临安城地图（如下页图所示），当时“候潮门”外一座护城吊桥称“椤木桥”。这个地名很可能是继承吴越国筑塘所用木桩古迹来命名的。据考证，杭州两处最古老的城门是钱塘门和候潮门。候潮门的地址自吴越国至今一直没有多大变动，今天有候潮公园，并有专门石碑保留城门所在地记忆。

东北侧（见“南落马营”卫星图）仍然保留“南落马营桥”，根据对古地图与候潮门相对位置考证，这个地点应该没有太大变化。但“落马营桥”似乎北移了。历史上的“椤木桥”可能为今天的候潮桥。此外根据史料记载，两桥之间的区域曾经是“椤木校场”所在地。因此，落马营所在区域，包括南落马营路、铁路、城南家园、京都华府小区都处在校场范围内，古时应该都是校场所在地，在临安城城外。并且据史料及今遗留古地名（如临东秋涛路），在吴越国时，可能属于钱塘江的一部分，只是由于河道东移，已经成为城市的一部分了。

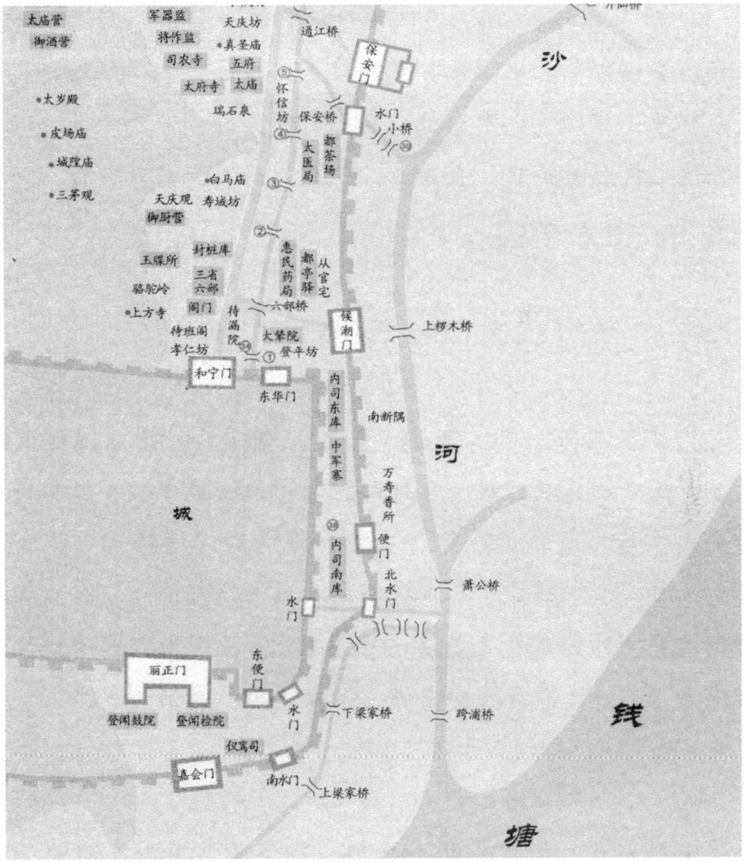


南宋临安城时椤木桥位置

### 4.1.2 吴越国记忆

“椤木桥”“椤木营”这些名称，在宋时杭州地方史料有大量记载。其地点在候潮门外。今天这一带保留有“落马营桥”和“南落马营桥”两个地名。据《咸淳临安志》（卷二十一）记载：“上椤木桥：候潮门外直东，亦名普济桥。下椤木桥：护圣上教场门东。”两桥之间就是“护圣上教场”，即兵营。“椤木营”的名字取自“椤木桥”。而由史料推断，后者的渊源应该更早，大约在吴越国时期，是钱王修海塘时留下的名称。关于其由来，在

《民国杭州府志》中有明确记载：

> 江滨有椤木营、椤木桥。考之前史，椤木日本国所献。钱王卧巨石为塘中，贯以铁大木为桩。后人修理失时，渐次剥蚀，潮水冲激，合抱大桩参天拔起。土人或盗木截为器皿，文理奇致，乃知即所谓椤木也。古史考。①

这一史料在王兴喜的论文中作了进一步探讨和确认：

> 输入日本木料，用于修建"钱氏捍海塘"。清人倪璠《神州古史考·钱塘注》载有钱时"杭州候潮门外有椤木营、椤木桥。考之前史，椤木，日本国所献"。钱氏为遏制江潮修筑"钱氏捍海塘"，所用的椤木就是从日本进口的。泛海运来的大批日本椤木，堆放在候潮门外的吊桥也易名"椤木桥"，椤木营即今天讹称的"落马营"。钱氏捍海塘的建成，解除了杭城的海潮之患，从此塘内"悉起楼台，广郡周三十里"。

由上述史料来看，吴越时期（907—978）的钱王为捍海塘，用巨大石头堆成海塘并以日本国所献上的椤木为桩。此后很长时间海塘失修，逐渐剥蚀，潮水冲激使得大桩参天拔起。当地人或盗木者把木头截下来做了器皿，因其"文理奇致"才被发觉是"椤木"，这一带到了南宋也就有了"椤木桥"的地名。

综上，据今"椤木营"场所重新思考开发需要，这一地名吴越文脉梳理及起源具有三个方面意义：①由椤木桩构成的园林景观，既能给吴越国在杭州存在提供一个物质载体，又能为这一带打造一个由园林构成的城市景观。今天杭州城中吴越国历史痕迹非常缺乏，这一修复，可以填补这方面的空

① 李格：《民国杭州府志》卷三十一，民国十一年本。

白；②杭州的外交史，尤其是中日文化外交史，以及杭州作为东亚文化中心城市历史身份，可作为“标识”系统来象征性重现该历史空间中外文化交流史意义。③椤木桩是整个钱塘江海塘文化起点，通过修复可以为襟山带水的钱塘江地理变化格局提供历史载体。基于这样的思考，考察这一区域目前状况，可将现在园中的小花园命名为“椤木园”，亭子改为“椤木亭”，亭台榭阁用此地相关诗文命名，并展示中日交流史的历史史料。如有可能恢复南落马营桥的古地名“下椤木桥”，以示其起源，建议将原项目名称由“南落马营——上城体育文化公园”改为“椤木营体育文化公园”。

### 4.1.3 “城基始定”与强弩射潮

今天矗立在杭州滨江公园的青铜巨雕“钱王射潮”，其真实发生地点应该是在“椤木营”一带。《海塘录》记载，这里自古就有“以铁幢识其射处”，这一举措是奠定杭州都城城基的开始。“钱王射潮”今天被当作民间传说，其实这是钱王为征服钱江潮，鼓舞人心的真实历史。最重要的是，这是杭州城市奠基的起点，或者说城市奠基精神。据《宋史》（卷九十七）记载，“钱王射潮”的地方是在候潮门外。唐大历十年（775）七月大风，杭州“海水翻潮，飘荡州廓五千余家，船千余只，全家陷溺者百余户，死者四百余人”。吴越时期，钱王为了建城，亲自率兵筑捍海塘并前往伍公庙祭祀。他这样做是为了鼓舞人心，表达征服潮水，奠基杭州的决心。

> 浙江通大海，日受两潮。梁开平中，钱武肃王始筑捍海塘在候潮门外。潮水昼夜冲激，版筑不就，因命强弩数百以射潮头，又致祷胥山祠，既而潮避。钱塘东击西陵，遂造竹器，积巨石植以大木。堤岸既固，民居乃奠。逮宋大中祥符五年，杭州言浙江击西北岸益坏，稍逼州城，居民危之，即遣使者同知杭州戚纶转运使陈尧佐，画防捍之。策纶等因率兵力籍梢楗以护其冲。（《宋史》卷九十七）

这段历史主要记载了钱武肃王始筑捍海塘在候潮门外的场景。当时江潮每日两次，潮水日夜冲击，版筑不就。因此，钱王派强弩数百以射潮头，为鼓舞人心，抗潮水，建城奠基。此外，还积累大石头与木牢固堤岸。建成后，民居乃奠。这个海塘到宋代还在，但已损坏。《吴越备史》（卷二）则是这一事件的权威史料：

> 八月始筑捍海塘。王因江涛冲激，命强弩以射涛头，遂定其基。复建候潮、通江等城门。
>
> 注曰：初定其基，而江涛昼夜冲激，沙岸板筑不能就。王命强弩五百以射涛头，又亲筑胥山祠仍为诗一章。函钥置于海门。其略曰：为报龙神并水府，钱塘借取筑钱城。既而潮头遂趋，西陵王乃命运巨石盛以竹笼植巨材捍之。城基始定，其重濠累堑通衢广。陌亦由是而成焉。①

从上述记载来看，“榜木”就是史料记载的“巨材”。整个筑塘的过程塑造了后来城市建设的格局。也就是，先捍堤然后才有筑城之举，“复建候潮、通江等城门”。这也就留下了我们今天还能见到的“候潮门”纪念牌。《海塘录》（卷七）对这一建国筑城的奠基之举，赋予了“功德于民”的意义。

> 但宋南渡即其地为行都，故后人但知有宋故都而不知有钱氏耳。初钱氏以强弩射潮，筑堤捍国。而以铁幢识其射处。以今验之去凤凰山仅二百许步，此足为证。钱氏当五季，据有两浙八十余年，亦颇有功德于民。询之故老已不知建国之处。吊古者无从质焉。（《海塘录》卷七）

可见宋都就是在这一“筑堤捍国”基础上形成的。古人还用铁桩标识

① 《吴越备史》卷二。

了钱王射潮的地方。这个捍潮堤坝及凤凰山共同奠定杭州城市最早建设地理坐标。《海塘录》中“吴越捍江塘”记载：“梁开平四年八月，钱武肃王始筑捍江塘在候潮通江门之外。堤既成久之乃为城邑聚落，今之平陆皆昔时江也。”这就是说，候潮门外杭州城今天平陆之处，都是江的一部分。

《海塘录》认为当时故老都已不知建国地方。但今人已彻底遗忘。因此，“落马营”地段应赋予其奠定杭州城市开端的古迹意义，使“吊古者”有感恩城市渊源的纪念依托。尽管“强弩射潮”雕塑已经在滨江公园落地，但“落马营”应该植入一些符号，赋予这块地方作为杭州城市奠基建国之地意义。此外，“强弩射潮”也能体现中国特色的体育精神。射箭被赋予振作精神，与海神战的意义。苏东坡有诗曰①：

江神河伯两酰鸡，
海若东来气吐霓。
安得夫差水犀手，
三千强弩射潮低。

根据目前园区环境，可以恢复古时的“铁幢”，标识钱王射潮的具体地点。同时，在恰当位置立碑说明杭州城市奠基的历史渊源。

### 4.1.4 军礼（体育景观）

今天这块地方计划打造成体育文化和休闲产业。当年在这里留下的军礼事件，可以作为这一规划的历史景观来使用。今“落马桥”附近曾称作“演武场”与“教场”，南宋时是护驾大内及皇帝的军营，故又称“护圣教场”。顾名思义，它们都是旧时操练和检阅军队的礼仪场地。其中的教场景观，以及军礼情节，都可以为打造体育文化所用。据《杭州府志》载，该地原名“演武场”，元代改为“校场”。“演武场，一在钱塘门内，一在候潮门

① 《苏诗补注》卷十。

外。宋景灵宫及钱塘县故基。元初改为教场。”[①]《咸淳临安志》记“下椤木桥”位于教场门东：“下椤木桥，护圣上教场门东。”[②]此外，该宋代杭州地方志还记录当时“步军七寨”位于“上椤木桥”，曰：“护圣步军七寨。教场在上椤木桥，东最为阔远，俗呼椤木教场。孝宗皇帝尝御阅其中。”[③]可见，南宋第二位皇帝孝宗还曾亲自到教场阅兵。《宋史》“阅武”详细记录了阅兵前后的壮观场面：

> 俟驾登台，听金鼓起居毕，依资次变阵教阅，所有圣驾出郊，除禁卫外，欲于本司入阵马军内摘差护圣马军八百人骑，弓箭器械作十六队，于仪卫前后引从，各分八队，队各五十人，往回沿路。各奏随军鼓笛大乐。及摘差本司入教阵队内诸军步亲随一千人，并统领将官三员，至日先赴将台下，各分左右于后壁，周围留空地三十步，以容禁卫外，作三重环立。十六日，车驾至滩上，诸军人马前一日于教场东列幕宿营。是日，三衙管军与各军统领将佐导驾乘马至护圣步军大教场亭，更御甲胄至滩上，皇帝登台，三衙起居毕，权主管殿前司王逵奏三司人马齐，举黄旗，诸军呼拜者三。逵奏请从头教，中军鸣角，倒门角旗出营，马步军簇队成，收鼓讫。连三鼓，马军上马，步人撮起旗枪，四鼓举白旗，中军鼓声旗应，变方阵为备敌之形……[④]

整个军礼（阅兵）过程，不仅看到了整齐划一“听金鼓起居”的军队，还让人感受到一队队军马千百“依资次变阵”的宏伟壮观。不仅有步兵，还有骑兵配有古乐及旗枪、白旗等装备。阅兵过程让人感动的是，孝宗皇帝不

① ［清］郑澐：《（乾隆）杭州府志》卷十二，清乾隆刻本。
② 《咸淳临安志》卷二十一。
③ 《咸淳临安志》卷十四，行在所录。
④ 《宋史》卷一百二十一，礼志。

《康熙南巡图》（卷九）（浙江部分）

仅开始欲“入阵马”，一面随鼓笛检阅步军列队，一面还亲自跟随一千人之后，并统领将官三人走到阅兵台下，呈现“以容禁卫外，作三重环立”的局势。此外，孝宗还驾车并在营队里宿营，“皇帝登台三衙起居”，参加一系列军鸣、“呼拜”、“奏请”等活动。故《五礼通考》把此阅兵军营文化提升至“军礼”层次，载：“乾道二年十一月，幸候潮门外，大教场。次幸白石教场。”同时，也把当时皇帝如何起居参加阅兵，如何跟着军人用膳及听取奏报的礼仪过程娓娓道来①。《五礼通考》还有一段记载，言皇帝亲自参加骑马打围猎物活动并引起“士卒诸军欢腾鼓舞，就列百姓，观者如山”的场面。当时皇帝先是“举白旗”，并与三司马军首尾相接后“举红旗”。随后，“官兵随鼓声出，马射獐兔”，得到猎物后各自回到军队，并把所获猎物交给皇帝。“帝遂慰劳，赐赉诸将鞍马金带”。正是这种皇帝幕后领军，有条不紊指挥及获得猎物回归的过程让士兵及军人都感到欢腾喜悦，百姓也群涌观看到这军礼欢欣鼓舞的场面。上述史料的场景，可以从清代康熙在钱塘江的阅兵场面感受到。

宋孝宗在位期间，平反岳飞冤案，起用主战派人士，锐意收复中原。五

① 《五礼通考》卷二百四十。

年间，孝宗举行了三次大规模的阅兵，积极选拔将领，学习骑射。

#### 4.1.5 观潮中体育与休闲精神

候潮门外，椤木营沿江一带，自古就是杭州观潮的胜地。南宋以来，帝王通常是在浙江亭一带观潮。而到清朝，候潮门成为乾隆皇帝观潮之处。据曹晓波《候潮门》一文描述，直到50年前，在候潮门外二凉亭看潮，仍然是杭州一景。由此，这一带“观潮”记载留下的史料，可以为今天打造中国特色的体育和休闲文化精神，提供历史资源。

今天休闲和体育文化消费大都以中产阶级为对象，历史上，钱塘江观潮，体现的是全民同乐、君臣同乐的城市礼乐场景。如《西湖二集》（卷二）记载高宗、孝宗与兵官、市民同乐的场景。既有皇家的御辇、侍班以及军队布阵，也有底层百姓的水傀儡、水百戏、伎艺杂耍。江面上还有烟火、水爆配合，烘托气氛，大家都在30里的钱塘江岸布开。

> 八月十八日，孝宗请太上、太后观潮，先期命修内司在浙江亭两旁抓缚席屋五十间，都用五彩绣幕缠挂。十八日清晨，早膳已完，御辇、担儿及内人车马并出候潮门，簇拥而来，驾到浙江亭，好生齐整。太上分付从驾百官各赐酒食，并免侍班，从便观看。百官各自分散，逐队嬉游。先前有澉浦、金山都统司五千人在下江，至是又命殿司新刺防江水军、临安水军并行操演。军船一带雁翅般摆开，在于江口西兴、龙山两岸，共千余只。各军都戎装披挂，戈甲旗帜，耀日鲜明。管军官在江面上分布五阵，摇旗呐喊，飞刀舞架，各船进退，如履平地一般，点放五色烟炮，满于江面，及烟收炮息，诸船尽藏，不见一只。那时自龙山以下，贵邪豪民，彩幕绵亘三十余里，挨肩叠背，竟无行路。连隔江西兴一带，也都抓缚幕次，悬挂锦绣，江面之上，有如铺锦一般。须臾，海门潮头一点将动，那惯弄潮的，共有出色数人：哑八画牛儿僧儿留住谢棒其余共

有百余人。这几个当先率领余人，手持十幅彩旗，直到海门迎潮，踏浪争雄，出没于波涛之中，并无漂溺。少顷潮来，欢声喧嚷。又有踏滚木、水傀儡、水百戏、水撮弄诸人，各呈伎艺。

从当时历史记载来看还有许多传统的体育项目，如艨艟、乘骑、弄旗、标枪、舞刀等。最为突出的是“弄潮儿”，即今天的冲浪项目。“吴儿善泅者数百，皆披发文身，手持十幅大彩旗，争先鼓勇，溯迎而上，出没于鲸波万仞中，腾身百变，而旗尾略不沾湿，以此夸能。”其中刻画的体育精神是今天冲浪所不能比拟的。宋代潘阆有诗曰：“长忆观潮，满郭人争江上望。来疑沧海尽成空，万面鼓声中。弄潮儿向涛头立，手把红旗旗不湿。别来几向梦中看，梦觉尚心寒。”

观潮留下了大量高质量的赋，包括晋代顾恺之的《观涛赋》，宋代罗公升的《浙江观潮赋》等，诗歌则无数。其中都可以提炼出大量可以植入园区的文化创意和元素。此外还有一些古代书画艺术品，如米芾《浙江亭观潮记》，南宋李嵩《钱塘观潮图》（故宫博物院藏）。这些都可以作为园区场所的装饰素材。

由“椤木营”这个古地名牵动的历史文化很多，包括寺院、桥梁、运河、海塘、民俗。逐个项目，逐个空间，植入历史记忆。用以故为新的理念将这一项目打造成杭州历史记忆修复，城市景观打造，文化产业开发，市民教育，以及传统与现代对接的典范工程。

## 4.2 吴越大地精神：地名文化博物馆

习近平总书记在主持政治局集体学习时强调，提高国家文化软实力，要努力展示中华文化独特魅力[①]。站在弘扬地名文化的角度上，我们可以用怎样的方式让“传统文化资源”“文物、遗产和文字都活起来”和“综合运用传

① http://news.xinhuanet.com/politics/ 2014-09/24/c_127029953.htm.

播方式来展示文化”呢？建立新型地名文化博物馆便是一种有效可行的传播方式。

山川、城郭因地名变成遗产和历史。这是对地名认识的极大提升。首先，这可实现“梳理传统文化资源”，成为一切文化建设工作的基础。《增广贤文》有言：“观今宜鉴古，无古不成今。”在中国，“古”就是传统文化最重要的资源，《说文解字》将其定义为“故也，前人之言”，具体则体现在“文献”上。在古语中，“文、献”最早包含古籍和口述两层意思。对地名文化博物馆建立而言，需要“梳理传统文化资源”，即梳理地名牵动出来的一层层当下文化记忆及史料记载。这个类似语言信息整理与馆藏的工作，不仅是地名文化博物馆建设的第一步，也是地名文化建设与创新的源泉。

其次，习总书记有言“让收藏在禁宫里的文物、陈列在广阔大地上的遗产、书写在古籍里的文字都活起来”。这意味着，这些作为历史文化资源的文物并非“固化”在室内，也并非仅仅是一个陈列在大地上的遗址、遗存，也不是仅仅留存在古籍当中的文字。文物、遗产、古籍，都可采用某种方式而被激活，成为活着的文化遗产。就地名文化而言，其地名实体涵盖了文物，可指古地名界碑、牌坊等。其地名语词也可指陈列在电子地图上的古地名。这些地名都能牵连出相关的历代古籍文本。为达到弘扬地名文化的目标，我们可把“陈列在广阔大地上的遗产”当作是今天电子地图上的“地名”。正因为当下的“地名”以语词和实体呈现，不仅包含一些民间传说、典故、故事、文物及背后一层层史料，也是山川、河流、道路、建筑、小区等地理实体。两者的融合能激活图书馆藏的文字资源。实际上，对于一些还流传在当地老百姓口耳相传的故事、地名文物，以及那些还在使用的山川、祠庙、坊巷等，本身就还活在老百姓的生活里，是地名文化的重要内容。

最后，习近平还特别提出了以“要综合运用大众传播、群体传播、人际传播等多种方式展示”方式来达到激活历史文化资源的目标。而博物馆建设及展陈事业具备了综合性带动文化传播的重要意义。2016年7月，浙江省民政厅吸纳中国传统文献学及西方空间人文学理念，提出了确定将博物馆建立在浙江省地理信息技术小镇，以最先进的地理信息技术系统（GIS）及其相关博物馆传播方式，建设浙江地名博物馆。中国传统文献学讲究在经学文化大义基础上不断去考证地名位置、解读和理解反映过去的“文献”，以不断追溯、学习与理解博大精深文化之源，将地名文化博物馆打造成地名文化研究与学习基地。这就是章学诚所言：“辨章学术，考镜源流。”此外，将地名信息技术小镇与国际前沿“空间人文学”对接，使博物馆利用国际最先进的GPS（全球定位系统）与GIS（地理信息技术系统），采纳不同时间段上“地名”所在地相关的文物、图片、口述等，以地理文化图层、虚拟文化空间、信息互动终端等方式，构建依托地名的“人文空间”。这两者的结合可成为浙江地名文化博物馆建设的重要理念。

总的来说，浙江地名博物馆是地名文化传播的开拓性事业。它以当下古地名（特别是经书当中地名）为切入口，定位其所在的当今社会空间位置，不断考证与展示当地不同时空层次、层级的地名史料、故事、传说以接续其文脉。同时，围绕反映地方精神的大义，无数开放式的碎片化、地方化及历史性物质或语言信息，存储并以多样化传播方式展现在现代人面前。特别值得一提的是，这种地理历史信息平台（博物馆）具有存史、资政、教育、信息服务、学术参考、旅游介绍等多种功能。

### 4.2.1 博物馆选址的地名文化基础

浙江地名文化博物馆选址是经过浙江省民政厅带领专家团队对德清县进行三次考察而确定的，整个过程体现了地名文化建设如何串联古今、东西汇融。浙江省民政厅考虑到具有文化意义的古地名（筏头乡）因区划调整消失，为了结合当地非遗保护工作与文化记忆留存，而提议建立博物馆来保护与传播古地名文化。第一次选址于筏头乡政府办公室内。后考虑集聚人气及浙江省地名文化保护，又改址到了莫干山镇最具魅力的民国风情小镇旅游区。后经方案设计及省级和地方专家论证，又考虑到地名博物馆作为文化实践和地名服务的双重功能需要，将地址迁到了科技新城内的省级“地理信息特色小镇”内，并将该地名博物馆定位为浙江省级地名文化博物馆。经过民政厅领导、地名专家及当地学者共同探讨，该博物馆将通过地名展示浙江大地的根与魂。三次更改选址到古地名及现代城市空间布局最优越的地方。这一选址的变化过程体现的是浙江省地名文化实践不断深入，认识不断深化的结果，同时，也体现博物馆建设紧密配合德清地方发展需要，考虑了地名文化展露事业的历史价值和重要文化治理意义。

浙江省地名博物馆，选址在德清县莫干山旅游景区和下渚湖湿地景区之间的“浙江省地理信息特色小镇”内，总使用面积1万多平方米。该区域位于德清西高铁站、304国道、杭宁绕城高速、城市轻轨等交通要道的交点，通行网络辐射整个浙江地区乃至全国。它无疑具备了“旅游集散中心”的地位。博物馆周边有防风祠、余不溪、余英溪、苕溪、下渚湖、勾里、吴兴、武康、莫干山、蠡山等古地名。博物馆“地名”所在地理方位，正是我国地名学经典《禹贡》所指“三江既入，震泽底定”核心区域。该区域也是奠定整个浙江进入中华“九州”区划范围的“扬州”节点。区域内遗留的地名上可追溯大禹时代（4000年前），同时也反映吴越、南宋、明清等重要历史时期，及其人文历史典故。可见，博物馆处于十分重要的浙江历史根基位置，也可代表浙江区划的文化源头。另外，博物馆选址体现了当代地名实践的创新需要，所在地是浙江省级“地理信息特色小镇”（联合国全球地理信息管理高层论坛永久会址也设在此）。该区域将历史与当下、文化与科学、本土与世界、展陈与产业融为一体，形成“地名”与“地理信息”的关联。该地带具备世界最先进的地理信息技术，“地名文化博物馆”入驻“地理信息特色小镇”，不仅可辅助“地名文化”的保护、开发与弘扬，并且，也可拓展该地区高科技地理信息产业的文化内涵。为配合省县民政工作进度，德清县民政局欲委托文化创意有限公司进行概念设计，并在省民政厅支持下，一步步落实地名文化资源搜集、博物馆展陈设计施工等工作，将其打造成为全国首个地名文化博物馆。

### 4.2.2 地名博物馆设计理念

浙江地名文化博物馆不是传统意义上的博物馆，而是对整个浙江大地上陈列地名的解意，由此，引导观众直接到地名所在地去体验，是将地名文化与旅游牢牢结合在一起的“红娘”。以博物馆为媒介，做到了地名实体与地名语词的结合与互动，激活了地名文化。本博物馆理念主要吸收国际学术界最前沿的“空间人文学”（Spatial Humanity）理念和技术，以及相关的“深度绘图”（Deep Mapping）地方研究与叙述方法，也反映了“辨章学术，考镜源流”的本土文献学传统与精神。

何谓“空间人文学”呢？国际上，整个社会人文社科研究正在经历“空间转向”（Spatial Turn）。作为一种最前沿的学术视角，空间（space）概念试图消解各个学科的意识形态禁锢，包容不同文化思维的多样性话语。空间被认为是一种跨越时间长廊的现实存在，打破了过去与现实的界限。自20世纪70年代起，一批引领空间转向研究的学者认为：宏大的、系统的、普世的历史叙述已经转向文化、经验、地方的空间叙述。这种思想将深刻影响人们对地名的认识方式。其中，人文空间理念结合地理信息技术衍生出的“深度绘图”法，可展现地名所在地不同时代的多元话语，形成地名所在地的“空间中的历史”。空间中的历史指人文社会问题不再是线性的时间和历史事件问题，而是放置在空间中的意义问题，这是一种后现代的认知方式。近些年，Bodenhamer等学者在西方国家开创了一门新兴学科，称之为“空间人文学”。该学科在先进地理信息技术支持下，集合历史学、博物馆学、人文地理学、社会学、考古学等等，提出“深度绘图”“空间叙述”等多种人文空间展陈理念。来自不同学科的人文学者的实地研究项目已在欧美等国家开展，并取得成熟经验。这些项目中，空间成为承载历史文化话语的场所，层层地方历史文化可以在深度绘图中得以展现并潜藏无限被利用的可能性。就地名文化展陈而言，地名所在地可成为GIS技术辅助下多层次杂糅、微观叙事的人文空间。“深度绘图”提出者Bodenhamer教授指出：“‘深度绘图’不是要将简单的意义变得深邃难懂，而是利用人文社科的空间转向，将历史置于空间中来思考。”“深度绘图”是指把沉淀在一个点（地名所在地）的丰富历史文化意义彰显出来的方法。通过地理信息系统（GIS），把过去或现在细节的“文本碎片”（实物、图片、记忆、文字、声音等）多层次、多视角、多模态地展现出来。深度绘图打破了西方逻辑中心，历史不再是围绕时间的宏大叙述，而是一种寄托于空间的微观叙述，它是历史的，也是现在的；是学者的，也是普通人的；是高雅的，也是通俗的。在这一视角下，地名文化被赋予了多样性、即时性、碎片性、复杂性和开放性。我们不再借助地名去讲述宏大的民族主义、怀旧主义或文化发展史等，地名不仅与文化故事、历史知识相关，更是在空间视角下得到地名所在地的一系列文化感悟。“这种感悟是碎片化的、流动的、有深度的多重声音与多元故事。”特值得一提的是，这种地理历史信息平台所构建的“人文空间”具有存史、资政、教育、信息服务、学术参考、旅游介绍等多重功能。GIS技术与其他软件结合，还产出地理文化图层、虚拟文化空间、信息互动终端等的新展陈模式。借助这种理念，浙江地名文化博物馆基于地名的文史信息库，链接过去、立足当下，也指向未来。无论是哪个层次和文化背景的人，都能参与到信息补充的行列当中。

此外，地名文化在博物馆当中的表达也讲究“经学”大义。通过挖掘“地名”及其背后的文脉，把握“文、献”中的文意传承脉络，由此展出地名文化的根与魂。在古语中，“文、献”包含古籍和口述（文化记忆）两层意思。中国传统文献学理念帮助我们依照优秀中华民族大义来整合无数空间历史与人文意义碎片。地名博物馆中的文化展出，也就让我们不断追溯、学习与理解无数历史碎片、人文故事、道德文章，最终感受到博大精深的文化源头。借用空间人文学理念，利用国际最先进的GPS（全球定位系统）与GIS（地理信息技术系统）技术，采纳不同时间段上“地名”所在地相关的文物、图片、口述等，可以产出具有人文意义的地理信息大资料库。这种具有中国精神的地名文化展出愿景，是可能在博物馆当中实现的。古籍编排方式可启迪博物馆地名文化展出方式，明清之际，基于经书的地名考专著众多，是一项依托地名的“制义”探索，如《春秋地名考》《春秋地名考略》《春秋地理考实》《尚书地理今释》《诗地理考》。这类古籍内容并非今日的地名知识、故事或资料汇编，其体例也与现代的地方志目录（科教文卫）分类思维和编写方式不同。地名考的特点在于释经而梳理“地名”背后多元却具备经学精神的话语，为地名作“经注”。比如《春秋地理考实》的分类，有国（鲁、蔡、曹、魏、藤），有地（雉门、两观、棠、洙），其借用《春秋》《国语》《史记》《水经注》等文献展示这些地名背后的“微言大义”。《诗地理考》中，《诗经》当中各个地方风、雅、颂诗篇，也在地利用地名层层史料堆积以“言志”。《尚书地理今释》将州、河、海地名分类，并加以“五服图考”，将《尚书》的地理信息注入伦理的思考范围。浙江省就是《尚书》和《周礼》所言“扬州”所在地。浙江省的地名及其文献史料也都反映在《尚书》与《周礼》当中。以《尚书》与《周礼》文本及其经义，能够串联与引导一系列地名文化资源的排列与展出。这些编纂模式就是孔子所言“述而不作”。这指孔子及以后古代贤人，用话语为后世留下穿越古今、开放通达的实录人文空间“深度绘图”。古代大型类书（如宋《太平寰宇记》）、地方志（如杭州《武林坊巷志》）也继承这一传统，其中，贯穿话语碎片的是续接过去与当下的经义。这里需特别指出的是，“经义”是支撑中国古代地名的灵魂，只有把握住这个灵魂，地名才能体现与传承地方精神。

### 4.2.3　地名文化博物馆展陈设想

对博物馆展出地名而言，我们首先以当下古地名（特别是经、史当中地名）为切入口，定位其所在的空间位置，不断考证与展示当地不同时空层次、层级的地名史料、故事、传说以接续其文脉（经义）。同时，围绕高质量地名（即四书五经和史书中能反映文化源流及灵魂的地名）反映地方精神的大义，无数开放式的碎片化、地方化及历史性物质或语言信息，都能存储并以多样化传播方式展现在现代人面前。故浙江地名文化博物馆，不仅体现传统博物馆的“收藏、宣传、教育、科研”功能，也是一个接地气的，有活力的，能让人民群众喜爱、逗留、领悟、感动并自豪的处所；它更是一个连接地名的大地与语言、过去与当下、物质与非物质，具有时空纵深感的历史枢纽。浙江地名文化博物馆是解意浙江省大地文化的一个出发点。从这里出发，参观者会怀着新的领悟与感动，主动地走向承载浙江古地名的所在地。呼吸诸如下渚湖边的空气，远眺隐藏在山中的防风祠，听一曲道情，说一声乡愁，那一份感悟，只来自于参观者在历史信息观看后与馆外大地沟通的内心。

我们可想象，在浙江地名文化博物馆里承载的不是空洞的教义、知识或信息，而是切切实实发生在博物馆内外，陈列在浙江大地上曾经的历史事件和生活经历的文本与实物。那些过往故事，平凡而琐碎，但动人心弦；一言一行，根植于乡土，经过千年的积淀，在浙江地名博物馆里被复活的这些文化碎片，相互交融、辉映，构成了一幅幅穿越时空的历史镶嵌画。参观者驻足其间，即使一瞥，亦能感悟其是非善恶。

为达到博物馆“文、献”与物品梳理和互动，应其展陈原则：

地名互征：整个博物馆是地名实体和地名语词之间相互征召。地名召唤大地，大地回应地名。地名文献与地名实物、地点的互征对接之后，游客能在浙江省地名所在地得到真实、具体的体验。博物馆通过各种文化符号的呈现，实现博物馆内部展示与浙江大地的景观对接。外部景观可以以原始实物、标识、遗迹展示或原址重建的形式导出博物馆展示内容。博物馆内部展示则可以通过照片、地图标识等形式引入外部景观。由此实现博物馆内外呼应，内部展示的设计旨在激发参观者的想象与热情。基于此理念，博物馆的设计将包括馆内与馆外的配合设计。

原真文献：地名文化展陈需要有原真性，尤其指与地名联系在一起的文献原真性。这是从传统知识与信息介绍，转向文献解读的文本展陈。博物馆是让读者看到大量的地名文本摘录，了解其中的源流，参观者不是被动接受信息，而是参与到文献的解读中去。博物馆以当今地名文化建设问题为导向，触发参观者探索自己熟悉的区域及其文献。文献学意义上的文本原真性、版本源流、话语来源、文脉节点都是地名意义的重要来源。这就要求我们对每一个史料、口头证言、文集、回忆录、传记、图像、物品忠实地进行资料来源的说明。

古今会通：浙江地名文化博物馆不仅仅是对过去的再现，同时也要与当下人物对接。例如古村落通过对家族后代的追溯，家族脉络的呈现，实现对现实问题的观照；古籍里的文字必须基于当下问题的思考来解读，展现古地名的精彩之处，是为了反观当今大、洋、重、怪地名的乱象。

文物相彰：物质遗迹与非物质文脉，记忆与活体、展示与表演相得益彰。此外概况性文字要与古籍、史料、口述对接；地名文化遗产要与当地人文化记忆和生活对接。

地名服务：由各级民政部门建立的地名数据库、地名档案、地名文件规范可建设成为一个社会共享的服务平台。它既可在博物馆里查阅，也可在网上查阅。博物馆是把民政部门地名管理积累起来的资源，面向社会和普通百姓的窗口。

研究交流：博物馆将引领中国地名文化的研究，根据地名建设需要，召开专题研讨会。为学者、政府工作人员、地名文化工作者和地名爱好者提供相互切磋和交流的平台。

各地参与：在全省各个地区民政局带动下，各个地区都以自己所在地最吸引人的地名文化带到博物馆。博物馆成为各地展现地方文化的平台，比较各自地名文化工作的特色。同时普通百姓和社区也参与到博物馆的互动与建设中，出谋划策或提供资料、资源，使游客对博物馆有直接的拥有感，比如能展示自己地名探索的成果。博物馆也可以为中小学生提供地名学习方面的研究成果。

教育感化：博物馆能起到通过地方文化展示实现地方精神的教化作用，展示的内容与地名的历史、文化、生活息息相关，具有深度与内涵，能使参观者获得启发，产生共鸣。不以居高临下的形式说教，而是通过层层掀开和展示浙江大地的历史文化内涵，从而引领参观者自己去感受和体验。

依这种激活地名遗产思路，三个博物馆建筑都是在某种文脉基础上牵动博物馆外大地文献及意义解读场所。博物馆所共有的基本元素和排列体系主要有以下构成：

（1）文脉主题陈述，由标题和引言构成。每个建筑都有自己的镇馆之宝与场所精神。这些主题都对应一些当下现实问题，兼具启发性、参与性、娱乐性、商业性，逐步形成旅游开发、学术中心、教育基地、休闲场所等功能的集散地。

（2）里外节点互通，通过地图、展板背景、照片等构成外面街区遗迹与展厅文脉之间的节点，使参观者能识别所指地名的具体位置，实现博物馆内外呼应与交融，建议按照展板主题同时设计浙江大地的地名文化标识系统，以便相互呼应。这将使浙江大地的地名文化遗产获得理解、欣赏、保护、传承。

（3）组图、文物、多媒体与解读文字构成的基本文脉线索（叙述），这部分体现传统博物馆的元素。依据各个主题单元的特点，植入特色元素。

（4）过去与当下节点，每一条文脉不仅反映浙江大地地名的过去，也表达当下，所谓当下主要由文脉所及的家族、市民、现实活体文化等构成，其目的是使博物馆与市民能产生互动，比如某一家庙展示也必须同时反映该家族目前的情况；衢州水亭门地名引出西安高腔，也必须反映当下艺人的情况。那么，博物馆将成为浙江大地乃至所有浙江人的一个互通媒介，要让老百姓对博物馆有一种主人翁的责任感，让老百姓把博物馆当作他们共同的文化场所。

# 总结与建言

地名是驻留在生活里的文化，书写在大地上的遗产，地名文化建设是近年来提出的崭新课题。那么，怎么认识地名文化？各级政府和各行各业如何开展地名文化建设？更重要的是，地名文化建设可为我们的城市、乡村生活带来什么样的好处？这是一个需要探索的理论和实践问题。

本报告旨在为给浙江地名文化建设，提供一个理论框架和工作方略，同时，也在解读浙江省地名文化建设方面的创新实践。报告提出将语词文化与实体文化、过去（地名相关的文献）与现在（场所）的互动，看作地名文化建设的创新源泉。地名文化建设不只是保护、挖掘、叙述词语背后的故事，更是将地名代代相传的文义、文脉、文献重新“书写”在大地上。由此，使一方地域成为文化空间，令文德风行地上。它有三个方面的工作，挖掘“根”、书写“文”和践行“魂”。所谓挖掘，就是依靠历史典籍及乡贤记忆，挖掘、解读并激活一方地（域）文脉。所谓书写，就是通过地名文化叙述，将语词文化书写在大地上，使文献、文物等被激活成地名实体上的万物。山川、田野、城市、村落、街巷、路桥、宅院因地名文化实践，而成为陈列在大地上的遗产。所谓践行，就是要以华夏地名文化传承的“根与魂”为思维方式，针对民生问题，创造性地推动“在地”民政事业。总体而言，也就是习近平同志所言：“要对传统文化进行创造性转化、创新性发展，让收藏在禁宫里的文物、陈列在广阔大地上的遗产、书写在古籍里的文字都活起来。”[①]基于报告的理论研究和案例剖析，我们提出如下地名文化工作建议，以供参考。

### 1. 重新定义地名文化遗产及其认定标准

重新定义“地名文化遗产”的概念和认定标准，不是将其区分为物质（地名实体）与非物质（地名语词），而是把“地名文化遗产”看作是非物质和物质两者在相互召唤中存在，两者不可分割，要打破物质和非物质的界限。地名实体作为遗产，其标准也不是物质（如建筑、附着物）的原真性，而是其地点、地域实体记忆的清晰性和可靠性。我们同时强调，要突出地名实体作为传递文化遗产意义、价值（非物质）的重要性。这样一种地名文化遗产新理念具有重要意义，必然会大大促进地名语词和地名实体的互动保护，尤其是地名实体在传承语词方面的重要作用。此外，要与文物部门协同打破文化遗产分类中物质与非物质界限，原真性物质保护标准。要通过地名文化使众多不具有原真性物质，但具有重要历史和文化价值的场所、山川纳入文化遗产范畴，并形成新的保护标准，即不是以物质原真性保护，而是以地名实体标识。地名文化遗产的概念要为此确立新的场所遗产认定体系。

### 2. 地与名互动转化实践

在具体开展地名文化建设时，把工作重点放在“地”与“名”的互动和转化上，即地名文献与地名实体陈列的万物之间的转化互动实践。我们提出，地因名而变为实体，并承载文化意义；名因地才将地名文化转化为生活与现实。“名”能够带动“地”的重新理解，甚至名在实质意义上建构了地名实体的存在感知。更深一步，名背后有一种能反映大地及人文之道的存在。它能牵连出一系列可溯源的文脉，但也受制于某个时代的价值体系。我们以“锚”和“谱系”来比喻“名”的文化功能，并强调山川、城郭因地名而成

① 习近平：建设社会主义文化强国　着力提高国家文化软实力，http://news.xinhuanet.com/politics/2013-12/31/c_118788013.htm。

为陈列在大地上的活遗产。换句话说，地名语词文化可以实质性地挖掘并建构地名实体文化遗产。

### 3. 地名文化圈的认定

地名打破行政区划界线，围绕一些重要地名区域，各地合作挖掘通古达今的区域文化，确立华夏大地的地名文化区划治理格局。比如，可以用《禹贡》为文化区划源流的大文化区域认定。《禹贡》分天下为九州的区划，承载着古圣贤对山脉、河流、土壤、田地、物产、道路的描述，以及各地的风土人情观照。“九州”划分隐含着古圣贤对地理生态治理，与对民众亲疏血缘关系及风俗尊重的人文治理方式。这种区划不仅能够协调边界管理当中的矛盾与摩擦，也能以共有道义精神引导地方文脉传承。此外，本着信以传信、疑以传疑的原则，以《禹贡九州图》《周职方式图》《诗经十五国风图》《春秋列国图》《战国七雄图》《秦三十六郡》《西汉州郡图》《东汉郡国图》《三国鼎峙图》《两晋南北朝州郡图》《唐十道图》《大明一统二京十三省图》和《大清国道程图》等为依据的地名实体认定，可以极大激发各地对地名文化遗产的发现和保护，而且能大大带动各地挖掘地名的根与魂，提升地名历时意识。

### 4. 地名文化标识

建立地名文化标识系统，并拓展现有地名标志的文化功能。地名文化标识包括专门为构造文化空间而设置的标识，也包括在传统地名标志基础上拓展其有地方特色的地域文化标识。文化标识体现地方特质的多样性，而非标准化，其功能不仅有标识，而且还起到文化空间与场所的构造作用。而这些都是建立在我们对文化标识的理念的认识之上。地名文化标志标识的是一种记忆，产生的是教化空间，达到的作用是树之风声的教化。传统上主要形式有：碑、坊、亭、井、宅、祠庙，以及自然物如石、树、山、河、土堆等等。自然物作为标识系统主要是通过命名来实现。我们应该从这些传统文化中提炼出现代文化标识系统的创新灵感。

### 5. 提升命名改名的历时语境意识

地名命名要增加命名区域内的历史地名考察内容，即要求对地名实体区域内的地名历史、区划关系、典故，有一个充分的了解。并能说明新地名是如何接续地方地名文脉。要在全社会形成一种地名命名的新风气，也就是任何命名首先要从地方文脉的接续中找到命名灵感。新地名命名要有地方乡贤，地方文献研究者参与和论证。

### 6. 地名文化“在地”传播

建立不同形式、通古达今的地名文化在地传播方式。地名文化传播的目的是行教化，敦风俗，促进民政文化治理。利用现代传播手段实现古代地名文化的传播效果。调动具有文义及文脉的地名所在实体上所有文化资源，拍摄纪录片、创作诗歌、制作微电影、编写地名志等叙述活动，并放置在网络及媒体上传播，以达到网络“风化”效果。地名文化传播要与具体民政及城乡发展工作结合起来，落到地名实体。

### 7. 地名文化渗透大民政治理

民政事务与地名管理中，要渗入文化思维。地名文化思维的根本是反映地名文化“明教化，以善其俗”的精神，以形成一种大民政文化风气。民政婚登、养老、社区自治等工作都需要渗透“以文化人”及“礼义植入”的工作思维。《周官·地官》刻画了地（名）官在施行在地教化的12条内容，今天应该对其精华进行研究，以新的形式、内涵接续这一地名文化教育的精髓。

### 8. 文化思维植入地名事务

在各地开展地名文化普查、地名遗产保护、地名博物馆、地名库建设中，要渗透文化工作思维。省民政厅及各县市地名办公室可以利用地名库，为各个区域做一个地名文化谱系，由此，把握这个区域的文脉。省民政厅与省住房和城乡建设厅、省文化厅、省旅游局、省文物局联合开展“千年古镇（古村落）地名文化遗产”认定工作。其中，对“千年古县”的认定确立在其对实地考察及“文献”搜集上。此外，全省还需形成学者、地方专家、政府部门一起智慧共筹，协商地名认定及文化建设工作模式。

### 9. 地名文化资源挖掘

全国各地急需在面向其他部门工作及社会时，首先要了解地名文化资源，促进从管理到文化服务转向。所谓地名文化资源，包括从与地名相关“文献”及文脉梳理，以促发城乡的历史景观记忆修复，城乡空间治理，地方精神激活，地方文脉接续等。

### 10. 地名文化叙述能力培训

在进行地名文化相关叙述时，应该形成一种以地名实体为支点，以礼义贯穿百家杂语的文化书写范式。对各级地名文化工作者进行地名文化挖掘和叙述能力方面的培训，将此看作是地名文化服务能力。因此，在博物馆、媒体、政府决策报告的相关地名文化叙述，并不只是需要“地名故事”和“地名历史”，而是能够看到一种能激发地方精神，服务民政工作及其他旅游等工作的文化底本。

### 11. 建立地名协作互通机制

地名文化建设需提升地名（地方）文、献的保护、整理、解读与利用能力。地名文化是建立在历史文献资料基础上的。今天地名管理和地名文化建设缺乏对文献的整理和解读。一个重要原因是，地名文献通常是在地方志办公室或档案馆里，而从事地名管理的民政部门没有直接管理文献的权力，也没有这方面的专业要求。地名服务与管理应该在文献的梳理中进行。为此建立文献资源管理与文化服务的互通机制是非常必要的。地方志编修办公室与地名文化建设工作部门要充分合作，需有互通机制。地方志编撰、管理，挖掘使用，应该服务于当下，特别是民政工作。今天地方志建设部门缺乏文化意识，只是作为文史资料。地名志的编写也缺乏当下的问题意识，在文献处理的严谨性方面也非常弱。地方志建设没有与地名文化建设很好互通，缺乏对当下意识、资政意识，也就是地名文献还没有提升到治国理政的需要。有必要把民政服务，尤其是地名文化管理，与地方志编修结合起来。使得双方都能够把民政文化和地名文化建设，用于地理和治国服务。同时，这也能使地方志的编写起到经世致用的功能。

知一方地名之文，乃为顺地利而奠民生。浙江大地，襟山带海，自洪荒时代，即已裁定地理经纬。《禹贡》载："三江既入，震泽底定。"此地也，舜置十二牧，禹别九州，《周礼》曰："东南曰'扬州'，其山镇曰'会稽'。"少康封庶子于大越，以奉禹之祀，号曰"无余"；泰伯以天下逊其弟，南奔而作勾吴。吴越相亚门户，同俗为邻。及春秋，两国相冤伐于浙水两岸。吴封勾践之地，南至于句无（今诸暨境内），北至于御儿（今嘉兴境内），东至于鄞，西至于姑篾（今龙游地），广运八百余里（见《国语》）。勾践灭吴，北渡于淮，临齐、晋，此乃浙江越子号令中国，以尊周室。吴越争霸详备于《越绝书》《吴越春秋》。两书奠定最古老的地名文献，又称"一方志书，始于越绝"，矜其乡贤，美其邦族。秦始皇东游到大越，祭大禹，取钱塘浙江岑石立《会稽刻石》。秦分天下以为三十六郡，置会稽郡于吴越之地，由此浙江省域定。其后分合变迁，不离其宗。东汉永建四年，以浙江西为吴郡，东为会稽郡。此为唐两浙道，宋两浙路之开始。钱王射潮，定杭城基业，东南繁盛甲天下。南宋高宗自建康抵杭，升临安府为行在，浙江遂为华夏之中心，为往圣继绝学，开道统之中兴。元、明、清，浙为天下先，号称"东南首藩"。地者，载养万物，天子立司徒，掌邦教，亦所以安扰万民；夫名者，取众人之所知，以况其所不知。其旨远，其辞文；地名者，裁大地之道，济养民生。浙江山川清淑，都邑盛丽，物土殷饶，人文彬郁。此乃地载道，名载文，文德相承，以臻至治也。

今浙江省地名文化建设肩负着重新将千年文献书写在大地上的历史使命，通过“地”与“名”的转化，为城乡历史精神之激发，地域文化之挖掘，以及城市景观再打造，提供地名文化战略资源。

# 主要参考书目

## 中文论著


[1] 钱穆. 史记地名考（上下）[M]. 北京：商务印书馆，2001.

[2] 顾颉刚. 春秋地名考 [M]. 北京：国家图书馆出版社，2006.

[3] 邓永新. 城市地名管理研究——以浙江台州市为例 [D]. 上海：华东理工大学，2013.

[4] 侯甬坚. 历史地理学界"话域"与"话语"的融通 [J]. 学术月刊，2010（11）:123—127.

[5] 史为乐. 地名考证中应注意的几个问题 [J]. 中国历史地理论丛，1993（1）：173—184.

[6] 华林甫. 郭子章及其《郡县释名》述论 [J]. 中国历史地理论丛，1995（3）：235—251.

[7] 曹尔琴. 唐代长安城的里坊 [J]. 人文杂志，1981（2）：83—88.

[8] 伍国正，吴越（2007）. 传统村落形态与里坊、坊巷、街巷——以湖南省传统村落为例. 华中建筑，25（4）：90—92.

[9] 谢清果，陈昱成. "风草论"：建构中国本土化传播理论的尝试 [J]. 现代传播：中国传媒大学学报，2015（9）：59—64.

[10] 吴晓峰.《周南》《召南》产生时代考 [J]. 中州学刊，2008（6）：

215—222.
[ 11 ] 陈亮. “人彘之祸”悲剧的审美考察——以司马迁《史记》中戚夫人形象为例［J］. 中国美学研究，2015（2）.
[ 12 ] 孔令远. 徐偃王的传说及相关问题［J］. 重庆师范大学学报（哲学社会科学版），2009（1）：85—88.
[ 13 ] 吴宗杰，张崇. 从《史记》的文化书写探讨“中国故事”的讲述［J］. 新闻与传播研究，2014（5）.
[ 14 ] 吴宗杰. 历史街区的深度空间叙述——以邹城为例［J］. 新美术，2014（4）：38—42.
[ 15 ] 吴宗杰. 话语与文化遗产的本土意义建构［J］. 浙江大学学报（人文社会科学版），2012（5）：28—40.
[ 16 ] 蒋昆生，王杰秀主编. 民政概论［M］. 北京：中国社会出版社，2012.
[ 17 ] 李牧，周江鸿. 二十五孝［M］. 杭州：西泠印社出版社，2011.
[ 18 ] 华林甫. 中国地名学源流［M］. 北京：人民出版社，2010.
[ 19 ] 华林甫. 中国地名学史考论［M］. 北京：社会科学文献出版社，2002.
[ 20 ] 魏桥. 浙江方志源流［M］. 杭州：浙江人民出版社，1988.
[ 21 ] 洪焕椿. 浙江方志考［M］. 杭州：浙江人民出版社，1984.
[ 22 ] 周振鹤. 中国历史文化区域研究［M］. 上海：复旦大学出版社，1997.

**英文论著、译著**

[ 1 ] David Conradson. Emotion，Place and Culture. *Social & Cultural Geography*, 13（7），845-846.
[ 2 ] 马克思，恩格斯.《马克思恩格斯全集》第3卷［M］. 北京：人民出版社，2013.
[ 3 ] Derrida, J.（1998）. Of grammatology. Philosophy & Rhetoric.
[ 4 ] Foucault, M.（1989）. *The Archaeology of Knowledge*［M］. NewYork: Routledge, 1989.

[5] Foucault, M. *The Order of Things* [M]. NewYork: Routledge, 2001.

[6] Bodenhamer, D. J., Corrigan, J., & Harris, T. M. The Spatial Humanities: GIS and the Future of Humanities Scholarship [J]. *Slavisticna Revija*, 2010 (4): 471–472.

[7] Bodenhamer, D. J., Corrigan, J., & Harris, T. M. The Spatial Humanities [M]. *Spatial Humanities*, 222.

[8] Bodenhamer, D. J. 孙，钦白兰，吴宗杰. 超越地理信息系统：地理空间技术及历史学研究的未来 [J]. 文化艺术研究，2014 (1): 148–156.

[9] Yifu Tuan. Language and the Making of Place: A Narrative-Descriptive Approach [J]. *Annals of the Association of American Geographers*, 1991, 81 (4): 684–696.

[10] Hall, S. Representation: Cultural Representation and Signifying Practices [M]. *Work of Representation*,1997.

[11] Wu, Z. J. Let Fragments Speak for Themselves:Vernacular Heritage, Emptiness and Confucian Discourse of Narrating the Past [J]. *International Journal of Heritage Studies*,2014, Vol.20 (1): 1–15.

[12] Wu, Z.J. Making Person through Confucian Exegesis .In Guoping Zhao & Zongyi Deng (eds) *Re-envisioning Chinese Education: The Meaning of Person-Making in a New Age*. NewYork: Routledge, 2015.

## 古 籍

[1] [汉] 赵晔. 吴越春秋，外传第七，明古今逸史本.

[2] [清] 嵇曾筠. 雍正浙江通志，卷六，清文渊阁四库全书本.

[3] [宋] 李昉. 太平御览，太平御览卷第一天部一，四部丛刊三编宋本.

[4] [宋] 蔡节. 论语集说，卷七，清文渊阁四库全书本.

[5] [明] 郭子章. 郡县释名，二十六卷，浙江鲍士恭家藏本.

[6] [清] 段玉裁. 说文解字注，清嘉庆二十年经韵楼刻本.

[7]［汉］刘熙. 释名疏证，卷一，清经训堂丛书本.
[8]［汉］郑玄. 周礼疏》附释音周礼注疏卷第十，清嘉庆二十年南昌府学重刊宋本十三经注疏本.
[9]［汉］郑玄. 周礼，卷八，四部丛刊明翻宋岳氏本.
[10] 郑玄. 周礼注疏［M］. 上海古籍出版社，1990.
[11]［周］卜商. 诗序，卷上，明津逮秘书本.
[12]［宋］王应麟. 诗地理考，卷一，明津逮秘书本.
[13]［汉］毛亨. 毛诗注疏，诗谱序，清嘉庆二十年南昌府学重刊宋本十三经注疏本.
[14]［清］吴士玉. 骈字类编，卷一百十九方隅门七，清文渊阁四库全书本.
[15]［三国］何晏. 论语，卷九，四部丛刊日本正平本.
[16]［汉］司马迁. 史记，卷三，清乾隆武英殿刻本.
[17]［清］许瑶光. 嘉兴府志，卷二十四，清光绪五年刊本.
[18]［明］罗炌. 嘉兴县志，明崇祯十年刻本.
[19]［宋］罗叔诏. 澉水志，澉水志上，清道光十九年刻本.
[20]［宋］胡榘. 四明志，卷第二十，宋刻本.
[21]［清］疏筤. 武康县志，卷二十一，清道光九年刊本.
[22]［明］张渊. 湖州府志，卷第七，乐集，明成化十一年刊本弘治补刊本.
[23]［宋］王钦若. 册府元龟，卷二百一十，明刻初印本.
[24]［清］魏. 钱塘县志，卷之三，清康熙刊本.
[25]［明］王鏊. 姑苏志，卷十七，清文渊阁四库全书本.
[26]［宋］王应麟. 玉海，卷第一百七十五宫室，清文渊阁四库全书本.
[27]［清］善广. 光绪浦江县志，民国五年黄志璠再增补铅印本.
[28]［元］胡助. 纯白斋类稿，卷九七言律诗，清文渊阁四库全书补配清文津阁四库全书本.
[29]［明］胡翰. 胡仲子集，卷四，清文渊阁四库全书本.

[30]［周］卜商. 子夏易传，卷三周易，清通志堂经解本.

[31] 赵岐，孙奭. 孟子注疏［M］. 北京：北京大学出版社，2000.

[32]［清］丁丙. 武林坊巷志卷四［M］. 杭州：浙江人民出版社，1990.

[33] 土默热. 三生石畔勘红楼［M］. 吉林：时代文艺出版社，2009，第42页.

[34]［宋］谈钥. 吴兴志，卷十三，民国刻吴兴丛书本.

[35]［清］侯元棐. 德清县志，卷之一，传抄清康熙十二年刻本.

[36]［清］汪荣. 安吉县志，刘志旧序，清同治十三年刻本.

[37]［明］张渊. 湖州府志，卷第二，礼集，明成化十一年刊本弘治补刊本.